提供经典名著阅读教学实践范式　示范整本书阅读进阶路径

文体视角下的 整本书阅读

齐好芝 著

济南出版社

图书在版编目（CIP）数据

文体视角下的整本书阅读 / 齐好芝著 . -- 济南：
济南出版社，2023.8
ISBN 978-7-5488-5853-9

Ⅰ . ①文… Ⅱ . ①齐… Ⅲ . ①阅读课 – 教学研究 – 中
学 Ⅳ . ① G633.332

中国国家版本馆 CIP 数据核字（2023）第 166014 号

文体视角下的整本书阅读
WENTI SHIJIAO XIA DE ZHENGBENSHU YUEDU
齐好芝 著

出 版 人 田俊林
责任编辑 闫 菲 孙 愿
装帧设计 陈致宇

出版发行 济南出版社
地 址 山东省济南市二环南路 1 号（250002）
总 编 室 0531-86131715
印 刷 济南鲁艺彩印有限公司
版 次 2023 年 9 月第 1 版
印 次 2023 年 9 月第 1 次印刷
开 本 170mm × 240mm 16 开
印 张 19.25
字 数 294 千字
书 号 ISBN 978-7-5488-5853-9
定 价 49.80 元

如有印装质量问题 请与出版社出版部联系调换
电话：0531-86131716

从读起来走向深度阅读

齐好芝

整本书是相对于语文教科书中的单篇课文而言的。整本书阅读不是新生事物，在中国传统教育中，读书一般都是阅读整本著作的。1941 年，叶圣陶在《论中学国文课程的改订》中就曾说过：“该把整本的书作主体，把单篇短章作辅佐。”《义务教育语文课程标准（2011 版）》明确提出要“多读书，好读书，读好书，读整本的书”。2016 年启用的统编版初中语文教材建立起“教读—自读—课外阅读”三位一体的阅读教学体系，精心设计了“名著导读”这一全新的板块，“整本书阅读”明确进入教材课程，整本书阅读测评也进入全国各地中考评价体系中。《义务教育语文课程标准（2022 版）》将“整本书阅读”作为拓展型任务群之一，并提供了学习内容和教学提示，更加明确整本书阅读的地位和目标。

相应地，语文教学在突破单篇阅读的局限性方面有一定成效，针对整本书阅读的研究也逐步深化，但也存在着一些亟待解决的问题。济南市初中语文学科教学研究从 2016 年起聚焦整本书阅读，通过几年的研究实践，提高了济南市语文阅读教学的质量，助力学生核心素养的提升。

定位——指向核心素养提升的初中语文整本书深度阅读

1. 整本书阅读的主体是学生

《义务教育语文课程标准（2022 版）》提到，学生是学习的主体。整本书阅读教学研究也应基于这个理念，助力学生实现自由阅读、独立阅读、个性化阅读的目标。因此，教师对于教学内容的确定、教学方法的选择、评价方式的设计，都应有助于这个目标的完成。教学实践中，不能以教师的阅读代替学生的阅读，不能由教师的浅层指导指向学生的浅层阅读。

教师要基于学情、基于学生的阅读规律，科学合理地指导并推动学生高质量地完成整本书阅读。余党绪老师说，整本书阅读需要学生精神集中，思维清晰，前后关联，摒除杂念，排除干扰，且需要一定的人生经验、背景知识和逻辑修养，这一点恰恰是目前的阅读教学中最稀缺的。

2. 整本书阅读指向的是核心素养的提升

进入初中语文教材的名著俱为人类历史上各个领域内的经典，其语言的示范性不容置疑，学生可以从中学习足量的语言建构与运用经验。同时在投入大量时间阅读时，学生能够充分调动自己的认知储备，调整完善自己的阅读策略，在阅读推进中体验、建构、发现自己的认知变化，形成新的认识和思考，使思维不断发展和提升。整本书“更像画卷，能够更为全面地展现彼时彼刻的社会生活图景，演示文化特质形成和发展的纵贯线”，因此，学生可以从中吸纳丰富的文化信息。

整本书阅读与单篇阅读相比，在文化自信、语言积累、思维发展、审美创造方面更有优势。因此，整本书阅读能够指向学生语文核心素养的整体提升，学生在阅读时应充分发挥其优势作用。

3. 整本书阅读的走向是深度阅读

整本书因其叙述的无限广度和深度，突破了时间和空间的限制，因此，整本书阅读是人类历史和文化的原典阅读，能够呈现阅读的广度和深度，以实现价值的最大化。要改变整本书阅读处于低层次阅读的现状，就要明确整本书阅读的目标是深层阅读。

按照布鲁姆的教育目标分类，可将整本书阅读的认知领域目标分为识记、理解、运用、分析、综合和评价六个层次。其中识记、理解、运用是低阶思维，分析、综合和评价是高阶思维。在整个阅读过程中，教师应根据整本书的特点，制定评价量表，细化每本书的阅读内容对应的目标层次，让学生自主或者互助进行多元评价，指导学生在完成低阶思维目标的基础上，走向深度阅读，发展高阶思维。

实践——基于学情和教情进阶式推进

学生是阅读的主体，教师是学生学习的引路人，要想整本书阅读质量高，就必须将教师的阅读体验和学生的阅读体验进行贯通，将教师的阅读、教学和学生的学习统一化。济南市初中语文学科教学研究基于本市的学情和教情，不断完善整本书阅读教学策略，并相应地调整实践路径。大约经历了几个阶段：

阶段一：先要读（教）起来

阶段任务：改变学生的读书态度，引导学生少做题、多读书；改变教师的阅读教学理念，从单篇教学扩大为包括整本书阅读的教学。

阶段行动：引领规划整本书阅读课程，打造一批教学案例。

阶段二：读（教）得有质量

阶段任务：改变学生被动读书的现状，激发学生阅读动力，做到好读书；解决教师整本书阅读教学的模式化问题，从单一策略教学转变为多策略教学。

阶段行动：引领整本书阅读策略学术理论研究，建构一系列阅读教学策略框架体系，积累实践案例。

阶段三：读（教）得有深度

阶段任务：解决学生阅读过程中缺乏思考的问题，指导学生积累阅读经验；改变教师阅读教学指向分数的思维惯性，聚焦学生核心素养的提升。

阶段行动：引领整本书阅读教学评一体化研究，完善整本书阅读路径。

梳理——记录思考实践过程

本书注重实证，讲求学理。第一章从济南市初中语文阅读能力专项监测谈起，通过数据分析准确把握学生阅读能力的具体表征，对其进行归因分析，对通过科学实施阅读教学，特别是整本书阅读教学来提升学生阅读能力提出合理建议。第二章仍然采用实证研究，准确认识整本书阅读现状，找出提升学生整本书深度阅读能力的实践方向，然后在深度阅读的理论和实践基础上进行细致梳理。本书认为，整本书阅读教学不是要摒弃文选型阅读教学策略，不是要另起炉灶，而是在聚合单篇阅读、群文阅读积累的阅读经验基础上，引导学生学会运用典型阅读策略走向深度阅读，提升核心素养。在实践上，按照学理，遵循学生认知规律，采取进阶式方式，进行通识性课程设计，建立深度阅读策略实践体系，建构起“离散·聚合·生成：进阶式初中语文整本书阅读路径”。第三章聚焦统编版教材整本书阅读主推荐篇目，重点依据每部著作的特质确定典型阅读策略，并提供相应的教学案例，可操作性强。第四章是展望，是对基于新课标中关于“完整”“整合”观点下的整本书阅读的进一步深入思考。

实践证明，整本书阅读只有通过深度阅读，指向了学生核心素养的提升，才是阅读之正途。正如温儒敏教授所说：“要求整本书阅读，我看首先就是‘养性’，涵养性情，让学生静下心来读书，感受读书之美，养成好读书的习惯。这可能是最重要的。”

目 录

第一章　我们的行动起点
——初中语文阅读能力专项监测分析

阅读是人类获取知识、增长智慧的重要方式，是一个国家、一个民族精神发育、文明传承的重要途径。良好的阅读素养不仅是学生开展学科学习的基础，更是其未来参与社会政治、经济文化生活的重要前提。因此，阅读素养成为国际、国内教育评价关注的热点之一。

国际学生评估项目（PISA）、国际阅读素养进展研究（PIRLS）、美国国家教育进展评价（NAEP）等项目对全球样本学校15岁左右学生的阅读素养进行了科学评价，这些项目具有明确的评价框架设计和具体的操作规划，对于国内进行学生阅读能力评价有很多可资借鉴之处。自上海在2009年参加了PISA项目后，国际阅读评估日渐成为我国中学语文教学的热词，这也让我们重新审视阅读评估，反思阅读教学。

2015年《国家义务教育质量监测方案》发布，教育部基础教育质量监测中心面向全国31个省（区、市）及新疆生产建设兵团组织完成了两个周期的监测工作，累计抽取了1900多个区县近4万所中小学校（包括本课题区域），对约120万名四年级和八年级学生进行了监测。在测查学生的语文学习质量中，关注了学生的阅读习惯和阅读质量，积极发挥了教育质量监测结果对一线教学的优化改进作用。

在国测基础上，为科学规范开展济南市教育质量综合评价工作，准确把握济南市初中学生语文阅读能力发展水平，了解初中语文阅读教学状况，引导全市教育教学改革健康协调发展，特实施了全市域范围内监测。

本次市级监测采用按规模大小成比例的等概率抽样（PPS抽样）分法，

从全市14个区县和9所市直属初中学校中抽取评价样本学校101所，共抽取八年级样本学生15087人，其中有效样本15073人，保证了数据采样的科学性。

本次监测成立了市级综合评价工作领导小组，建立了市、区县、学校三级评价机构，分设不同机构负责人、联络员、巡考员和监考员，做到分工细致、职责明确，保证了监测的规范性。

语文阅读能力专项监测由济南市中小学教育质量监测中心负责。监测中心先后组织全市中小学教育质量综合评价预备会、考务会、试测、报告解读等活动，就专项监测的目的与意义、内容与形式、流程与要求等进行详细解读和说明，合理、有序地安排了本次监测工作。

第一节　监测学生的阅读能力表现

一、研发阅读能力监测工具

为保证监测的科学性，本次监测工具的研发工作由济南市教育教学研究院遴选出的全市名优初中语文教师和相关评估人员组成的专家组承担。以《义务教育课程标准》为依据，借鉴PISA测试监测工具以及北京师范大学郑国民教授的研究，研制开发了专项监测工具——初中语文阅读能力发展水平评价指标框架及试题、阅读状况调查指标框架及调查问卷。其中初中语文阅读能力发展水平指标框架涵盖3个一级指标、6个二级指标及17个三级指标；初中语文阅读能力发展水平试题设计了30道题目，涉及说明类文本、议论性文本、散文、小说、实用类文本、非连续性文本等；阅读状况调查指标框架分为4个一级指标；调查问卷设计了39道相关因素调查题目。具体如下：

表 1.1　初中语文阅读能力发展水平评价指标框架

一级指标	二级指标	三级指标
A1 学习理解能力	B1 信息提取能力	1. 提取基本要素、重要细节和关键语句，排除干扰性信息；
		2. 从文本中捕捉重要的显性信息或隐性信息，做到信息提取真实、准确、完整。
	B2 分析概括能力	1. 区分各类作品，概括常见文体的基本特征；
		2. 从所积累的语言材料中分析概括出一定的规律和特点；
		3. 厘清思路，分析概括文本的主要内容、思想情感和写作特点。
	B3 领悟理解能力	1. 体味和推敲重要词句在语言环境中的含义和作用；
		2. 理解重要语段的内容及其在文中的作用；
		3. 理解作品的内容、深层含义，体悟作品蕴含的文学文化内涵；
		4. 理解领会文本的真实观点和意图。
A2 实践应用能力	B4 解释推断能力	1. 借助词语积累和文学文化常识解释现象背后的文化内涵；
		2. 分析文本和生活中的观点与材料的逻辑关系，合理推断事件现象的因果关系等。
	B5 解决问题能力	1. 针对具体情境，就相关问题提出合理可行的解决方法或方案；
		2. 根据文本信息，联系现实生活，解决生活中的具体问题。
A3 创新迁移能力	B6 批判赏析能力	1. 对作品有自己的感受、领悟和评价；
		2. 评价赏析课内外文本的思想内容、结构安排和语言表达；
		3. 评价赏析文本中蕴含的民族心理和时代精神，加深对人类社会生活和情感世界的认识和思考；
		4. 评价赏析传统文化和多元文化。

表 1.2 初中语文阅读状况调查指标框架

一级指标	二级指标
学生特征	性别、区域、家庭、阅读态度、阅读目的
阅读环境	家庭、学校、班级、社会资源
阅读习惯	阅读时间、阅读数量、阅读速度、阅读种类（面）、阅读途径、阅读策略（方法）
阅读教学	阅读课程、阅读指导理念及行为、阅读活动（综合实践活动）、阅读成果呈现方式、阅读课收获

二、全市基本监测数据

本次监测数据的统计与分析由济南市中小学教育质量监测中心组织专业的统计与测量分析人员、学科教研专家和骨干教师共同完成。分析数据如下：

（一）全市初中语文阅读能力发展水平

1. 平均值和标准差

全市初中语文阅读能力均值为 60.41，标准差为 13.69。

2. 分数段

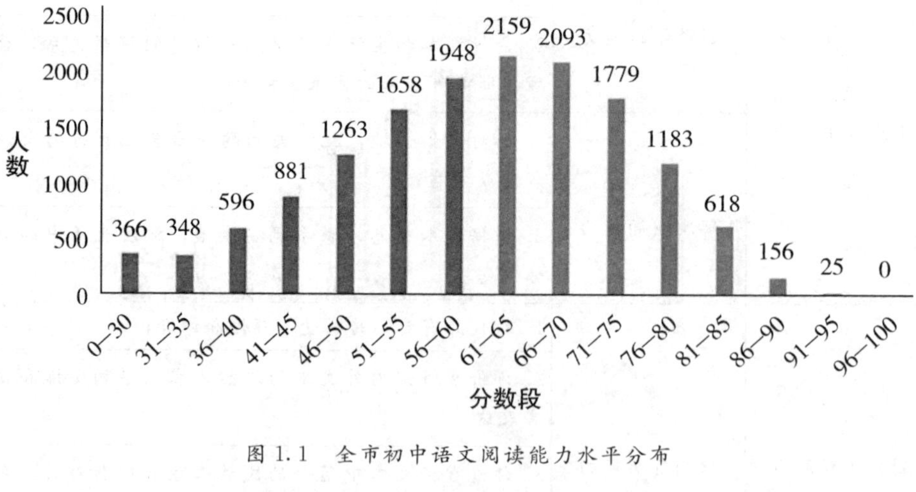

图 1.1 全市初中语文阅读能力水平分布

数据显示，学生整体阅读能力发展水平呈正态分布。中间分数（51—75）学生占 63.9%，但高分（81—100）学生人数较少，占 5.3%。

（二）全市初中语文阅读能力指数

1. 一级指标

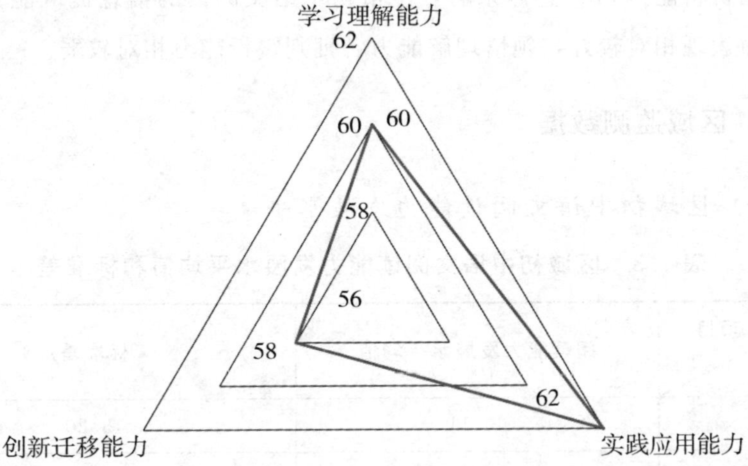

图 1.2 全市初中语文阅读能力一级指标指数

（注：能力指数＝能力得分/能力总分×100；能力指数越大，能力水平越高）

数据显示，全市初中语文阅读学习理解能力指数为 60，实践应用能力指数为 62，创新迁移能力指数为 58。整体来看，全市初中语文阅读一级指标的三种能力发展水平较均衡。

2. 二级指标

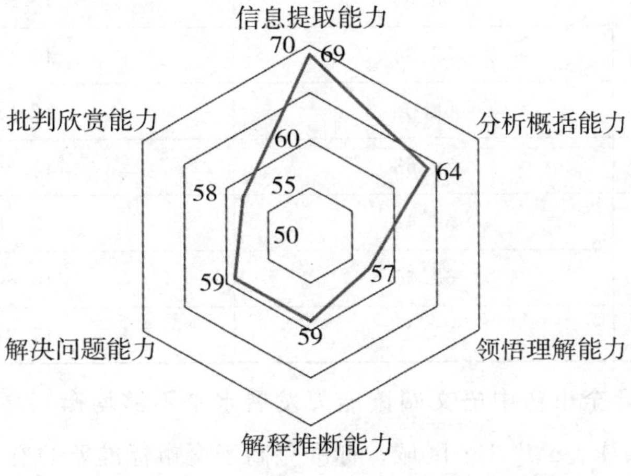

图 1.3 全市初中语文阅读能力二级指标指数

数据显示，全市初中语文阅读能力二级指标指数分别为：信息提取能力69，分析概括能力64，领悟理解能力57，解释推断能力59，解决问题能力59，批判赏析能力58。整体来看，全市初中语文阅读的信息提取能力和分析概括能力表现相对较好，领悟理解能力、批判赏析能力相对较弱。

三、区域监测数据

（一）区域初中语文阅读能力发展水平

表1.3　区域初中语文阅读能力发展水平均值和标准差

项目 区域	阅读能力发展水平均值	标准差
a	60.11	13.20
b	64.03	13.12
c	62.16	12.92
d	54.83	14.08
e	65.76	10.54
f	66.17	13.64
g	60.14	13.81
h	53.32	12.97
i	59.06	13.23
j	53.94	14.48
k	62.05	12.29
l	59.63	13.86
m	58.47	13.06
n	63.66	10.84
o	55.25	14.31

数据显示，全市初中语文阅读能力发展水平不够均衡，高于全市均值的有b、c、e、f、k、n共6个区域；标准差高于全市标准差的有d、g、j、l、o共5个区域，说明其离散度较大。

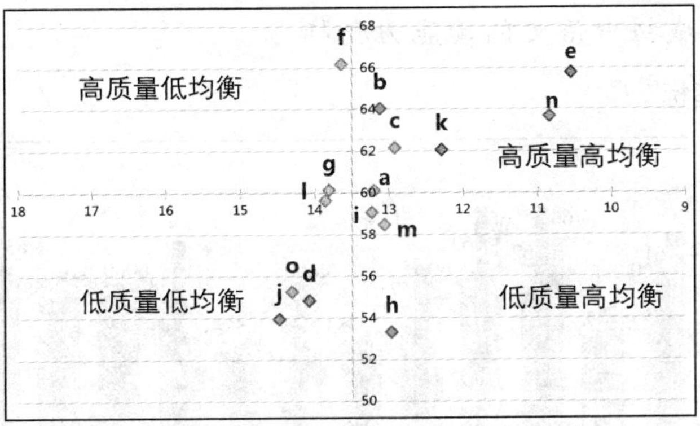

图 1.4　区域初中语文阅读能力发展水平离散程度

为了深入分析各区域学生整体表现的稳定性，我们利用区域均值和标准差把坐标系分为四个区域，横轴为区域初中语文阅读能力发展水平的标准差，纵轴为区域初中语文阅读能力发展水平的均值。

高质量高均衡：阅读能力水平优质均衡，均值高于全市水平，标准差低于全市水平。

高质量低均衡：阅读能力水平优质但不均衡，均值高于全市水平，标准差高于全市水平。

低质量低均衡：阅读能力水平一般且不均衡，均值低于全市水平，标准差高于全市水平。

低质量高均衡：阅读能力水平一般但均衡，均值低于全市水平，标准差低于全市水平。

数据显示，我市初中语文阅读能力发展水平高质量高均衡区域占据优势，但低质量低均衡区域也相对较多。处于高质量高均衡区的有 b、c、e、f、k、n 共 6 个区域，处于低质量高均衡区的有 a、h、i、m 共 4 个区域，处于低质量低均衡区的有 d、g、j、l、o 共 5 个区域，没有区域属于高质量低均衡。

（二）区域初中语文阅读能力指标

1. 一级指标

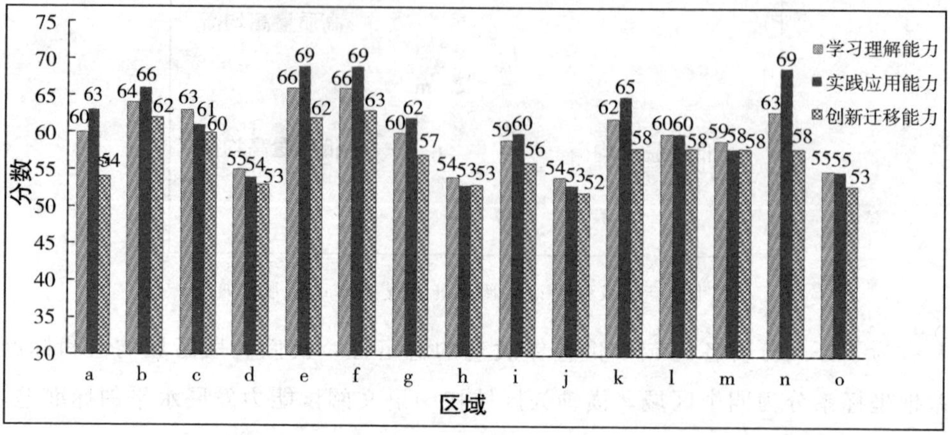

图 1.5 区域初中语文阅读能力一级指标指数

数据显示，b、c、e、f、k、n区域学生的学习理解能力比较突出；b、e、f、k、n区域学生的实践应用能力比较突出，b、e、f区域学生的创新迁移能力比较突出。

2. 二级指标

表 1.4 区域初中语文阅读能力二级指标指数

指标 / 区域	A1			A2		A3
	B1 信息提取能力	B2 分析概括能力	B3 领悟理解能力	B4 解释推断能力	B5 解决问题能力	B6 批判赏析能力
a	70	68	56	60	62	54
b	73	67	61	63	63	62
c	72	67	59	58	58	60
d	63	58	53	52	52	53
e	77	69	62	65	68	62
f	75	69	62	67	66	63
g	69	64	57	59	59	57
h	59	55	52	51	51	53
i	68	63	56	57	57	56

（续表）

区域＼指标	A1			A2		A3
	B1 信息提取能力	B2 分析概括能力	B3 领悟理解能力	B4 解释推断能力	B5 解决问题能力	B6 批判赏析能力
j	61	58	52	50	50	52
k	71	66	58	62	63	58
l	67	62	57	57	57	58
m	65	61	57	55	55	58
n	75	68	58	66	65	58
o	63	59	53	52	55	53

数据显示，b、e、f、n 区域的阅读能力二级指标指数较高，d、h、j、o 区域的二级指标指数偏低；其中各区域学生的信息提取能力、分析概括能力、解释推断能力和解决问题能力水平差距较大，而其领悟理解能力和批判赏析能力水平也有一定差距。

四、学校监测数据

（一）学校初中语文阅读能力发展水平

表 1.5　学校初中语文阅读能力发展水平均值和标准差

学校	均值	标准差
1 校	52.53	17.15
2 校	52.52	14.18
3 校	64.02	10.59
4 校	61.09	10.69
5 校	59.03	14.33
6 校	65.31	10.87
7 校	73.73	8.57
8 校	58.10	14.57
9 校	55.33	15.30
10 校	59.54	10.97
11 校	57.72	13.39
12 校	63.61	11.75

（续表）

学校	均值	标准差
13 校	62.88	12.71
14 校	58.85	15.11
15 校	67.28	10.33
16 校	64.99	13.08
17 校	63.98	10.10
18 校	55.03	14.23
19 校	56.80	14.24
20 校	51.45	12.05
21 校	48.18	13.86
22 校	49.50	13.89
23 校	50.10	14.30
24 校	59.83	11.11
25 校	67.77	9.88
26 校	60.90	10.73
27 校	67.12	8.30
28 校	62.87	9.04
29 校	60.50	11.04
30 校	71.72	9.15
31 校	68.48	9.59
32 校	62.19	10.01
33 校	77.70	6.76
34 校	59.71	13.78
35 校	63.31	13.16
36 校	63.23	10.18
37 校	59.93	11.02
38 校	61.40	10.29
39 校	54.91	13.69
40 校	64.41	11.06
41 校	63.51	13.06

（续表）

学校	均值	标准差
42 校	58.20	13.58
43 校	63.90	11.30
44 校	59.82	14.42
45 校	60.92	14.12
46 校	55.27	13.22
47 校	62.06	13.07
48 校	48.30	15.72
49 校	61.42	8.28
50 校	51.83	12.57
51 校	53.50	12.76
52 校	53.35	12.39
53 校	51.15	14.71
54 校	58.42	14.29
55 校	55.63	11.94
56 校	57.34	12.98
57 校	62.84	10.43
58 校	56.89	12.72
59 校	56.37	14.20
60 校	41.39	14.00
61 校	60.83	10.94
62 校	48.43	13.89
63 校	45.78	16.24
64 校	47.86	14.09
65 校	63.33	12.53
66 校	62.00	10.51
67 校	55.57	15.06
68 校	59.89	11.50
69 校	66.71	9.96
70 校	61.61	11.14

（续表）

学校	均值	标准差
71 校	52.60	13.56
72 校	58.93	10.69
73 校	68.33	10.62
74 校	59.02	12.53
75 校	55.43	13.87
76 校	63.60	11.59
77 校	56.43	15.48
78 校	56.99	15.16
79 校	61.36	13.87
80 校	58.10	13.75
81 校	59.77	11.18
82 校	59.67	12.63
83 校	52.27	12.66
84 校	54.92	14.19
85 校	61.77	12.05
86 校	65.23	10.70
87 校	62.79	10.73
88 校	60.55	12.84
89 校	63.17	9.70
90 校	63.43	8.98
91 校	62.49	10.92
92 校	57.87	12.49
93 校	65.14	9.38
94 校	66.09	10.68
95 校	57.37	13.05
96 校	54.03	13.90
97 校	49.93	13.73
98 校	52.56	11.42
99 校	46.76	13.71
100 校	48.17	14.08
101 校	45.33	11.91

数据显示，各校初中语文阅读能力发展水平差异较大：超过均值的有 45 所学校，均值较高的有 10 所学校，均值较低的有 11 所学校，均值最高的学校与最低的学校分数相差 36.31；有 67 所学校的学生语文阅读能力发展水平标准差小于市标准差。

（二）学校初中语文阅读能力指数

1. 一级指标

表 1.6　学校初中语文阅读能力一级指标指数

一级指标 / 学校	A1 学习理解能力	A2 实践应用能力	A3 创新迁移能力
1 校	52	55	48
2 校	52	53	47
3 校	64	66	58
4 校	61	65	54
5 校	60	55	59
6 校	65	70	62
7 校	73	78	70
8 校	59	57	55
9 校	55	58	57
10 校	60	60	59
11 校	58	58	56
12 校	64	62	63
13 校	63	61	60
14 校	59	60	55
15 校	68	66	65
16 校	66	63	63
17 校	65	62	63
18 校	56	51	56
19 校	57	57	55
20 校	53	46	53
21 校	48	48	46

（续表）

一级指标 学校	A1 学习理解能力	A2 实践应用能力	A3 创新迁移能力
22 校	50	47	47
23 校	51	45	49
24 校	60	61	58
25 校	68	70	64
26 校	61	63	59
27 校	66	73	61
28 校	63	65	59
29 校	61	61	57
30 校	71	77	67
31 校	68	73	61
32 校	62	64	60
33 校	77	84	71
34 校	60	61	58
35 校	63	65	61
36 校	63	65	64
37 校	60	62	61
38 校	61	65	60
39 校	55	56	54
40 校	65	66	61
41 校	63	67	58
42 校	58	59	56
43 校	63	68	62
44 校	60	61	57
45 校	61	62	58
46 校	55	55	54
47 校	62	65	58
48 校	50	42	44
49 校	62	62	61

（续表）

一级指标 / 学校	A1 学习理解能力	A2 实践应用能力	A3 创新迁移能力
50 校	52	52	52
51 校	54	54	55
52 校	54	52	53
53 校	51	52	51
54 校	59	59	55
55 校	57	49	57
56 校	57	62	55
57 校	63	64	59
58 校	57	56	55
59 校	57	55	55
60 校	43	35	41
61 校	61	64	59
62 校	49	47	47
63 校	45	48	44
64 校	49	42	47
65 校	63	67	59
66 校	62	64	58
67 校	56	51	53
68 校	60	62	57
69 校	66	72	61
70 校	61	64	60
71 校	52	54	50
72 校	59	57	59
73 校	68	72	64
74 校	60	58	58
75 校	56	53	54
76 校	64	63	63
77 校	57	52	56

（续表）

一级指标 / 学校	A1 学习理解能力	A2 实践应用能力	A3 创新迁移能力
78 校	58	56	55
79 校	61	64	60
80 校	58	59	54
81 校	61	55	63
82 校	60	58	60
83 校	52	52	47
84 校	55	55	54
85 校	62	62	60
86 校	64	70	60
87 校	62	66	56
88 校	60	64	57
89 校	62	71	58
90 校	62	74	58
91 校	62	68	57
92 校	57	62	54
93 校	65	69	60
94 校	66	71	62
95 校	58	58	56
96 校	55	53	52
97 校	50	48	49
98 校	53	49	52
99 校	47	48	44
100 校	48	46	45
101 校	47	40	44

数据显示，各校在阅读能力一级指标方面差距较大。其中，第 6、7、15、16、17、25、27、30、31、33、40、68、69、73、93、94 校学生的学习理解能力较好；第 3、6、7、15、25、27、30、31、33、40、41、43、65、69、73、86、87、89、90、91、93、94 校学生的实践应用能力较好；第 6、7、

12、15、16、17、25、30、33、36、43、73、76、81、94 校学生的创新迁移能力较好。

2. 二级指标

表 1.7　学校初中语文阅读能力二级指标指数

二级指标 / 学校	B1 信息提取能力	B2 分析概况能力	B3 领悟理解能力	B4 解释推断能力	B5 解决问题能力	B6 批判赏析能力
1 校	60	59	49	53	54	48
2 校	60	57	50	50	55	47
3 校	74	74	59	64	66	58
4 校	72	69	56	62	66	54
5 校	64	61	58	52	55	59
6 校	74	70	60	68	66	62
7 校	86	79	68	76	73	70
8 校	67	60	57	53	55	55
9 校	58	53	54	55	57	57
10 校	68	61	57	57	57	59
11 校	66	61	55	55	55	56
12 校	72	67	62	58	64	63
13 校	73	69	60	58	57	60
14 校	67	63	56	59	56	55
15 校	80	71	64	63	61	65
16 校	75	70	62	60	58	63
17 校	75	69	61	59	59	63
18 校	62	58	54	49	50	56
19 校	66	61	54	55	55	55
20 校	58	57	51	43	45	53
21 校	52	51	47	48	45	46
22 校	57	53	48	44	43	47
23 校	57	52	50	43	43	49
24 校	70	64	56	57	59	58

（续表）

二级指标 / 学校	B1 信息提取能力	B2 分析概况能力	B3 领悟理解能力	B4 解释推断能力	B5 解决问题能力	B6 批判赏析能力
25 校	80	72	63	67	69	64
26 校	70	62	58	60	65	59
27 校	80	69	62	69	77	61
28 校	73	65	59	61	70	59
29 校	71	64	58	58	61	57
30 校	85	75	67	74	76	67
31 校	82	76	64	69	68	61
32 校	70	63	60	61	62	60
33 校	91	84	72	82	80	71
34 校	65	62	57	58	57	58
35 校	70	65	60	63	61	61
36 校	70	63	61	62	59	64
37 校	64	59	58	55	63	61
38 校	69	63	58	63	62	60
39 校	59	55	53	54	55	54
40 校	74	70	60	63	62	61
41 校	73	68	59	64	66	58
42 校	68	61	55	56	54	56
43 校	72	68	60	66	64	62
44 校	68	63	57	59	58	57
45 校	69	66	57	59	60	58
46 校	63	59	52	52	53	54
47 校	71	68	58	62	64	58
48 校	57	52	48	41	43	44
49 校	70	65	59	59	62	61
50 校	57	52	50	52	51	52
51 校	59	54	51	50	49	55
52 校	57	56	52	49	53	53

（续表）

二级指标 学校	B1 信息提取能力	B2 分析概况能力	B3 领悟理解能力	B4 解释推断能力	B5 解决问题能力	B6 批判赏析能力
53 校	55	53	49	50	48	51
54 校	67	62	56	57	56	55
55 校	64	60	55	44	49	57
56 校	63	60	54	60	57	55
57 校	73	68	59	61	62	59
58 校	65	61	54	53	53	55
59 校	63	59	56	52	52	55
60 校	46	47	42	33	34	41
61 校	69	64	57	61	58	59
62 校	54	52	47	43	48	47
63 校	51	51	43	44	44	44
64 校	56	53	47	39	42	47
65 校	74	67	59	65	67	59
66 校	74	68	58	60	65	58
67 校	64	61	54	48	53	53
68 校	68	63	56	59	61	57
69 校	78	72	61	70	68	61
70 校	69	65	58	63	60	60
71 校	57	56	50	52	50	50
72 校	65	63	57	54	54	59
73 校	76	74	64	70	66	64
74 校	65	64	57	53	57	58
75 校	62	59	54	50	51	54
76 校	71	66	61	60	61	63
77 校	62	59	56	51	51	56
78 校	65	61	54	54	55	55
79 校	69	62	59	62	58	60
80 校	66	62	55	55	60	54

（续表）

学校 \ 二级指标	B1 信息提取能力	B2 分析概况能力	B3 领悟理解能力	B4 解释推断能力	B5 解决问题能力	B6 批判赏析能力
81 校	65	60	60	51	55	63
82 校	66	61	58	56	55	60
83 校	58	56	51	48	53	47
84 校	62	56	53	53	52	54
85 校	69	66	59	59	59	60
86 校	77	70	60	67	67	60
87 校	74	69	58	64	64	56
88 校	71	64	56	61	59	57
89 校	76	66	57	70	68	58
90 校	73	67	57	71	76	58
91 校	73	66	57	65	63	57
92 校	67	65	54	57	59	54
93 校	78	71	59	66	63	60
94 校	76	71	61	68	70	62
95 校	66	61	54	54	57	56
96 校	63	56	52	50	53	52
97 校	53	53	48	48	48	49
98 校	59	56	51	45	49	52
99 校	50	49	45	45	50	44
100 校	54	54	46	42	50	45
101 校	52	51	44	37	41	44

数据显示，各校学生的解释推断能力水平差距最大，领悟理解能力和批判赏析能力水平差距较小，其中第 6、7、15、25、27、30、31、33、69、73、86、90、94 共 13 所学校学生的综合阅读能力较好。

在信息提取能力方面，第 7、15、25、27、30、31、33 共 7 所学校学生的表现相对较好；

在分析概括能力方面，第 3、7、30、31、33、73 共 6 所学校学生的表现相对较好；

在领悟理解能力、批判赏析能力方面，第 7、30、33 共 3 所学校学生的表现相对较好；

在解释推断能力方面，第 7、30、33、90 共 4 所学校学生的表现相对较好；

在解决问题能力方面，第 7、27、30、33、90 共 5 所学校学生的表现相对较好。

五、学生主要阅读能力表现

（一）学习理解能力

1. 信息提取能力

【相关监测试题】第 1、7、9、10、11、14、18、23、28、29 题

【学生能力要求】信息提取能力是信息时代对人才素质的新要求，也是语文学科首要培养的能力，要求学生能够发现、收集信息，判断信息的重要性，理解信息的内涵，提取有效信息。

指标描述：提取基本要素、重要细节和关键语句，排除干扰性信息；从文本中捕捉重要的显性或隐性信息，做到信息提取真实、准确、完整。

【典型题目解析】

扫码
查看原题

28. 阅读以上三则材料，按照北斗卫星导航事业发展历程排序正确的一项是（　　）

①中阿合作论坛第六届部长级会议提出北斗系统落地阿拉伯项目的倡议。

②北斗系统正式具备为全国提供实时动态厘米级、事后处理毫米级和快速辅助定位的能力。

③北斗二号系统开始为亚太地区提供通信服务。

④北斗全球系统已现雏形，预计 2020 年完成全球覆盖。

A. ③①②④　　　　B. ②③④①

C. ③②④①　　　　D. ④③①②

本题考查学生在说明性非连续文本中提取基本要素、重要细节和关键语句，排除干扰性信息的能力。

【学生答题情况】

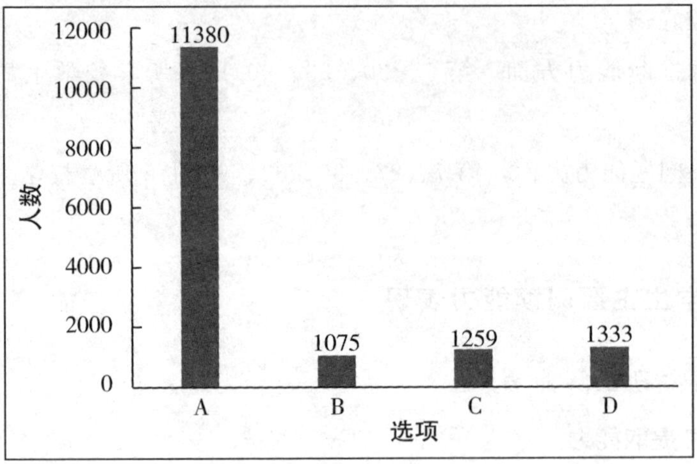

图 1.6　第 28 题学生作答选项分布

选择正确项 A 的学生占比 75.63%，选择错误项 B 的学生占比 7.14%，选择错误项 C 的学生占比 8.37%，选择错误项 D 的学生占比 8.86%。

综合分析可知，学生出错的原因主要是没有从题干中提取到“按照发展历程排序”这个关键信息，没有准确理解“发展历程即时间顺序”。

2. 分析概括能力

【相关监测试题】第 1、5、12、14、16、18、23、28、29 题

【学生能力要求】分析概括能力是一种基本语文能力。分析是把整体分解为部分，并对这部分做独立研究，对阅读材料中抽象概括的内容进行具体阐发；概括是对阅读材料内容进行归纳总结。掌握科学的分析概括方法，文本解读中的很多问题就会迎刃而解。

指标描述：区分各类作品，概括常见文体的基本特征；从所积累的语言材料中分析概括出一定的规律和特点；厘清思路，分析概括文本的主要内容、思想情感和写作特点。

图 1.3 数据显示，学生分析概括能力指数为 64，表现相对较好。其中，“厘清思路，分析概括文本的主要内容、思想情感和写作特点”的能力指数为 73，表现相对较好。

【典型题目解析】

5. 根据上下文，填写在横线上的语句，排列顺序最恰当的一组是(　　)

山是静的，海是动的。山是呆板的，海是活泼的。________从天边微波疯潮地直卷到岸边，触着崖石，更欣然地溅跃了起来，开了灿然万朵的银花！

①如同病牛一般

②而海呢，你看她没有一刻静止

③昼长人静的时候，天气又热

④凝望着青山，一片黑郁郁的连绵不动

A. ②①④③　　B. ④②③①　　C. ③④①②　　D. ①②③④

本题侧重考查学生在语言情境中用较短的时间阅读，了解文本大意，概括文本的主要内容，厘清思路，分析写作特点的能力。

【学生答题情况】

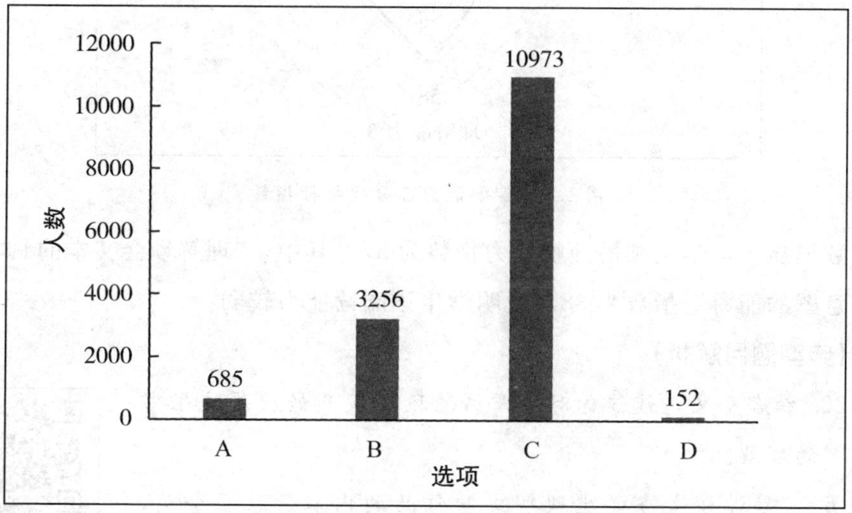

图 1.7　第 5 题学生作答选项分布

选择正确项 C 的学生占比 72.83%，选择错误项 A 的学生占比 4.55%，选择错误项 B 的学生占比 21.61%，选择错误项 D 的学生占比 1.01%。

综合分析可知，学生出错的原因主要在于：没有厘清语段的写作思路是“先写山，再写海”；没有准确分析语段的写作特点，所填入内容应对接“从天边微波疯潮地直卷到岸边”的海的描写。

3. 领悟理解能力

【相关监测试题】第 2、3、4、9、11、12、15、16、19、20、21、22、23、24、25、26、27 题

【学生能力要求】指标描述：体味和推敲重要词句在语言环境中的含义和作用；理解重要语段的内容及其在文中的作用；理解作品的内容、深层含义，体悟作品所蕴含的文学文化内涵；理解领会文本的真实观点和意图。

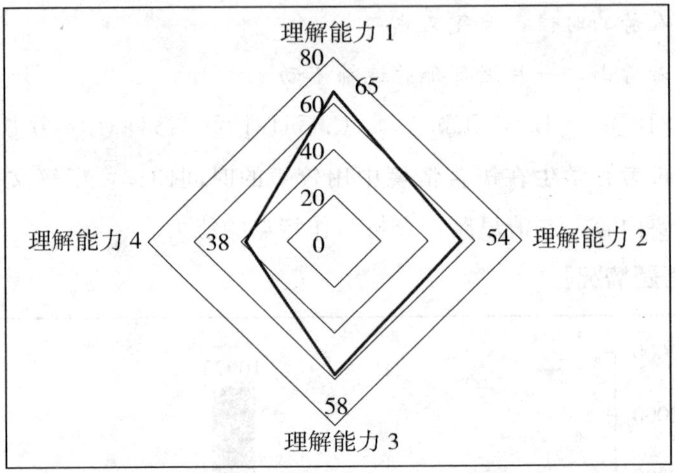

图 1.8　理解能力各分项指标指数

数据显示，学生领悟理解能力指数为 57。其中，“理解领会文本的真实观点和意图的能力”指数为 38，说明学生该阅读能力较弱。

【典型题目解析】

22. 结合全文，谈谈你对文章第⑬段“我开始厌恶这张书桌了”的理解。

扫码
查看原题

第 22 题综合考查学生理解文学作品的内容、深层含义，体悟作品所蕴含的文学文化内涵，理解领会文本的真实观点和意图的能力。

【学生答题情况】第 22 题学生得分分布如下图：

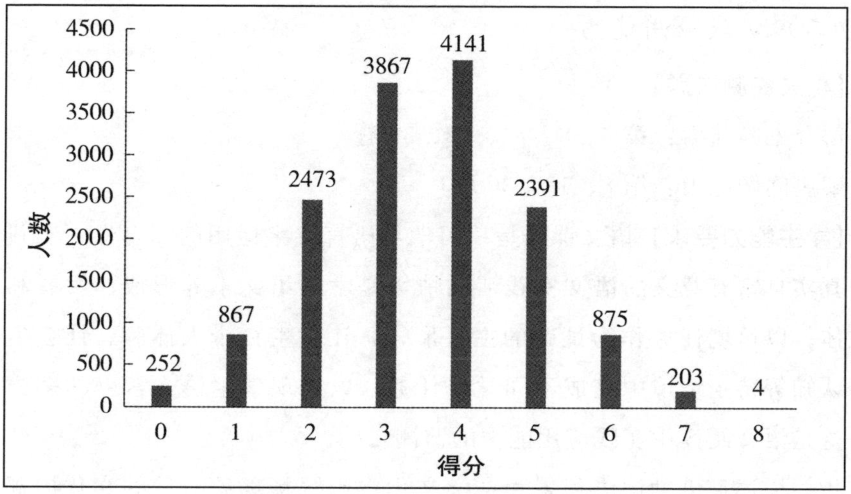

图 1.9 第 22 题学生得分分布

本题满分为 8 分，数据显示，学生答题均值为 3.49 分。学生得分大多集中在 3—4 分，占比 53.13%，高分学生占比较少。

综合分析可知，学生答题中存在的主要问题如下：

①部分学生能理解问题的一个方面并进行回答，但是回答时只能联系到一个事件，不能全面理解作品的内容。

该题中，大部分学生能理解作者讨厌书桌的原因：表面原因是对书桌外形丑陋的厌恶；深层原因是对新木匠做事不负责、不仔细的态度的厌恶。多数学生没有理解重要语段的内容及其在文中的作用，只关注到“书桌外形”的改变，没有考虑到作者对“日军暴行”的厌恶，没能深刻理解作者的情感变化。

②部分学生能理解问题的更多方面，但是不能对它们进行有机整合，不能发现其中更深层次的联系，不能深刻地理解作品的内涵。

大部分学生有理解的基本思路，但只有少部分学生的思路是清晰、完整的。学生的理解易受到“答题框架”的影响，没能理解作品的内容及深层含义，关注到了“新”“老”木匠的“手艺”差异，但没有体悟出作品中“新”“老”工匠的工作态度中所蕴含的精神内涵。

（二）实践应用能力

【相关监测试题】

解释推断能力：第 6、8、10、13、30 题

解决问题能力：第 8、13、30 题

【学生能力要求】语文课程是一门学习语言文字运用的综合性、实践性课程。真实且富有意义的语文实践活动情境是学生语文素养形成、发展和表现的载体。以情境任务作为试题的主要形式，让学生在个人体验、社会生活和学科认知等特定情境中完成不同学习任务，以呈现学生语文素养的多样化表现，这是语文阅读中实践应用能力的监测目的。

指标描述：借助词语积累和文学文化常识解释现象背后的文化内涵；分析文本和生活中的观点与材料的逻辑关系，合理推断事件现象的因果关系等；针对具体情境，就相关问题提出合理可行的解决方法或方案；根据文本信息，联系现实生活，解决生活中的具体问题。

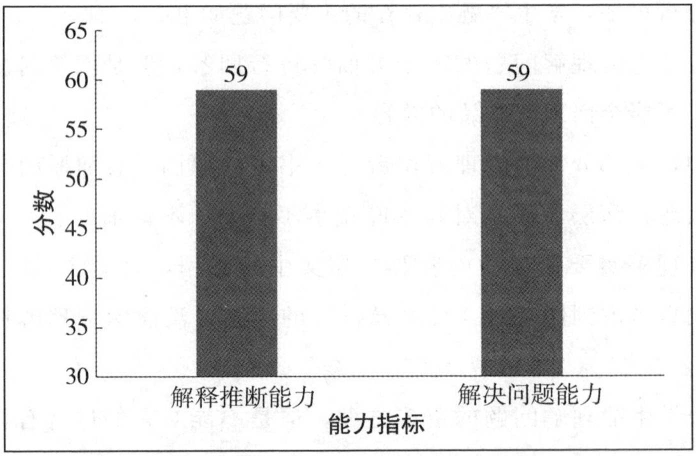

图 1.10　学生阅读能力二级指标指数

数据显示，学生的解释推断能力和解决问题能力指数均为 59，说明他们的解释推断能力和解决问题能力相对较弱。

【典型题目解析】

为考查学生的解决问题能力，本套试题共设置了 3 道题目：

8. 蓝水溪是青水溪最大的支流，它有 3 条支流，最大支流瓦里兰溪发源自初云风景区，上、下游海拔落差达 1500 米，由东向西行，沿路形成乾坤峡

谷等特殊景点。溪水来到日月镇光明里，汇进蓝水溪。另两条支流皆发源于高土山北麓，在依苏坪相汇。洛玛台风之后，沿瓦里兰溪河谷，多处著名观光景点被强大洪水改变了原貌，著名的乾坤峡谷也被冲毁变形。

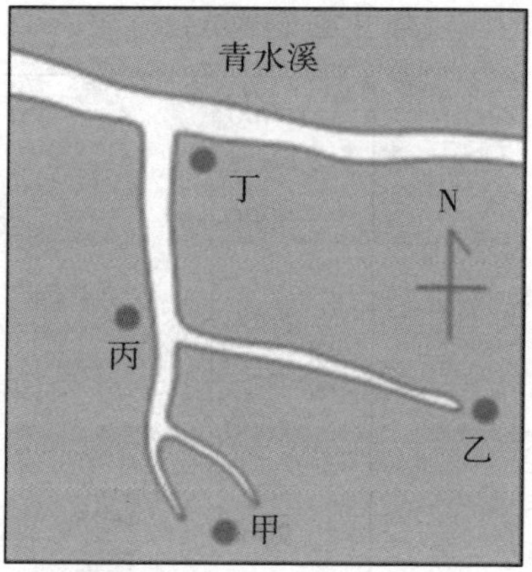

右图显示蓝水溪及其支流的位置。根据上述文字，图中甲、乙、丙、丁的标识何者正确？（　　）

A. 甲：初云风景区　　　　B. 乙：高土山

C. 丙：光明里　　　　D. 丁：依苏坪

13. 根据文章推断，下列工程中最不可能用到糯米的是（　　）。

A. 北京故宫　　　　B. 明长城

C. 应县木塔　　　　D. 承德避暑山庄

扫码查看原题

30. 你的邻居最近换了一部支持北斗系统的新型手机。鉴于他常年在“一带一路”沿线国家工作，根据以上材料提供的相关知识和你的积累，推测他购买这种新机型的原因，不恰当的一项是（　　）

A. 北斗导航系统的手机应用前景广阔，保值增值能力强。

B. 北斗三号系统即将完成组网、为全球提供服务，持该手机出国，工作、生活会更方便。

C. 北斗系统社会应用多，方便一机多用。

D. 北斗系统兼容性好，能享受多个系统之间的信息和资源共享。

扫码查看原题

第 8 题，借助带有鲜明地理学科特色且图文结合的文本，考查学生综合运用信息解决实际问题的能力。第 13 题，考查学生运用已知信息推断现实结论的能力。第 30 题，考查学生在真实生活情境中，通过处理多元信息来推断结论的能力。

【学生答题情况】

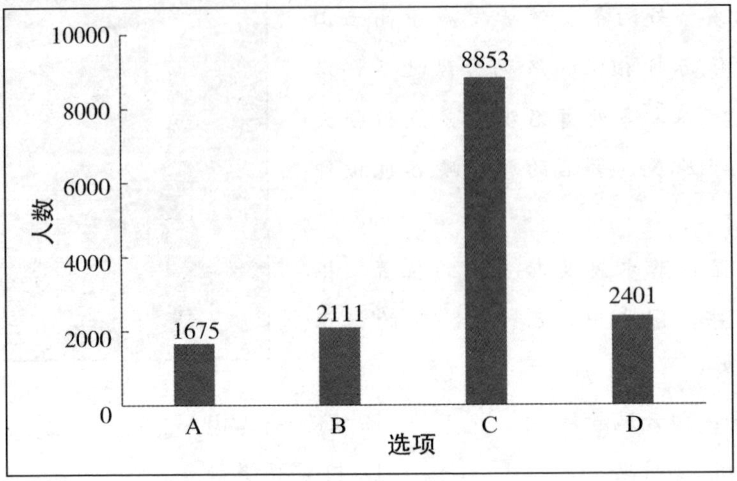

图 1.11　第 8 题学生作答选项分布

第 8 题得分率为 58.86%。学生出错原因主要是：在图文结合的阅读过程中信息提取混乱，以致无法做出准确判断。

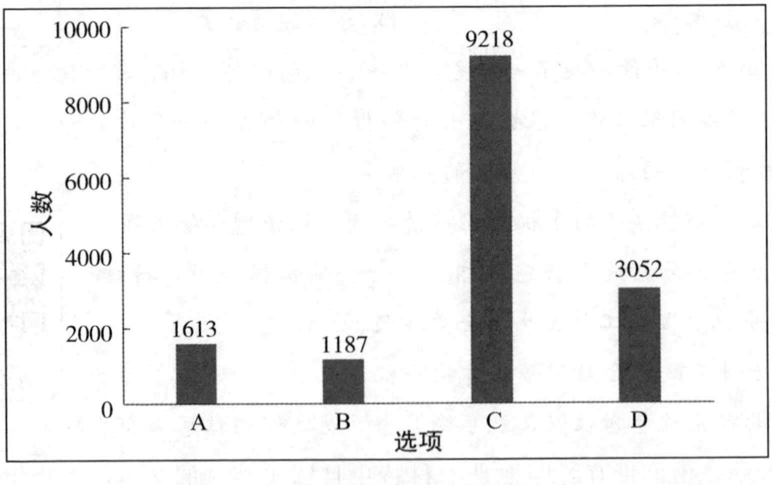

图 1.12　第 13 题学生作答选项分布

第 13 题得分率为 61.17%。学生出错的原因主要是：没有抓住文本中“糯米只有在土质建筑中才能发挥其黏性的优势”的关键——传统的木质建筑多采用榫卯结构，不需要糯米灰浆。学生既需要具备梳理和提炼信息的能力，也需要拥有生活经验和传统文化常识的积累，贯通阅读材料和生活经验，才能正确地作答该题。

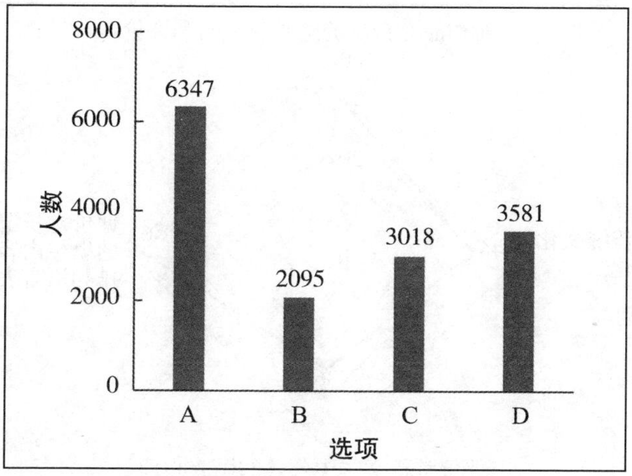

图 1.13　第 30 题学生作答选项分布

第 30 题得分率为 42.20%，在 3 道题目中得分率最低。学生出错的原因主要是：此题提供的关键情境是“他常年在‘一带一路’沿线国家工作”，交代了邻居工作的环境和手机的工作用途；A 选项中“保值增值能力强”错误，这仅就一部手机的价值而言，是不受具体情境限制的一个普适性答案，没有选择此项的学生未能厘清这一情境和支持“北斗系统”的新型手机之间的关系，暴露了学生作答时机械思考，不能联系实际情境解决问题的缺点。

（三）创新迁移能力

【相关监测试题】第 19、20、21、22、23、24、25、26、27 题

【学生能力要求】创新迁移能力是学生阅读能力的高阶思维表现。阅读的知识经验是阅读素养的内涵基础，创新迁移能力是将阅读知识转化为阅读素养的重要途径。本次重点监测了其中的批判赏析能力。

指标描述：对作品有自己的感受、领悟和评价；评价赏析课内外文本的思想内容、结构安排和语言表达；评价赏析文本中蕴含的民族心理和时代精神，加深对人类社会生活和情感世界的认识和思考；评价赏析传统文化和多元文化。

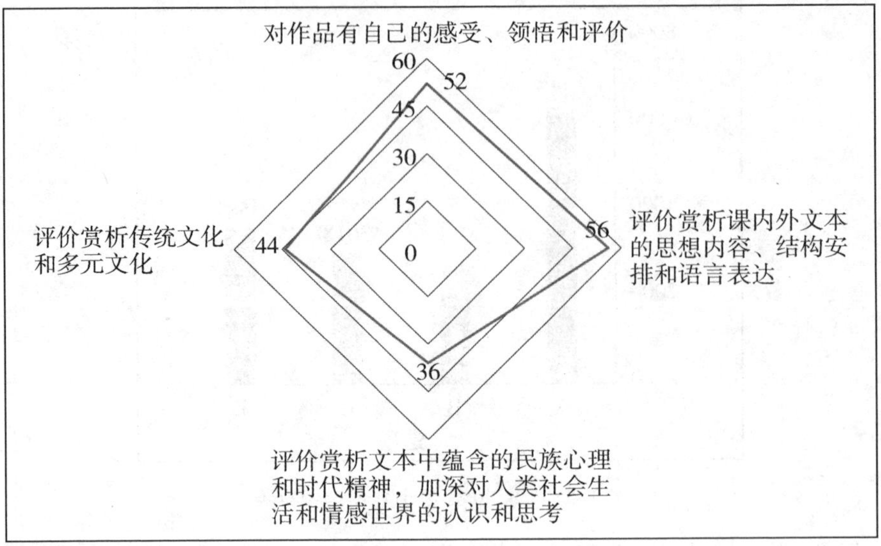

图 1.14　批判赏析能力各分项指标指数

数据显示，学生的批判赏析能力相对较弱，尤其“评价赏析文本中蕴含的民族心理和时代精神”和“评价赏析传统文化和多元文化”两个维度的能力水平明显较低。

【典型题目解析】

27. 小说结尾，老板回来应聘伙计，二娃原谅并收留了老板，你认为作者为什么这样写？

扫码
查看原题

该题旨在考查学生对文章写作特点及其作用意图的理解。“老板回来应聘伙计，二娃原谅并收留了老板”属于小说结局部分的情节，要全面准确地辨识作者这样写的用意，需要学生掌握基本的小说文体知识，且具备对文本的整体鉴赏和评价能力。要从“情节的整体安排、人物的塑造和主题的表达”等角度思考作者这样写的作用和意图。

【学生答题情况】

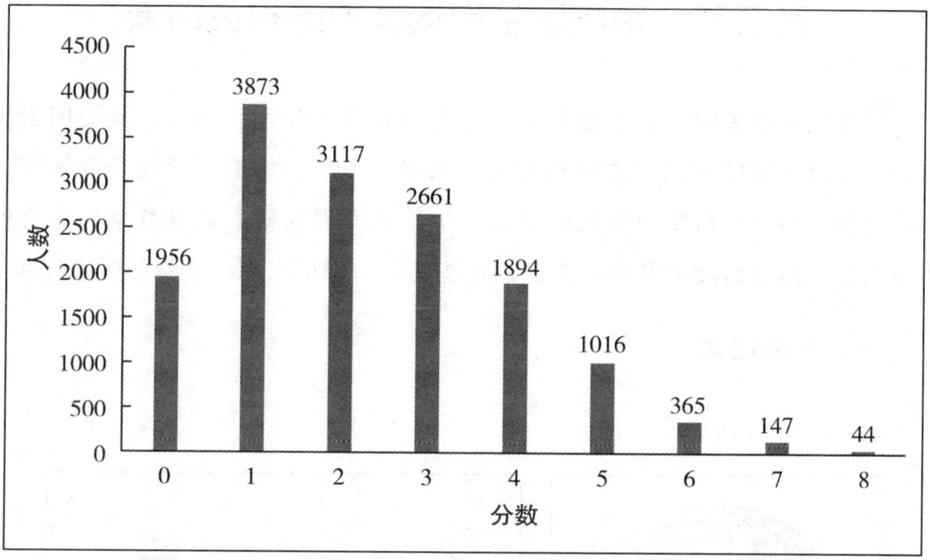

图 1.15 第 27 题学生得分分布

数据显示，第 27 题满分为 8 分，均值为 2.28 分。从本题各得分分布也能看出，得 1 分的占 25.69%，得 2 分的占 20.68%，得 3 分的占 17.65%，3 个分数段总占比为 64.02%。

学生作答中存在的主要问题是：

第一，文体意识淡薄，不能结合小说这类文体的特点（小说三要素）准确、全面地答题；答题重心偏离，把重点放在了概括文章大意上；不少学生花费大量笔墨复述小说内容或分析小说故事情节的合理性，或者套用散文的段落作用的答题思路予以应对。

第二，对小说内容的理解存在偏差，不能准确把握小说的中心人物及主题，没有将重点放在对老板的形象分析和对老板知错能改的肯定与赞美。

第三，审题抓不到重点，未能理解设题的用意，把作答重点放在了老板的人物特点上。

第四，答题语言套路化明显，空泛不具体，缺少实质性得分语言，如将答案主旨概括为“对二娃的赞美”“对二娃美好品质的赞美”，但没有明确写出对人物形象何种品质的赞美，即没有针对文本内容作答。

第二节 影响学生阅读能力的相关因素

学业质量相关因素对于教育质量提升具有重要作用。本次将相关因素列为阅读能力质量监测的重要组成部分，通过对学生、家庭、学校及教师等因素的监测，与学科监测共同构成了以学生学业发展为核心的具有结构意义的质量指标，通过监测大数据，全面透视济南市初中语文阅读教学的生态样貌。

一、个体因素

（一）性别因素

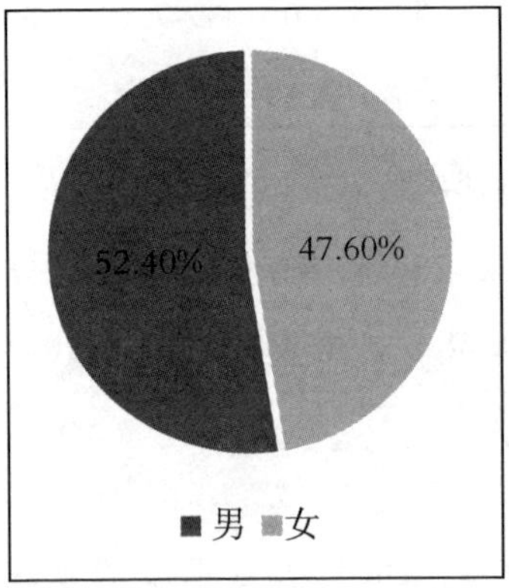

图 1.16 学生男女比例

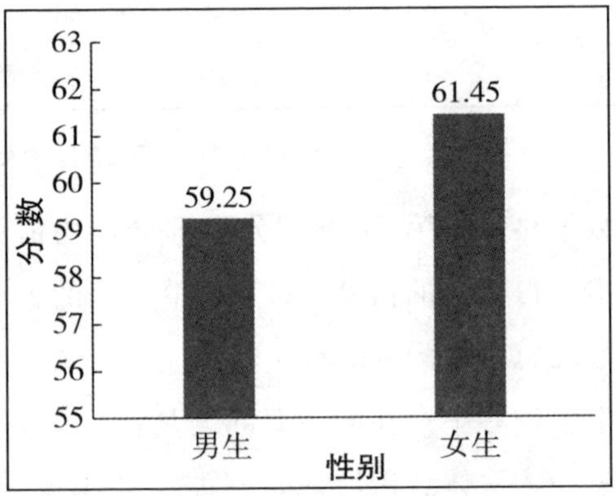

图 1.17 不同性别学生的阅读水平

数据显示，女生阅读能力水平均值为 61.45，男生阅读能力水平均值为 59.25。

（二）阅读习惯

本次监测围绕学生的阅读时间、阅读数量、阅读种类、阅读态度与目的、阅读途径、阅读策略等方面调查学生的个人阅读习惯。

1. 课外阅读时间与阅读数量

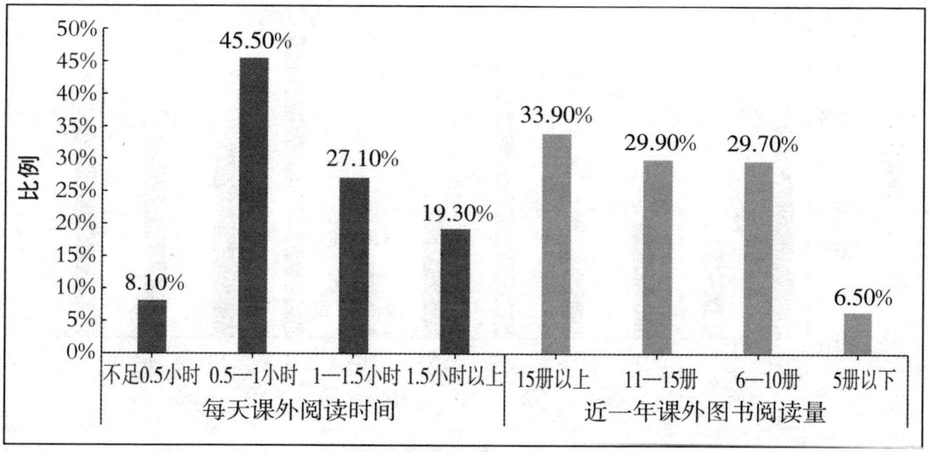

图 1.18　学生课外阅读时间、阅读量分布

数据显示，45.50%的学生每天课外阅读时间在 0.5—1 个小时，33.90%的学生近一年的课外图书阅读量在 15 册以上。

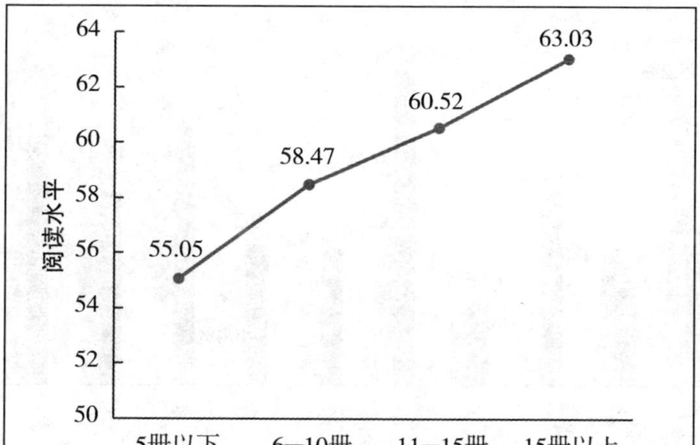

图 1.19　学生近一年课外图书阅读量与阅读水平的关系

数据显示，学生近一年课外图书阅读量在 15 册以上的学生阅读均值为 63.03，阅读水平相对较高，比一年阅读量 5 册以下的学生水平高 14.50%。

2. 课外阅读图书种类

本课题监测调查了学生课外阅读图书种类情况，如文学类、艺术类、传记类、哲学类、自然科学类、军事类、历史地理类、政治法律类、经济类等。

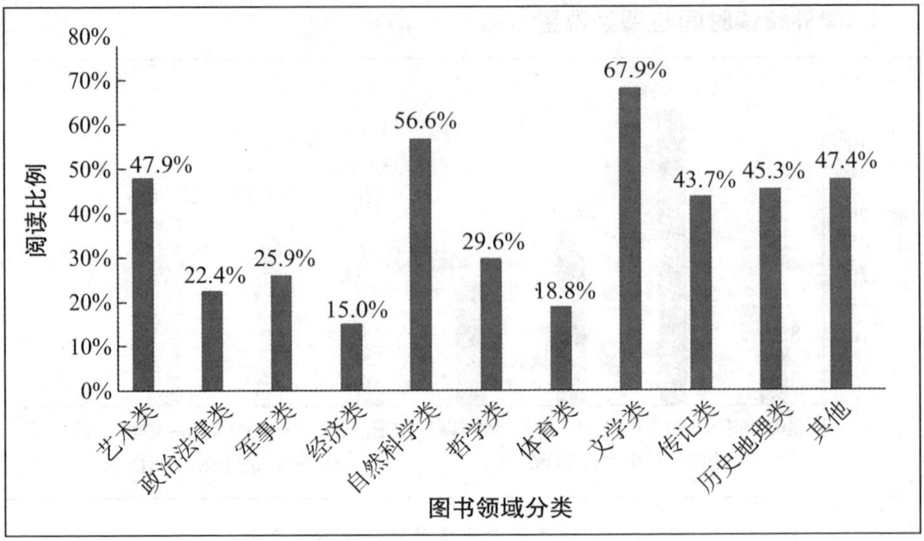

图 1.20 学生课外阅读图书种类

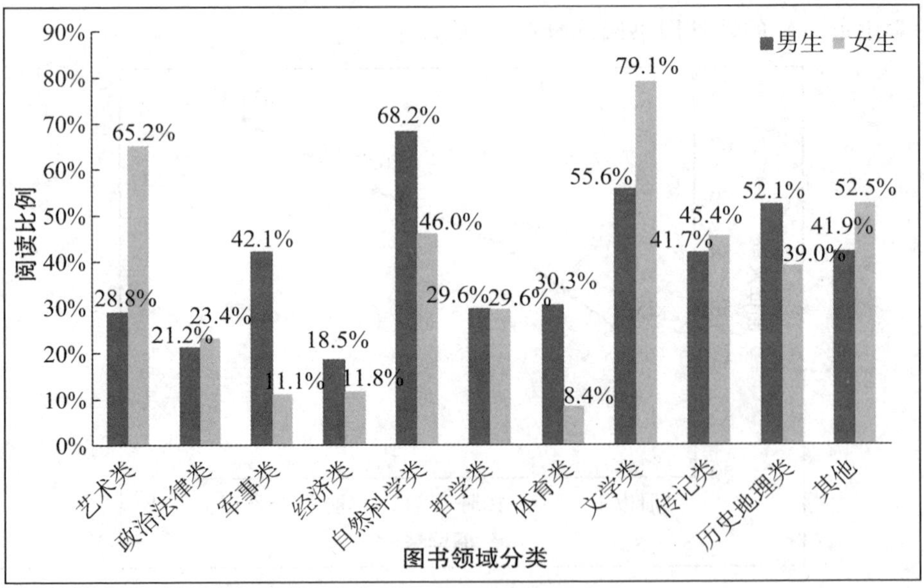

图 1.21 不同性别学生课外阅读图书种类

数据显示，学生课外阅读种类相对丰富，其中，文学类、自然科学类、艺术类图书阅读占比相对较高，分别为67.9%、56.6%、47.9%。

在课外阅读图书种类上，不同性别的阅读差异明显。男生阅读自然科学类、文学类、历史地理类、军事类图书的占比分别为68.2%、55.6%、

52.1%、42.1%；女生阅读文学类、艺术类、其他类、自然科学类图书的占比分别为79.1%、65.2%、52.5%、46.0%。

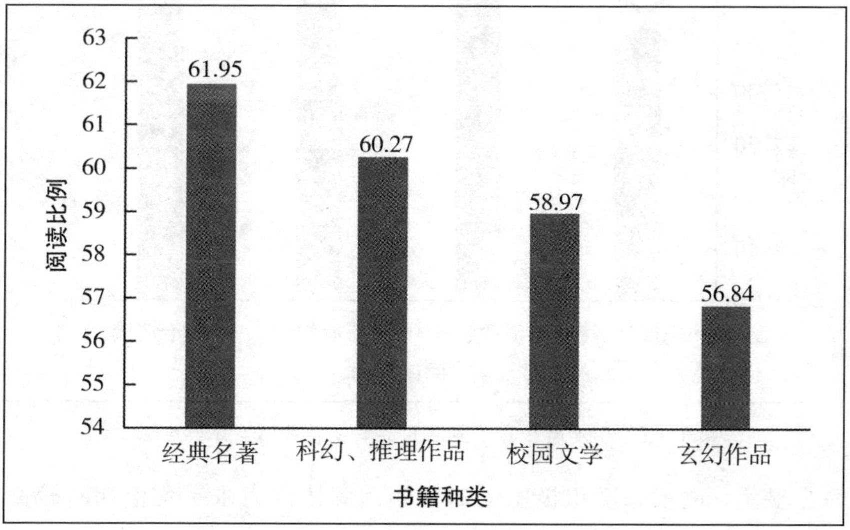

图1.22　校园常见书籍种类与阅读能力水平之间的关系

数据显示，喜欢阅读经典名著的学生阅读能力水平均值相对较高，为61.95，比阅读玄幻文学的学生水平高8.99%。

3. 阅读态度与目的

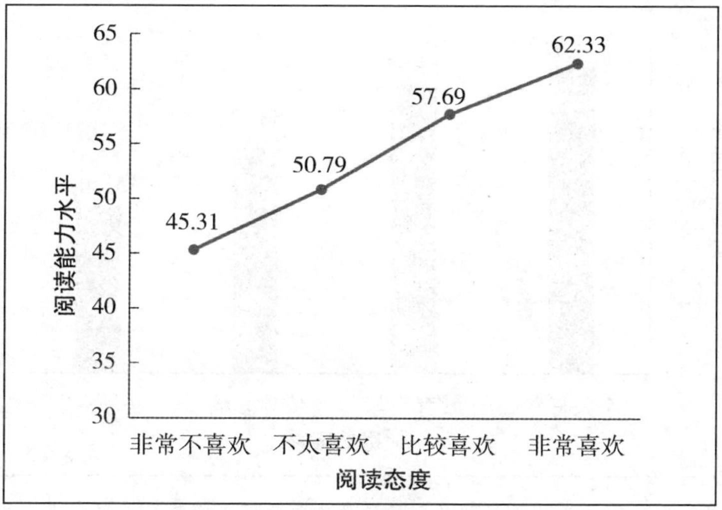

图1.23　学生阅读态度与阅读能力水平的关系

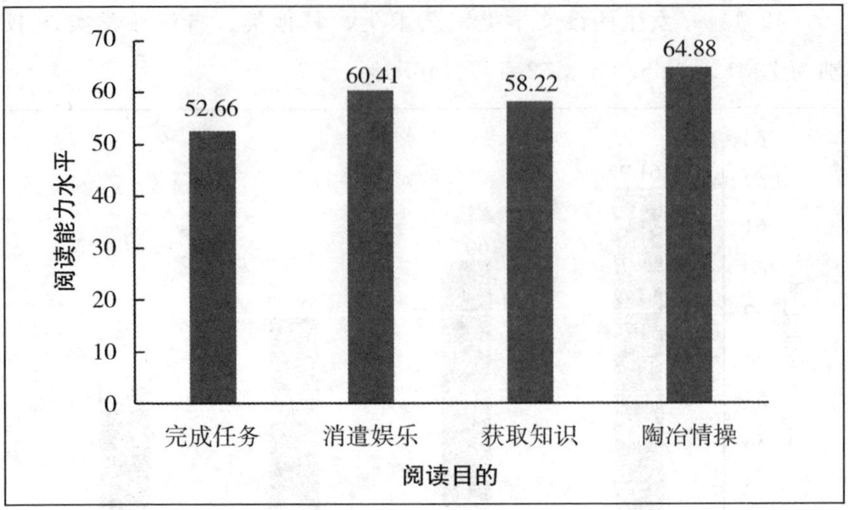

图 1.24　学生阅读最主要的目的与阅读能力水平的关系

数据显示，阅读态度积极主动的学生的阅读能力水平均值相对较高。其中，非常喜欢阅读的学生阅读水平平均值为 62.33，比非常不喜欢阅读的学生高 37.56%；认为阅读最主要的目的是陶冶情操的学生的阅读能力水平均值为 64.88，比以完成任务为目的的学生高 23.21%。

4. 阅读途径

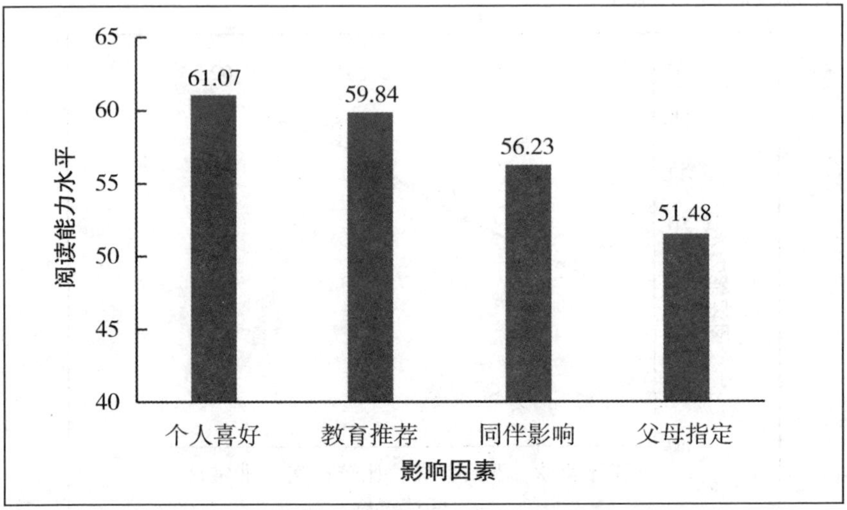

图 1.25　影响学生选择阅读书目的最主要原因与阅读能力水平的关系

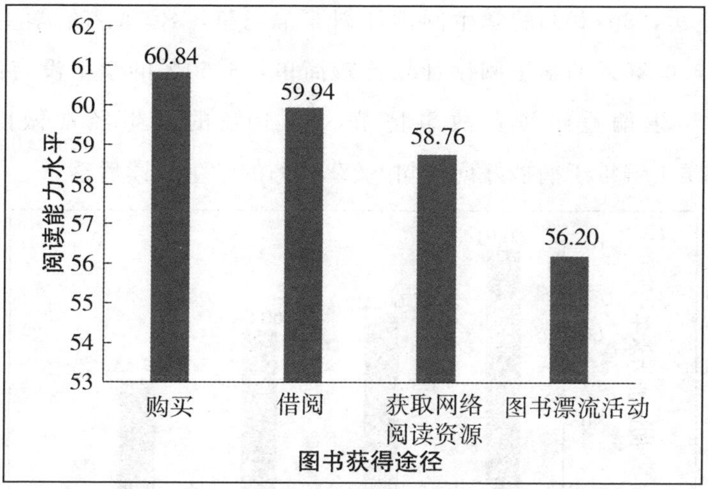

图 1.26　学生获得图书途径与阅读能力水平的关系

数据显示，图书选择的目的与获得途径跟学生的阅读能力水平有一定关联。根据“个人喜好”和“教师推荐”选择图书的学生阅读能力水平均值相对较高，其中根据“个人喜好”选择图书的学生阅读能力水平均值为 61.07，比“父母指定”的学生高 18.63%；通过“购买图书”进行阅读的学生的阅读能力水平均值为 60.84，比通过“图书漂流活动”获得图书的学生高 8.26%。

5. **阅读策略**

监测调查了学生阅读计划、阅读方法及阻碍学生读完一本书的因素。

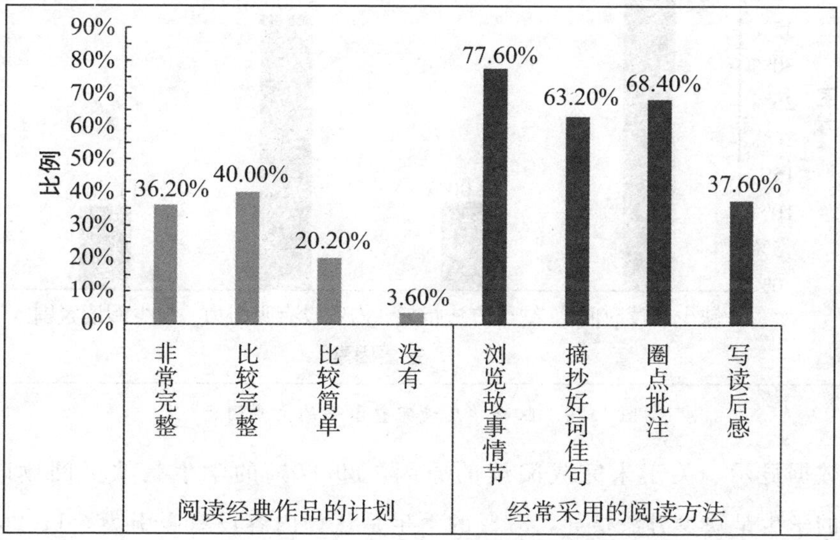

图 1.27　学生的阅读计划与经常采用的阅读方法

数据显示，36.20%的学生阅读计划非常完整，40.00%的学生阅读计划比较完整，20.20%的学生阅读计划比较简单，3.60%的学生没有阅读计划；77.60%的学生偏重于浏览故事情节，68.40%的学生经常做圈点批注，63.20%的学生偏重于摘抄好词佳句，37.60%的学生写读后感。

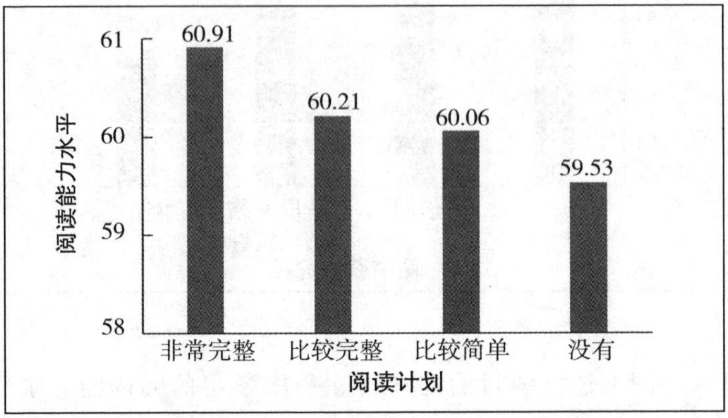

图 1.28　学生阅读计划与阅读能力水平的关系

数据显示，有非常完整阅读计划的学生的阅读能力水平均值相对较高。有非常完整阅读计划的学生的阅读能力水平均值为 60.91，比没有阅读计划的学生高 2.32%。

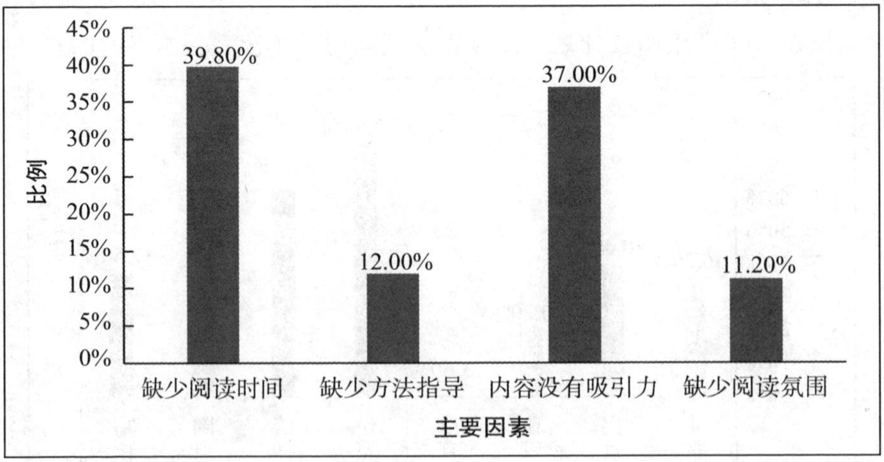

图 1.29　阻碍学生读完整本书的主要因素

数据显示，关于未完成阅读的原因，39.80%的学生是缺少阅读时间，12%的学生是缺少方法指导，37%的学生是认为内容没有吸引力，11.20%的学生是因为缺少阅读氛围。

二、区域因素

（一）学生所在区域

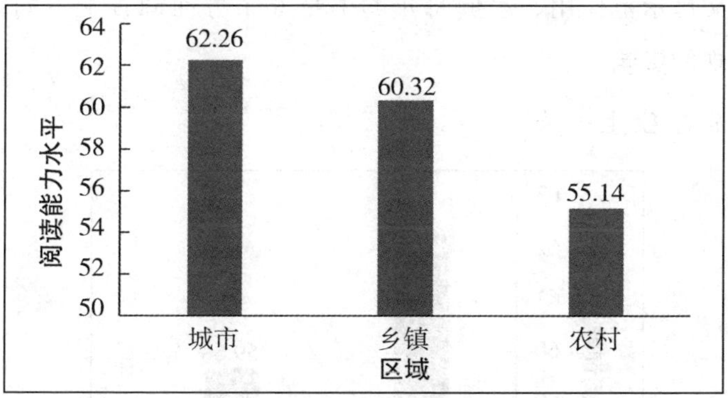

图 1.30　学生所在区域与阅读能力水平的关系

数据显示，城市学生的阅读能力水平均值为 62.26，分别比乡镇、农村学生高 3.22％和 12.91％。

（二）社会资源

监测调查了学生所在区域阅读机构的情况，包括公共图书馆、社区阅览室、书店等机构。

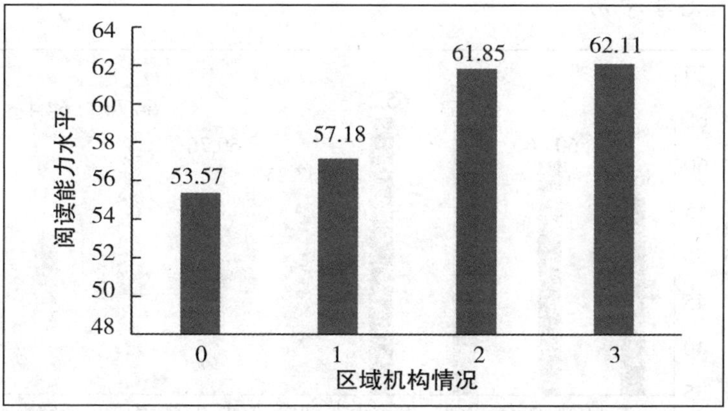

图 1.31　学生所在区域阅读机构与阅读能力水平的关系

数据显示，学生所在区域的阅读机构数量越多、阅读资源越丰富，学生的阅读水平相对越高。所在区域拥有 3 种阅读机构的学生的阅读能力水平均值为 62.11，比所在区域没有阅读机构的学生高 12.17％。

三、家庭因素

本课题主要从学生是否独生子女、父母学历、父母职业、父母对孩子阅读的态度、父母示范作用、家庭每年购书量 6 个方面调查了不同家庭因素对学生阅读表现的影响。

（一）是否独生子女

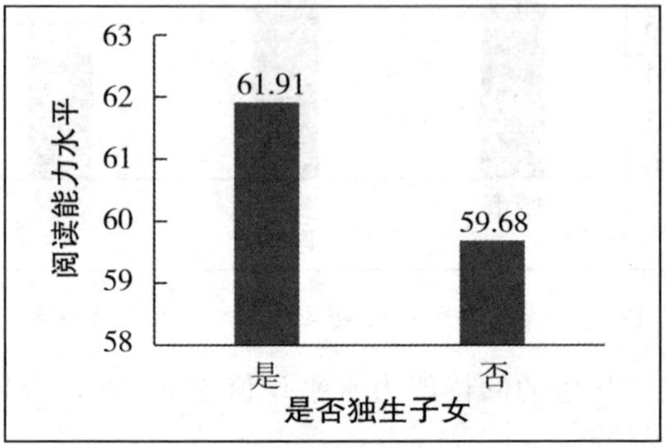

图 1.32　是否独生子女与阅读能力水平的关系

数据显示，独生子女的阅读能力水平均值为 61.91，非独生子女的阅读能力水平均值为 59.68。

（二）父母学历

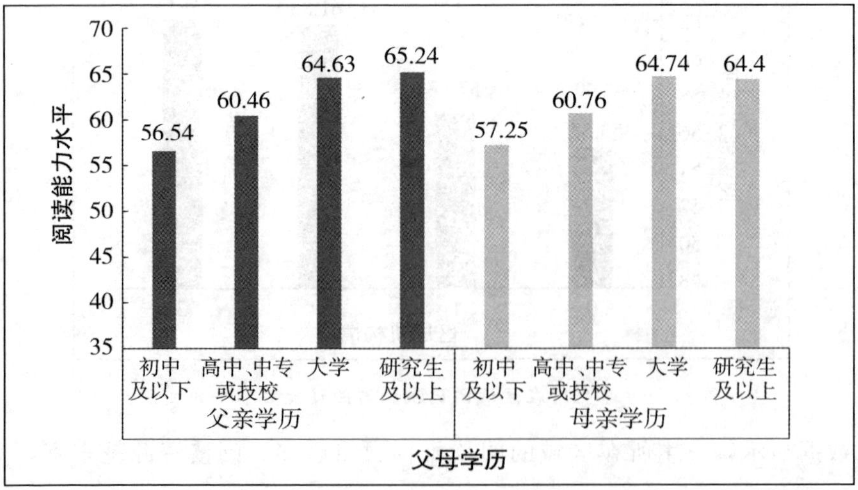

图 1.33　父母最高学历与学生阅读能力水平的关系

数据显示，总体而言，父母学历对于学生阅读水平有一定影响，父母学历越高，学生阅读能力水平相对较高。

（三）父母职业

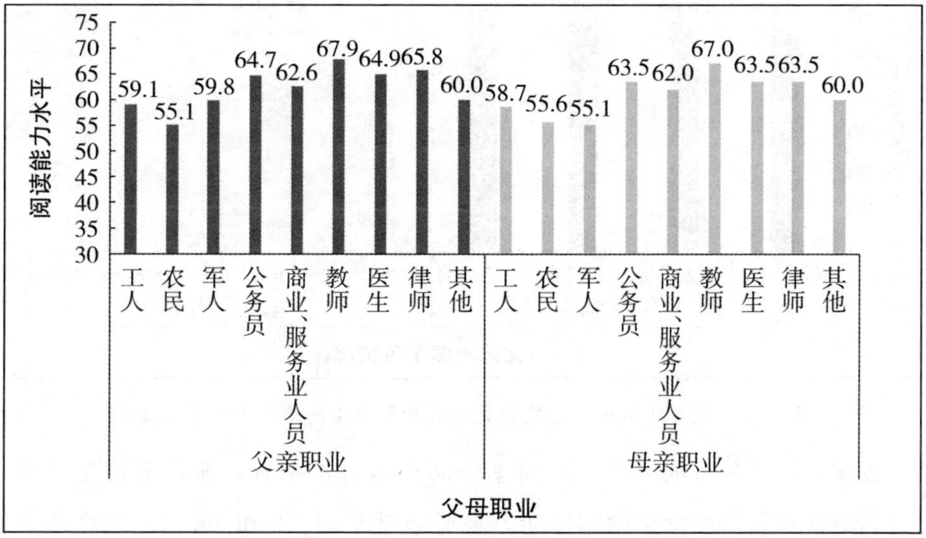

图 1.34　父母职业与学生阅读能力水平的关系

数据显示，父母职业对于学生的阅读有一定影响，其中教师职业对孩子阅读的正面影响较明显。

（四）父母对孩子阅读的态度

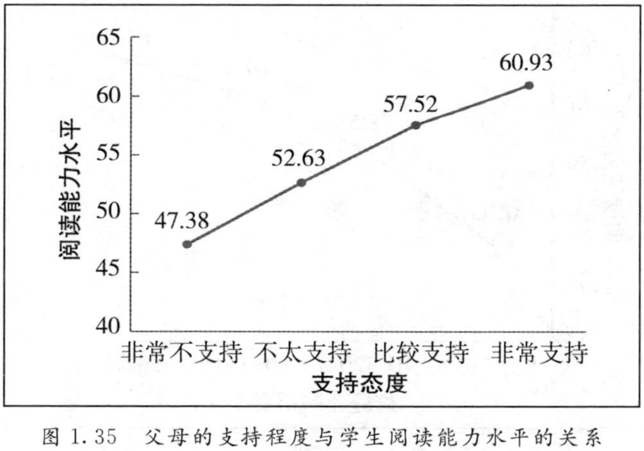

图 1.35　父母的支持程度与学生阅读能力水平的关系

数据显示，父母的支持程度对学生阅读能力水平影响较大。父母“非常支持”阅读的学生和“父母非常不支持”阅读的学生的阅读能力水平均值分别为 60.93 和 47.38。

（五）父母的阅读示范及家庭藏书量

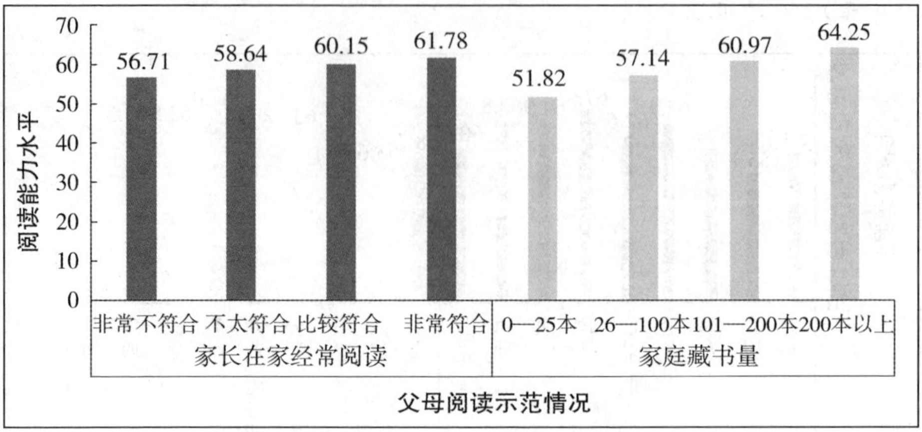

图 1.36　父母的阅读示范及家庭藏书量与学生阅读能力水平的关系

数据显示，父母的阅读示范对学生阅读能力水平有影响，家长在家经常阅读和经常不阅读的学生的阅读能力水平分别为 61.78 和 56.71；家庭藏书量在 100 本以上的学生的阅读能力水平均值超过了 60.97，家庭藏书量在 25 本以内的学生，其阅读能力水平均值仅为 51.82。

（六）家庭每年购书量

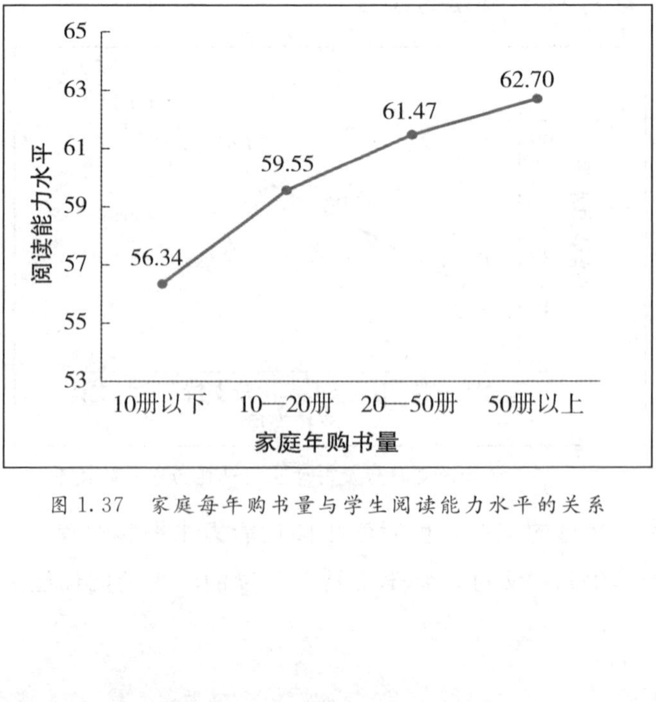

图 1.37　家庭每年购书量与学生阅读能力水平的关系

数据显示，在一定范围内，家庭年购书量越多，学生的阅读能力水平越高。每年购买图书在 20 本以上的家庭，学生阅读能力水平均值高于 61.47。

四、学校阅读教学

本课题主要从"学校图书资源提供及利用""教师阅读支持""教师阅读教学方式""阅读策略指导"4 个方面调查了学校阅读教学行为对学生阅读能力水平的影响。

（一）学校图书资源提供与利用

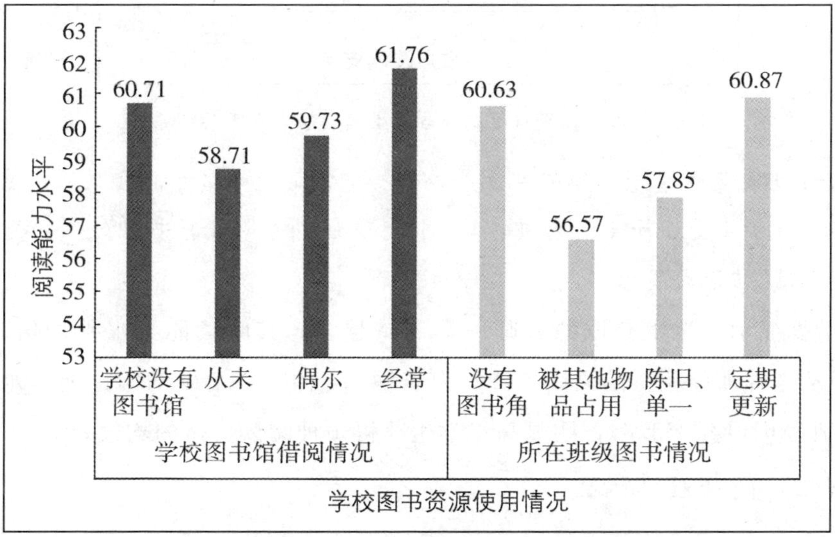

图 1.38　学校图书馆、班级图书角使用情况与学生阅读能力水平的关系

监测结果显示，"学校有图书馆且能经常借阅"的学生阅读能力水平均值最高，为 61.76，"从未借阅"和"偶尔借阅"的学生阅读成绩均值分别为 58.71 和 59.73；"学校没有图书馆"的学生阅读能力水平均值为 60.71。

与之对应，"班级有图书角且能定期更新"的学生阅读能力水平均值最高，为 60.87，班级图书角"陈旧单一"和"被其他物品占用"的学生阅读能力水平均值分别为 57.85 和 56.57；"班级没有图书角"的学生阅读成绩均值为 60.63。

（二）教师阅读支持

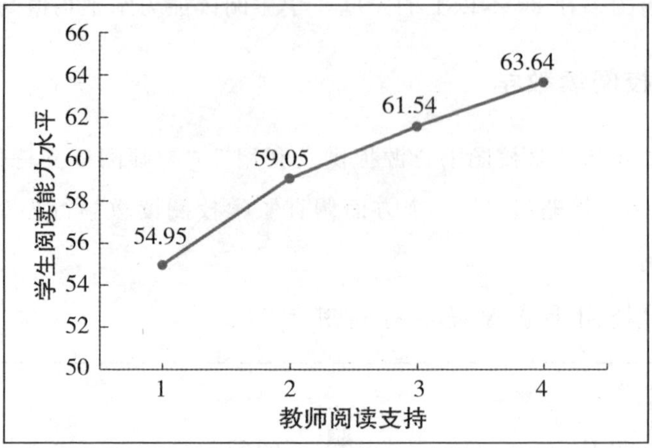

图 1.39　教师阅读支持与学生阅读能力水平的关系

注：1 是选择 1 个选项的学生平均得分，2 是选择 2 个选项的，3 是选择 3 个选项的，4 是选择 4 个选项的。4 个选项分别为“推荐书目”“阅读方法”“答疑解惑”“活动展示”。

数据显示，学生获取的教师阅读支持越多，其阅读能力水平均值越高。“学生从老师那里获得的阅读支持”为 3 种、4 种时，学生的阅读能力水平均值分别为 61.54、63.64，明显高于学生获得 1 种阅读支持的均值。

（三）阅读教学方式

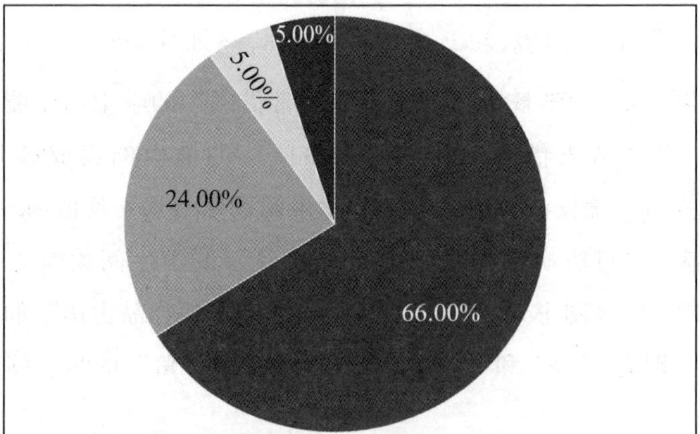

图 1.40　学生最喜欢的教师阅读教学方式

数据显示，学生喜欢的阅读教学方式差异较大。其中，喜欢“自主阅读”“讨论交流”“教师导读”“成果展示”的占比分别是66％、24％、5％和5％。

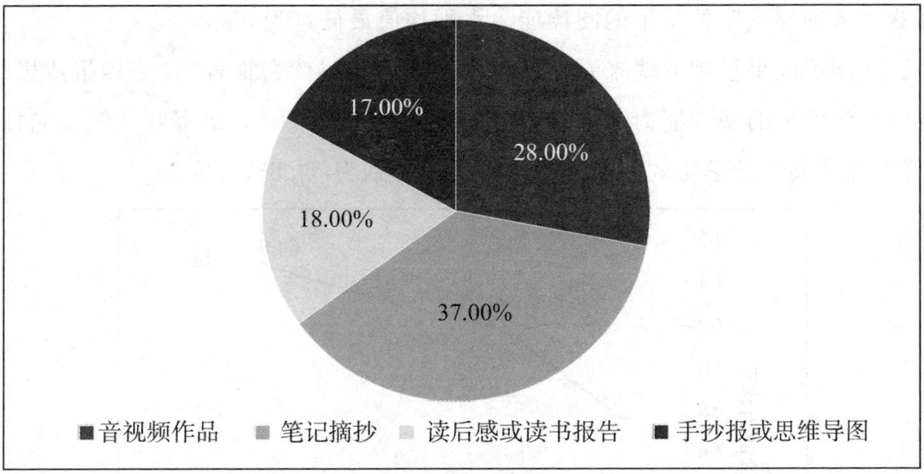

图1.41 学生最喜欢的阅读成果呈现方式

数据显示，学生最喜欢的阅读成果呈现方式有一定差异，学生最喜欢“笔记摘抄”“读后感或读书报告”“手抄报或思维导图”“音视频作品”的占比分别是37％、18％、17％和28％。

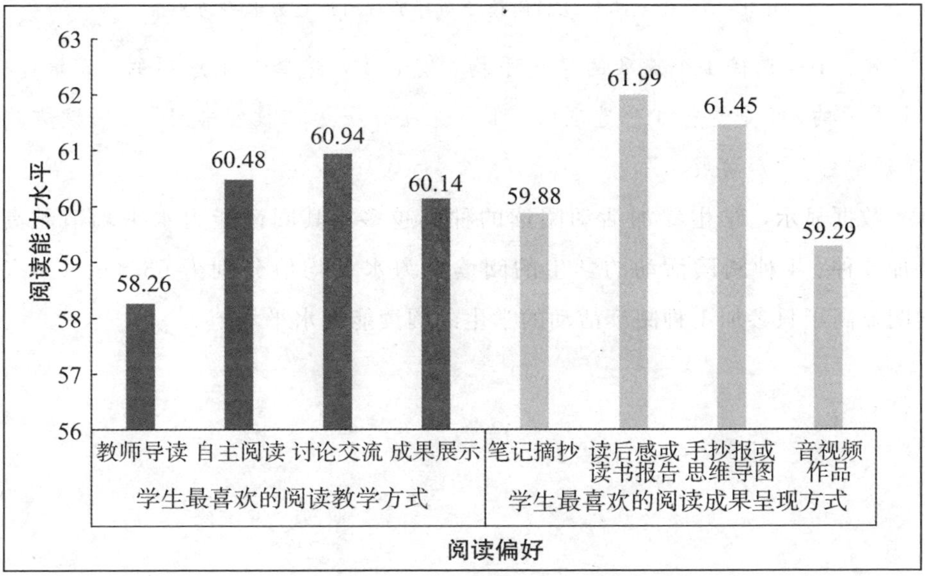

图1.42 教师阅读教学方式与学生阅读能力水平的关系

数据显示，教师的教学方式对学生的阅读能力水平有较大影响。最喜欢“讨论交流”“自主阅读”的学生的阅读能力水平均值分别为 60.94、60.48，喜欢“教师导读”的学生的阅读能力水平均值最低，为 58.26。

从阅读成果呈现方式来看，最喜欢“读后感或读书报告”“手抄报或思维导图”的学生的阅读能力水平均值分别为 61.99、61.45，最喜欢“笔记摘抄”“音视频作品”的学生的阅读能力水平均值分别为 59.88、59.29。

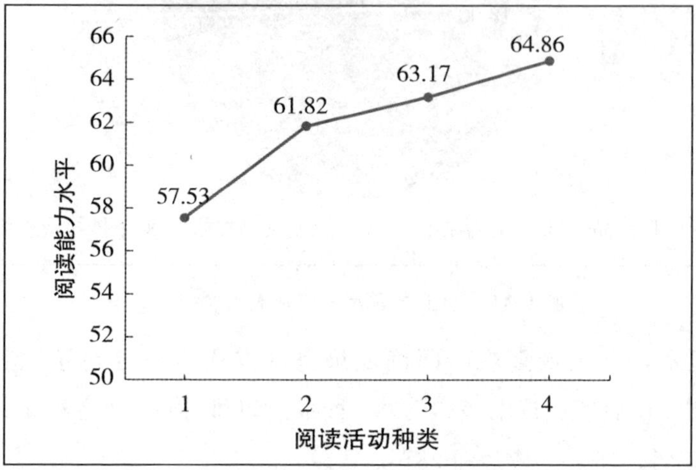

图 1.43　学生参加过的阅读活动种类与阅读能力水平的关系

注：1 是选择 1 个选项的学生平均得分，2 是选择 2 个选项的，3 是选择 3 个选项的，4 是选择 4 个选项的。4 个选项分别为“推荐书目”“阅读方法”“答疑解惑”“活动展示”。

数据显示，学生参加活动阅读的种类越多，其阅读能力水平均值越高，参加 3 种、4 种阅读活动的学生的阅读能力水平均值分别为 63.17、64.86，均明显高于只参加 1 种阅读活动的学生的阅读能力水平均值。

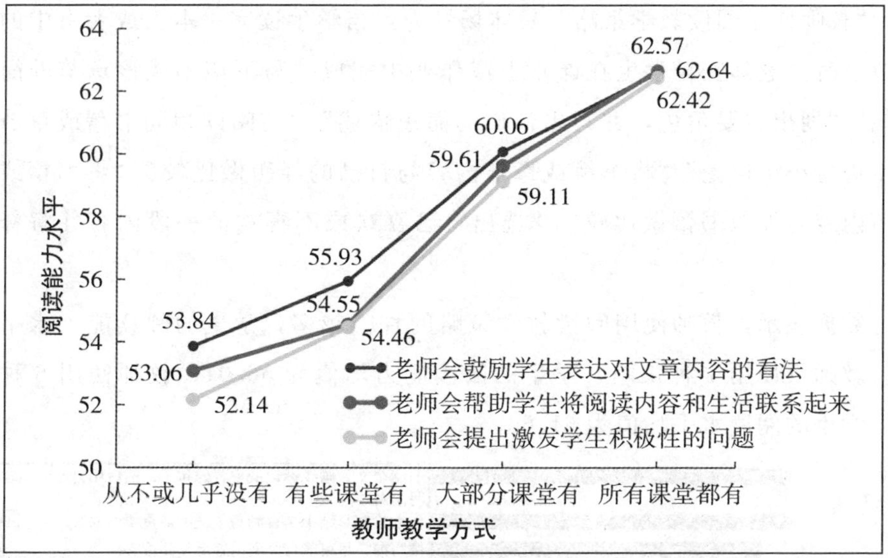

图 1.44　教师教学方式与阅读能力水平的关系

数据显示，教师的教学方式对学生阅读能力水平影响较大。教师在“所有课堂”上做到“鼓励学生表达对文章内容的看法”“帮助学生将阅读内容与生活联系”“提出激发学生积极性的问题”时，学生阅读能力水平均值都在 62 以上，明显高于“教师从不使用或几乎没有相关教学方法”的学生阅读能力水平均值。

（四）阅读教学策略

监测关注了教师经常使用的阅读策略以及具体指导学生理解文章和总结文章的阅读策略情况。

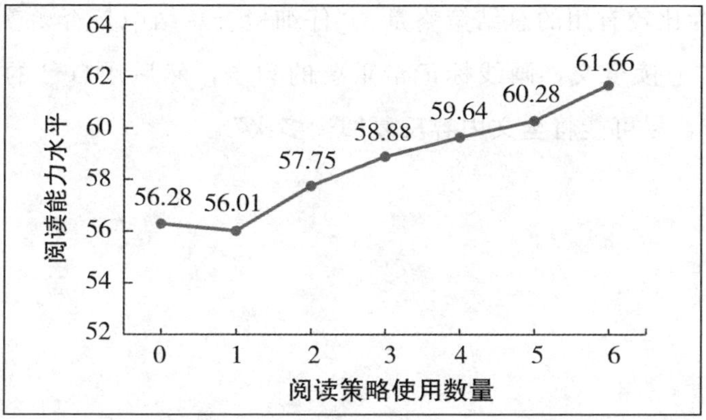

图 1.45　教师使用阅读教学策略种类数量与学生阅读能力水平的关系

“教师使用阅读教学策略”具体场景为：当学生读完一本书或者书中的某一章节时，老师安排学生在课堂上或作业中完成“写下该书或该章节的简要总结”“列出主要角色，并写出他们的简短描述”“与阅读相同书籍或章节的学生进行小组讨论”“将书籍或章节内容与自己的经历做比较”“将书籍或者章节内容与类似书籍做比较”“选出自己喜欢或不喜欢的一段内容并解释原因”。

数据显示，教师使用阅读教学策略的种类越多，学生的阅读能力水平越高。教师仅使用 1 种策略，学生的阅读能力均值为 56.01；教师使用 6 种策略，学生的阅读水平均值为 61.66。

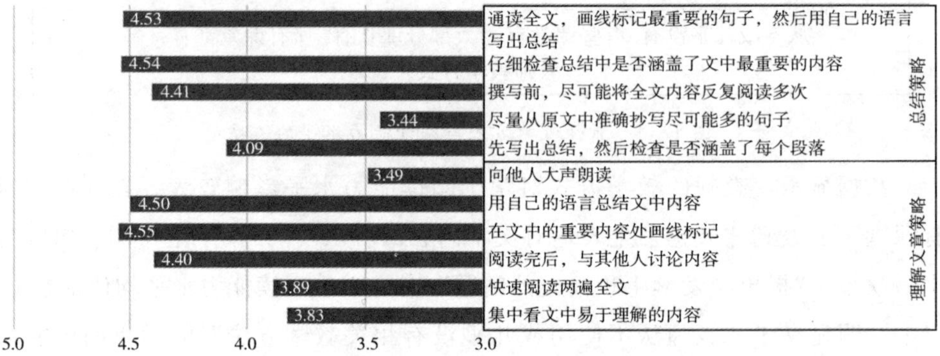

图 1.46　学生对各种阅读策略的有用程度感知

数据显示，学生普遍认为比较有用的理解文章策略是：“在文中的重要内容处画线标记”“用自己的语言总结文中内容”“阅读完后，与他人讨论内容”。

学生认为比较有用的总结策略是：“仔细检查总结中是否涵盖了文中最重要的内容”“通读全文，画线标记最重要的句子，然后用自己的语言写出总结”“撰写前，尽可能将全文内容反复阅读多次”。

第三节　提升学生阅读能力的主要建议

一、济南初中语文阅读能力监测结论

通过对测试及问卷监测结果进行分析，关于济南市初中语文阅读能力可以得出以下结论：

（一）全市八年级学生语文阅读能力发展水平不均衡

全市初中语文阅读能力发展水平整体呈现正态分布。

从阅读能力指标看，学生一级指标指数较均衡，二级指标指数有差异。其中，学生的提取信息能力和分析概括能力表现较好，说明学生在阅读实践中对文本的整体感知意识和能力较好；领悟理解力相对较弱，说明学生解释并整合观点和信息的能力以及理解文本深层含义的水平有待提高；学生的批判赏析能力相对较弱，说明学生在阅读中的批判性思维发展不足，缺乏指向评价与判断的高阶思维的阅读实践。此外，学生在解释推断、处理多文本阅读以及解决真实生活情境中实际问题方面的能力水平偏低，说明学生在阅读实践中缺少逻辑思维训练，在加工多元信息和关联生活方面有所欠缺。

（二）区域、家庭和个体因素对学生阅读能力有不同的影响

区域、学校之间的初中语文阅读能力发展水平存在一定差异。全市b、c、e、f、k、n等6个区域的学生语文阅读能力发展水平优质且均衡，d、g、j、l、o等5个区域的学生语文阅读能力发展水平低质量且低均衡。

区域因素方面，城市和乡镇学生阅读表现相对均衡，无显著差异；农村学生的阅读能力表现相对较弱。家庭因素方面，独生子女与非独生子女的学生阅读能力水平相对差距不大；父母的阅读支持态度、父母在阅读方面的示范作用、家庭图书投入量对学生阅读能力水平有较大影响。个体因素方面，女生的阅读能力水平相对较好，但男女生差距不大。

（三）学生阅读习惯整体情况较好，部分学生阅读策略尚需改进

济南市初中生每天课外阅读时间在 0.5—1 个小时及以上的比例为 91.9％；学生课外阅读的图书种类相对丰富，喜欢阅读经典名著的学生，阅读能力水平相对较高；每年课外图书阅读量在 10 册以上的学生比例为 63.8％，年阅读课外图书 15 册以上的学生的阅读能力水平相对较高；阅读态度越积极主动的学生，阅读能力水平越高。但也有部分学生阅读积极性不高，将阅读的阻力归于外因，自主自发阅读的习惯尚需培养。

在阅读策略上，学生在阅读计划、阅读方法、阅读后续活动等方面有一定的自主规划意识；阅读策略越多，阅读能力水平均值越高。有相当部分学生的阅读策略偏向于简单而机械的方法，如 77.60％的学生偏重于浏览故事情节，63.20％学生偏重于摘抄好词佳句，阅读策略需要指导。

（四）多数教师的阅读教学方式多样，对学生阅读能力有较大影响

多数教师有较为先进的阅读教学理念，能够根据阅读的科学规律及学生的学习状况采用多样化的教学方式，注重激发学生的阅读兴趣，引导学生提升阅读策略，优化学生的阅读体验，注重学生思考的独立性，关注个性化阅读。

教师采用的阅读教学方式越多样，对学生的阅读支持越多，教师越注重推动学生自主阅读，学生的阅读能力水平均值越高。有部分教师的教学方式偏于机械记忆呆板灌输，如经常采用“教师导读”的方式，而最喜欢老师采用这种教学方式的学生的阅读能力水平均值较低。

二、提升学生阅读能力建议

在以上结论的基础上，笔者就如何提升学生阅读能力提出以下建议：

（一）加强系统阅读评估，优化阅读教学实践

1. 科学指导学生认识阅读

要发挥评估反馈的积极作用，评估要在师生之间、学生之间积极互动，引导教师重视对阅读教学的研究；引导学生缩小阅读现况与阅读预期目标的差距，清楚阅读目标，明确自身阅读状态；保持积极的阅读动机，提升自我效能感；动态调整阅读方法，实现最佳发展。

2. 适当选择阅读评估时机

评估与教学密切相关，既要重视终结性评估，又要重视过程性评估。阅读评估除了专门组织阅读测试外，还应在课堂教学、阅读活动、自由阅读等场合评估学生，以全面了解学生的阅读表现，促进学生扩大阅读广度和深度。

3. 积极引入多元阅读评估主体和方法

在评估领域，不仅教师自己担当评估者，还可以鼓励学生、家长等一起参与，相互合作；要使用多元评估方法，如阅读测试、档案评估、教学过程中的提问、阅读活动等方法；评估时充分考虑阅读评估对象差异，除了考虑学生年龄特点外，还要重视、了解、尊重学生的个体差异，进行有针对性的评估。

（二）细化阅读课程实施，强化校本阅读教研

1. 遵守规范，保证学生阅读时间

按照山东省中小学课程设置方案要求，学校应规范语文阅读课时安排，加强阅读资源合理配置，依据校情、学情，细化学校语文阅读课程实施方案，开发校本课程。规范教师阅读教学行为评价办法，教师应合理安排学生作业，减轻学生负担，保障学生阅读时间。

2. 强化校本教研，多形式促进阅读活动开展

以课题为引领，做好语文阅读能力培养和提升的校本研究。教师应以阅读教学策略研究为基本框架，开展课内外阅读有效结合研究、整本书阅读活动研究、古典诗词吟诵活动研究、阅读高阶思维研究等；可以采取专题研讨、案例分析、专家指导、学术沙龙等多种形式，提炼典型经验，切实解决教学实践中的重点难点问题。

（三）强化阅读教学研究，提升教师专业素养

加强阅读教学的理论研究和实践应用探索。在阅读教学中，教师的专业素养对学生阅读能力的提高有重要影响。教师应针对学生的阅读水平现状，从“教课文”“教考点”转向“教阅读”，立足学生的阅读立场，关注学生作为一个阅读者在真实的阅读过程中需要习得的阅读策略和技巧，引导学生在阅读实践中逐步学会阅读，提高综合思维能力和核心学习能力。

1. 重视对学生的阅读投入度的研究

学生的投入度对阅读能力有显著的正向作用。学生的阅读投入程度越高，阅读能力越强。学生只有拥有有效的阅读时间、进行合理的学习规划、制定科学的阅读策略，才能提高阅读水平。教师可以通过多种方式激发学生阅读兴趣，如课堂上大声朗读文章，鼓励学生在阅读中合作交流，鼓励学生自主选择书目，引导整本书阅读和自主阅读相结合等，增强学生的阅读动机，改变学生的阅读投入度，推动学生由不想读、不愿读、读不懂到想阅读、爱阅读、会阅读的转变。

2. 重视培养学生的文体意识

教师要有文体思维的自觉，教学实践中能够针对不同的文体展开相应的阅读教学。不同的文体有不同的阅读方法，如阅读新闻要提取关键信息，散文阅读要把握“言与意”“形与神”的统一，小说阅读需要理解故事构成要素的关系等。面对独立的文章，学生容易形成碎片化、孤立化的认知，教师应不断引导并强化学生对某类阅读规律的发现和领悟，帮助学生立足“一篇”之上，把握“一类”文章的文体特征，逐步形成解读不同文体的思路和方法。

3. 重视科学有效的阅读方法指导和训练

教师应加强对学生朗读、默读、略读、浏览和精读能力的训练，注重学生“提取信息”“归纳概括”“形成解释”“评价鉴赏”等能力的培养；训练学生从理解作品的构思过程与规律出发、从文章本身出发，整体把握作品，领悟作者情感；帮助学生提炼有效的阅读方法，指导学生在阅读实践中建构起个人最有效的阅读模式，从体验到理解，从感性到理性，从欣赏到鉴赏，逐步形成自己的阅读经验和阅读习惯，最大限度地培养学生从兴趣阅读到自觉阅读所需要的能力。

4. 重视阅读理解策略的学习与指导

在学生了解文章内容、把握文章结构的基础上，为帮助学生加深对文章的深层理解，教师可以使用预测、比较、联结、推断、自我提问、图像化等常用的阅读理解策略，协助学生监控和调节自己的理解过程，更好地解读文章意义。在学生阅读理解策略的选择与运用中，教师要细化阅读能力要求，在学生现有水平和目标水平之间搭建学习支架，把策略内隐的思维活动外显出来，使学生明晰策略使用的思维过程，以便在课外阅读中迁移运用所学的策略。

5. 重视培养学生解决任务的能力

语文是实践性很强的学科，阅读素养是指学生为取得个人目标，形成个人知识和潜能并参与社会活动，而理解、运用、反思书面材料的能力。这就要求教师重视培养学生阅读中的任务解决能力，教师应充分利用统编版语文教材中的“口语交际活动”，结合课堂教学创造性地开展活动，培养学生的思辨能力和任务解决能力；组织、开展贴近现实生活的综合性学习活动；联系生活实际问题，让学生在真实的生活情境中开展讨论研究、开展实证，解决真实的问题；高度重视课程资源的开发与利用，创造性地开展各类活动，增强学生在各种场合学语文、用语文的意识，通过各种途径提高学生的语文素养；积极开展开放、多元的跨学科、跨领域的项目化学习。

6. 重视培养学生的整本书阅读能力

整本书阅读可以扩大阅读空间，应用阅读方法，养成阅读习惯，在培养学生的阅读能力方面有极其重要的作用。语文教师在阅读教学中，要引导学生制订阅读计划、明确阅读目的。同时，教师的引导教学策略还要清晰、明确，鼓励学生自主阅读，促进学生阅读的个性化和创造性，引导学生相互交流阅读心得，以激发学生的阅读兴趣，提升学生阅读整本书的能力。

（四）加强有效家校合作，提供科学阅读支持

1. 加强家校阅读环境资源的管理和利用

切实落实好学校图书馆、班级图书角、家庭书房的建设、使用等问题，做到有序管理、高效使用。

2. 指导家校阅读主题和评价的一体化

学校、教师应定期组织相关的主题读书活动，并在主题阅读活动框架下，积极拓展同主题亲子阅读活动，注重家校阅读评价的一致性与互补性，让家校阅读能够同息共脉，互利共赢。

（五）合理利用阅读资源，搭建多维阅读平台

1. 充分利用社会公共资源，建设阅读共享平台

国家对于阅读的支持政策措施影响深远，鼓励全民阅读。结合济南市阅读现状，学校与教师应积极寻求社会资源，与媒体、图书馆、书店等合作，充分利用区域公共资源，以引领、共享为目的，构建市级初中语文教师及学生的阅读共享平台。

2. 组建市阅读教研共同体，搭建阅读教研平台

通过跨区联合教研、城乡互动、课题引领、同课异构、名师带动等方式，挖掘阅读优质资源，以点带面，发挥引领和辐射作用，区域协同发展，加强对教研薄弱区域的帮扶，引导教育质量相对较好的区域向纵深发展。

初中语文阅读能力监测在国测基础上，进一步聚焦阅读能力，深入了解了本区域学生阅读能力的发展现状，为培养学生良好阅读习惯、提升学生语文学科素养指明了方向；深入分析了影响初中语文阅读教学质量的相关因素，为改进济南市初中语文阅读教学提供了依据；特别强调了整本书阅读在提升学生阅读能力方面发挥的功能，完善了初中语文阅读教学质量提升的有效性；引导学校、家长和社会重视阅读、关注学生阅读能力提升，给学校教育和家庭、社会教育的一体化提供了新思路。

第二章　我们可以这样行动
——文体视角下整本书阅读的
理论认知与行动路径

第一节　聚焦学生整本书阅读现状

整本书是相对语文教材中的单篇课文而言的。整本书阅读不是新生事物，在中国传统教育中，读书一般都是阅读整本著作。1941 年，叶圣陶在《论中学国文课程的改订》中就曾说过:“该把整本的书作主体，把单篇短章作辅佐。”《义务教育语文课程标准》明确规定:“倡导少做题、多读书、好读书、读好书、读整本书，注重阅读引导，培养读书兴趣，提高读书品味。”2016 年启用的统编版初中语文教材建立起“教读—自读—课外阅读”三位一体的阅读教学体系，精心设计了“名著导读”这一全新的版块，整本书阅读明确进入教材课程，整本书阅读测评也基本进入全国各地中考评价体系中。《义务教育语文课程标准》将“整本书阅读”作为语文学习的六个任务群之一，更加明确了整本书阅读在提升学生语文核心素养所起的作用。

相应地，整本书阅读研究在语文教学中已成热点，它在突破单篇阅读的局限性方面有一定成效，但“乱花渐欲迷人眼”，也存在一些亟待解决的问题。

笔者在国家、市域范围监测基础上，聚焦整本书阅读，针对初中语文统编版教材的 12 部主要推荐名著进行了监测，获得了关于整本书阅读的一些数据，分析了初中语文整本书阅读的现状。

一、初中语文整本书阅读现状

1. 读没读？——学生 12 部名著阅读完成度描述

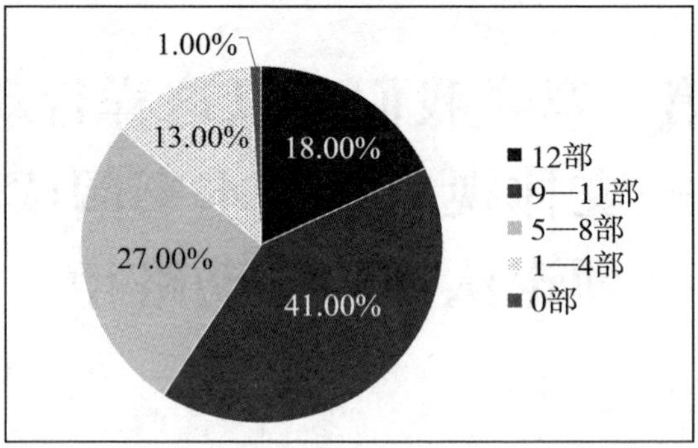

图 2.1　学生名著阅读完成度

初中三年能够阅读完 12 部、9—11 部、5—8 部、1—4 部、0 部的学生占比分别为 18%、41%、27%、13%、1%。大多数学生无法完成全部必读名著的完整阅读。

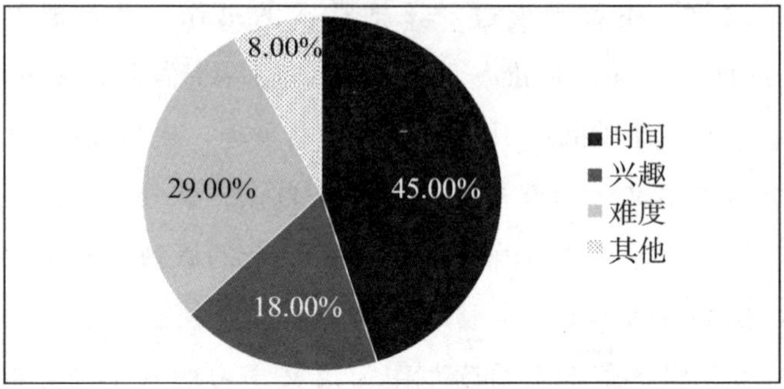

图 2.2　学生无法完成名著阅读的原因

从上图可以看出，学生无法完整阅读 12 部名著的原因中，“缺少阅读时间”占比高达 45%，“阅读原文存在一定困难”占比 29%，“缺乏阅读兴趣”占比 18%，占比 8%的“其他因素”主要是学生已经阅读了少年版、网络版或观看了相应的影视作品等。

2. 读得怎样？——学生阅读的关注点

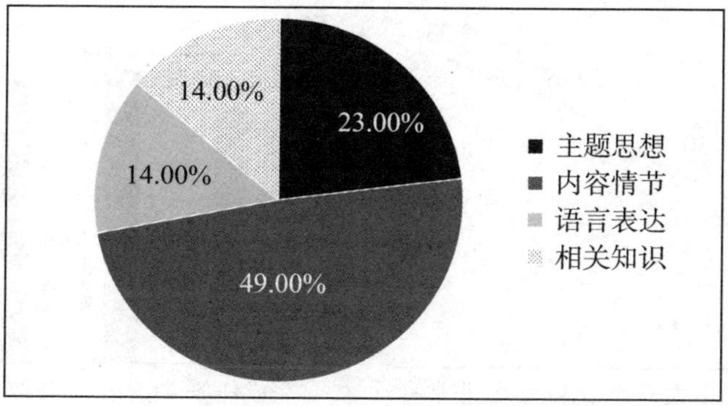

图 2.3　学生在名著阅读时的关注点

数据显示，学生在阅读名著时关注的方向各不相同。学生对“内容情节”最为关注，占比 49%，其他关注重点依次是“主题思想”“语言表达”和“相关知识”，分别占比 23%、14%和 14%。

3. 怎样读的？——整本书阅读教学策略描述

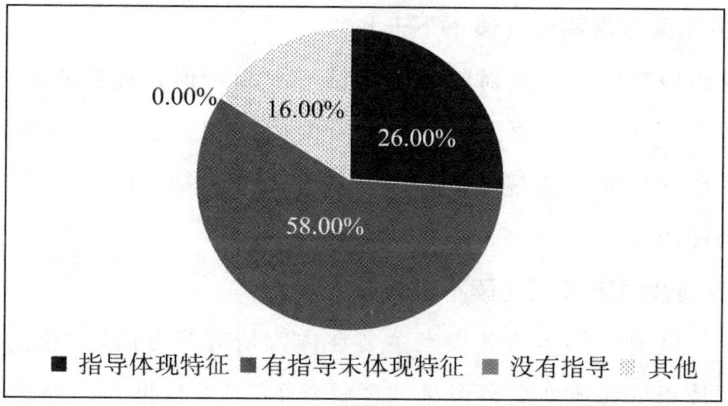

图 2.4　教师整本书阅读教学策略统计图

数据显示，在阅读过程中，教师都会给学生一定的阅读指导，但能体现名著特征的指导占 26%，有指导但未体现名著特征的指导占 58%。在其他情况中，学生指出存在教师推荐“阅读名著解读”“观看名家解读”等情况。

4. 为何读？——学生的阅读目的与阅读水平之间的关系描述

学生的阅读态度和阅读目的与阅读能力有比较大的关系。阅读态度积极主动的学生的阅读水平均值相对较高：非常喜欢阅读的学生水平均值为 62.33，高出非常不喜欢阅读的学生 17.02；认为阅读最主要的目的是陶冶情操的学生阅读能力水平均值为 64.88，高出以完成任务为目的的学生 12.22。

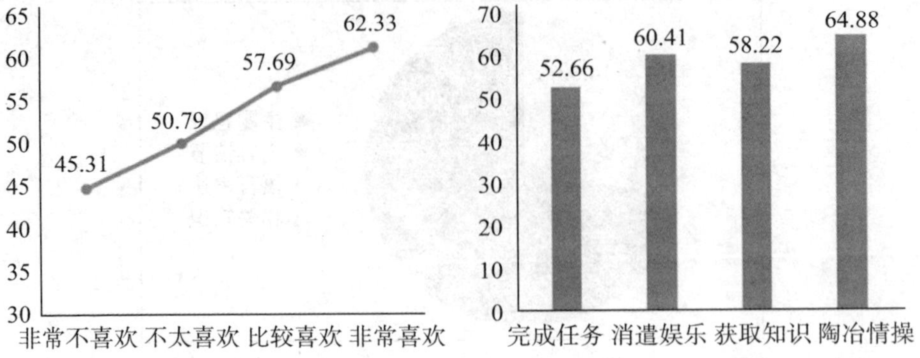

图 2.5 学生的阅读态度和阅读能力关系数据统计图

二、初中语文整本书阅读现状分析

从上述分析不难看出，在实际阅读中，整本书阅读的热度和阅读质量不匹配，目前整本书阅读存在的问题主要体现在以下四个方面。

1. 学生阅读数量偏少（读不下去）

初中统编版教材中虽然对整本书阅读有要求，但是能够真正全部读完的学生只占一小部分，主要原因是学生没有时间读和读起来有困难导致了读不下去。这说明学生的阅读规划不科学，阅读方法欠缺，阅读习惯欠佳，缺乏独立完成阅读的能力。

2. 学生阅读质量偏低（读不进去）

整本书阅读时，学生的关注点主要在内容情节等方面，“信息理解”“分析概括”阅读指标完成度高，但是“理解领悟”“赏析批判”等指标完成度不高。这说明学生的阅读更多集中在浅层次阅读上，理解不了整本书的深层内涵，整本书的深度阅读程度和水平有待提高。

3. 教师阅读教学策略不科学（指导不到位）

教师的教学方式对学生的阅读能力水平有较大影响。教师对整本书的阅读具有指导意识，但是其指导要么流于泛化，没有针对性，要么简单直接，只注重知识推送，影响学生阅读水平提升。这说明在整本书阅读指导方面，教师的理念尚待更新，策略研究水平尚待提高。

4. 部分阅读动机不够积极（读不出来）

学生的阅读兴趣和阅读动机对阅读能力水平有直接影响，仍有部分学生存在不喜欢阅读、为完成任务而阅读的情况。这说明学生在阅读时没有建立起名著和生活之间的联系，教师在调动学生积极阅读的策略规划上不够科学。

如何破解以上问题？笔者结合本区域监测结果，从理论和行动两个方面展开研究和实践，建构了整本书阅读的实践模型，切实提升了学生的整本书阅读素养。

第二节　认识文体视角下整本书阅读的必要性

在国家大力推动下，基础教育改革取得了诸多成就，切实提高了教学质量，但是部分教师出现了一些认识上的偏差，如把“改变教学方式”理解为教学改革的追求，忽视对学生认知特点和学习规律、学科特点和本质、教学规律等重要方面的认知、研究和探索。在实际一线教学中也出现了诸多问题：理念上，尚未抓住教学的本质，大多数教学实践对课堂教学改革的推进还只停留在表面，教学出现“模式化”“程序化”“浅表化”问题等。

体现在语文学科，相当多的问题出现在教学没有聚焦在学科特点上，特别是由于教师忽视阅读文本文体而导致的对教学内容认识不清、理解不透，对教学定位不精准等问题。在第一章节济南市阅读能力监测中也已经发现了此问题。王荣生教授曾提出，“要依据文章体式进行阅读”。因此，文体教学是阅读的重要关注点。

一、文体的内涵与分类

文体，是指独立成篇的文本体裁（或样式、体制），是文本构成的规格和模式，是一种独特的文化现象，是某种历史内容长期积淀的产物，反映了文本从内容到形式的整体特点。

随着社会生活的发展，必然出现能够反映这种生活内容的文学体裁。而文体的形成，除了由社会生活决定之外，还与文学传统的继承、革新和历代创作经验的积累、创造能力的发展有密切的关系，因为使用场合与使用对象不同，文学从形式到语言风格都会有所不同。

古人对文体颇为重视。《宋书·谢灵运传论》记载：“自汉至魏四百余年，辞人才子，文体三变。”明代徐师曾就曾指出“体裁”之重要性：“夫文章之有体裁，犹宫室之有制度，器皿之有法式也。”

文体分为文章体裁和文学体裁。文章体裁包括记叙文、说明文、议论文、应用文等；文学体裁是指文学作品的具体样式，常见的文学体裁主要有诗歌、小说、散文、戏剧等。《义务教育语文课程标准（2022 版）》设计了 6 个学习任务群，其中，文学类文本阅读与创意表达、实用类文本阅读与表达，指向文学类和实用类文体，而思辨性阅读与表达、整本书阅读 2 个任务群涉及各种具体文体。

初中统编版教材的编写遵循学生的认知规律和学科学习规律，将 3 个年级 6 册教材进行了进阶化的编排，七年级主要学习通识性阅读策略，不分文体，介绍常用阅读策略，如朗读、默读、快速阅读、跳读等，八年级、九年级进行文体单元的学习，如诗歌、小说、戏剧、散文、议论文、传记、新闻、游记、演讲、纪实作品等。以下将就教材中涉及的主要文体分类进行简述。

1. 小说

小说是以刻画人物形象为中心来反映社会生活的一种文学体裁。它的主要特点是：用艺术概括的方法塑造人物形象；一般有完整的故事情节；对环境做具体描写。人物、故事情节和环境，是小说的三要素。

小说中的人物是虚构的，是作者把现实生活中不同原型的某些特征加以综合熔铸而成的，因此比现实中的原型更为典型。小说刻画人物的方法多种多样，如肖像描写、行动描写、语言描写、心理描写、侧面描写等。小说不仅勾勒人物的轮廓，刻画其性格的一个或多个侧面，还要在情节的发展中表现人物性格的发展和变化。

小说的情节一般比较完整，往往有开端、发展、高潮和结局，有时开头有序幕，结尾还有尾声，能展现生活中矛盾的整个发展过程。情节的巧妙安排对于刻画人物和表现主题有着重要意义。

小说中要具体描写环境。环境描写包括自然环境描写和社会环境描写两类。环境描写主要是为交代背景、衬托人物、发展情节、渲染气氛服务的。

小说在统编版初中语文教材中集中出现在 3 个单元。

2. 诗歌

诗歌是最古老也是最具有文学特质的文学样式。它是用高度凝练的语言形象表达作者丰富的情感，集中反映社会生活，具有一定节奏和韵律的文学体裁。

诗歌的文体特征主要包括：诗歌的内容是社会生活的最集中的反映；诗歌有丰富的感情与想象；诗歌的语言具有精练、形象、音调和谐、节奏鲜明等特点；诗歌在形式上，不以句子为单位，而以行为单位，且分行标准主要根据节奏而不是以意思为主。

诗歌在统编版初中语文教材中集中出现在 2 个单元。

3. 戏剧

戏剧，是以语言、动作、舞蹈、音乐等形式达到叙事目的的舞台表演艺术的总称。戏剧有广义和狭义之分：广义的戏剧是话剧、歌剧、戏曲的总称；狭义的戏剧专指话剧。戏剧人物的逼真性、戏剧冲突的尖锐性、戏剧场面的集中性、台词的口语化和动作性构成了戏剧文学的四大审美特征。

戏剧在统编版初中语文教材中集中出现在 1 个单元。

4. 散文

现代散文是指与诗歌、小说、戏剧并称的文学体裁。散文的特点是取材广泛，“形散神聚”；形式自由，写法灵活；表达含蓄，意味深长。按内容的差异和表达方式的不同，可将其分为记叙性散文、抒情性散文和议论性散文。记叙性散文以记人、叙事、状物、写景为主；抒情散文通过对人物、事件或景物的记叙描写，达到托物咏志、寓情于物的目的，常用象征手法表达作者含蓄的激情，引导人们去追思和联想；议论性散文说理往往借助对事例的简述、对形象的描绘和对感情的抒发来进行，不需要逻辑推理和严密的论证。

散文散见于统编版初中语文教材中，不集中于某个单元。

5. 议论文

议论文，又叫说理文，是一种剖析事理，论述事理，发表意见，提出主张的文体。作者通过摆事实、讲道理、辨是非、举例子等方法，来确定某个观点正确还是错误，树立或否定某种主张。议论文具有观点明确、论据充分、语言精练、论证合理、有严密的逻辑性的特点。

议论文在统编版初中语文教材中集中出现在 2 个单元。

其余文体在教材中均有体现，如传记、新闻、游记、演讲各有 1 个单元，纪实作品有 1 部名著。可见，在初中阅读教学中必须重视文体。

二、整本书开展文体视角阅读的必要性

语言是文化的载体，也是思维的工具。篇章阅读也好，整本书阅读也好，学生只有读懂上下文，跨越句、段，着眼篇章理解意义，才能完成意义的建构。阅读过程中，学生运用所学语言知识，在理解文本信息的基础上进行分析、判断、综合、归纳，熟练地运用各种阅读策略，培养阅读综合能力。整本书阅读追求的结果，是学生作为读者对某部作品的基本内容和价值意蕴进行持久理解，理解关于某些概念的重要思想和抽象过程。这就要求教师运用一定的教学策略加强指导，引领学生在头脑中进行建构。

而现实中，学生迫于学业压力，阅读时间被严重挤压，导致难以合理安排时间进行整本书阅读；教师鉴于繁重的教学任务，整本书教学时间也被严重挤压。因此在面对整本书时，有些教师不谈阅读，只进行知识记忆式的教学；有些教师不分文体，总是引导学生使用千篇一律的阅读策略，导致学生对作品的认识流于浅表化，在极大程度上影响了学生的阅读素养提升，与新课标中关于整本书阅读教学目标脱节。

《义务教育语文课程标准（2022 版）》设计的“整本书阅读”任务群学习内容可以分为 3 个方面：阅读革命文学作品；阅读古今中外诗歌集、中长篇小说、散文集等文学名著；开展多样的读书活动，丰富、拓展名著阅读。可以看出，整本书的阅读要读得有质量，需要关注作品文体。不同文体有不同的阅读方法，甚至有本质的区别。

统编版初中语文教材中推荐的名著阅读一共有 12 部，分别是《朝花夕拾》《西游记》《骆驼祥子》《海底两万里》《红星照耀中国》《昆虫记》《经典常谈》《钢铁是怎样炼成的》《艾青诗选》《水浒传》《儒林外史》和《简爱》。这些作品分别涉及散文作品、小说、纪实作品、科普作品、学术作品、诗歌，其中小说根据显著特征又可以分为神魔小说、科幻小说、讽刺小说等，每部

作品文体特征明显，想要读出其中的内涵，必须运用不同的策略。只有文体意识明晰了，才能够在文体特征的指引下，依据文体的规范探寻到更合适的阅读方法，如链接式、项目式、情境式、选择式、思辨性等，从而使整本书的阅读更加有效。

第三节　打造基础行动路径

——指向核心素养提升的整本书阅读路径

《义务教育语文课程标准（2022版）》提到，学生要“每学年阅读两三部名著，探索个性化的阅读方法，分享阅读感受，开展专题研究，建构阅读整本书的经验”。整本书阅读教学应基于这个理念，助力学生达成自由阅读、独立阅读、个性化阅读的目标。因此，教师教学内容的确定、教学方法的选择、评价方式的设计都应有助于这种学习方式的形成，不能以教师的阅读代替学生的阅读，更不能以教师的浅层指导阻碍学生深度阅读。

被选入初中教材的名著俱为人类历史上各个领域的经典，其语言的示范性不容置疑，学生从中可以学习足量的语言建构与运用经验。同时在投入大量时间阅读时，学生通过充分调动自己的认知储备，调整完善自己的阅读策略，在阅读推进中体验、建构、发现自己的认知变化，形成新的认识和思考，发展和提升思维。同时，因整本书“更像画卷，能够更为全面地展现彼时彼刻的社会生活图景，演示文化特质形成和发展的纵贯线”[①]，学生可以吸纳更为丰富的文化信息。

因此，整本书阅读应该指向学生语文核心素养的整体提升，在培养学生的语言运用、思维发展、审美创造、文化自信方面，整本书阅读与单篇阅读相比更有优势，在阅读时应充分发挥其优势作用。

在实践中，教师要基于学情，基于学生的阅读规律，构建指向核心素养提升的初中语文整本书阅读的实施路径，科学合理地指导、推动学生高质量完成整本书阅读。

① 吴欣歆．培养真正的阅读者［M］．上海：上海教育出版社，2019.

一、通过阅读课程规划，完善课内外双线组元方式，解决整本书阅读中学生不读、读不下去的问题

作为课程内容和教材内容的整本书阅读不是自由阅读，要安排课时，这必然引发语文课程计划的有限性与整本书阅读需求的无限性的结构性矛盾。在《普通高中语文课程标准》中，“整本书阅读与研讨”任务群在必修阶段安排了18个课时，要求完成一部长篇小说和一部学术著作的阅读，建议学生利用课内外时间完成。《义务教育语文课程标准（2022版）》要求：“应统筹安排课内与课外、个人与集体的阅读活动，宜集中使用每学期整本书阅读课时，兼顾教师指导和学生自主阅读，保证学生在课堂上有时间阅读整本书。”可见整本书阅读一定是课内外相结合来完成的。只有明确了这个意图，教师才能合理设计教学方案并有效实施教学。因此，本书完善了课内外双线组元推动的课程规划，其路径如下图所示：

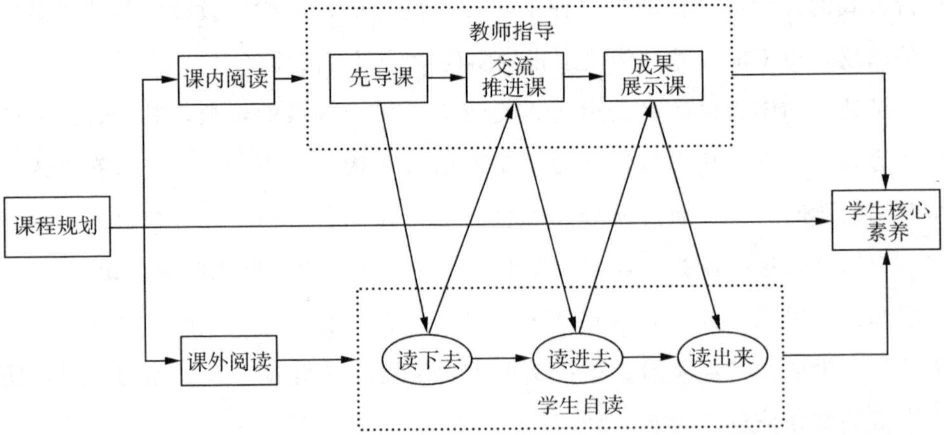

图2.6 课内外双线组元推动的课程规划路径

双线就是课内和课外两条阅读线路。课内指向课堂教学，课堂教学整本书的推进分为先导课、交流推进课、成果展示课三种基本课型，重在推进教师指导下的学生阅读。课外阅读是在有一定阅读规划的情况下，学生结合自身素养进行独立阅读，重在自我阅读体验和阅读习惯的培养，形成自己的阅读方法。

双线推进不是独立的，而是互相促进、互相交叉的。课内，先导课激发学生的阅读兴趣，教师指导学生完成基础的阅读规划→课外，学生按照阅读

规划自主阅读→阶段性阅读完成后，教师组织课内交流推进课，学生交流阅读心得，教师指导阅读方法，推进学生深度思考→学生汲取经验，继续进行课外阅读，阅读走向深入→阅读结束，教师开展课内成果展示课，促进全体学生阅读素养的提升。

双线组元的课程规划，一是指导学生按照规定路径结合自身情况合理推进阅读，使其可以读下去；二是通过合作研究方式，营造阅读氛围，让学生的阅读之路不孤单；三是教师适时予以指导，让学生的阅读之路不走偏。

二、基于学生阅读规律，创建整本书阅读课型范式，解决整本书阅读教学策略不科学的问题

《义务教育语文课程标准（2022 版）》要求，整本书阅读教学应以学生自主阅读活动为主。《普通高中语文课程标准》要求，阅读整本书，应以学生"自主阅读、撰写笔记、交流讨论为主，不以教师的讲解代替或限制学生的阅读与思考"。整本书阅读现状调查结果显示，学生最喜欢的阅读状态是自主阅读和交流讨论，这些状态下学生的阅读能力提升也最快。因此，教学设计要随着学生自身需要、学历水平、知识经验的变化而变化，创建整本书阅读的课型范式，采用科学的阅读策略，把学生真正作为阅读主体，让学生的阅读真正发生。

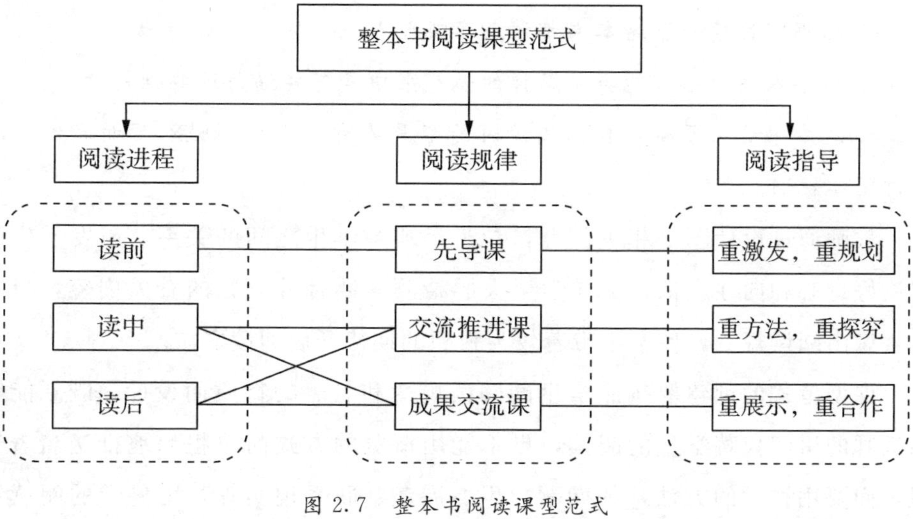

图 2.7　整本书阅读课型范式

本课题按照学生的阅读进程和阅读规律，确定每个阶段学生需要的阅读指导，科学创建了整本书阅读先导课、交流推进课和成果展示课三种基本课型，每一种课型都有不同的功用，推动学生主动探究思考，推动学生读下去、读进去及至读出来，指向学生的核心素养提升。

下面以《儒林外史》的先导课为例，展示先导课的范式。《儒林外史》是一部承载了深厚文化内涵的作品，有深邃的主旨和艺术水平，对学生来说有很大阅读难度。怎样开启学生的阅读之旅？可以采用问题式进行激发。教师可以设置这样几个问题：

1. 中国邮政在2011年3月发行了一套6枚“儒林外史”的特种邮票。请大家猜一下邮票上的图案对应了《儒林外史》中的哪些经典情节。

2. 目前能够发行邮票的古典名著不过有《红楼梦》《水浒传》《三国演义》《儒林外史》4部。鲁迅先生在《中国小说史略》里评价《儒林外史》：“迨吴敬梓《儒林外史》出，乃秉持公心，指擿时弊，机锋所向，尤在士林。其文又戚而能谐，婉而多讽：于是说部中乃始有足称讽刺之书。”你能大略理解这段话的意思吗？

3. 本书名为《儒林外史》，你能从这个名字猜出写作内容吗？

4. 翻开书就是前言部分，快速浏览前言，你获取了哪些信息？

5. 以前我们已经学过章回体小说，你还有快速了解本书内容的方法吗？

6. 根据回目猜一下这本书都涉及了哪些人。

7. 这些人的性格可能会是怎样的呢？书中是怎样描写这些性格的？

8. 这本书这么复杂，我们阅读时是不是要有一点计划呢？下面我们一起制订阅读规划。

教师通过设计图书相关问题，拉近经典与学生之间的关系，激发学生的阅读好奇心和向往之情，引导学生大胆猜测《儒林外史》的有关内容，指导学生做出阅读规划，使学生带着较为强烈的期待开启阅读之旅。

课型范式的创建要按照学生的阅读规律和名著的特质而设计，既不能够用教师的讲解代替学生的阅读，更不能用概览的方式简单粗暴地推送名著知识，而要用科学的方法，如问题启发、展演、联系现实等，用科学的阅读策略，如指导某类书的阅读等，激发学生的阅读期待和探究动力，使学生建立积极的阅读态度，持续不断地读下去，读出质量。

三、根据不同名著资源，设计深度阅读专题教学活动，解决学生阅读浅层化、读不进去的问题

整本书体量大，阅读时间长，如果没有良好的阅读策略，就容易导致碎片化、浅层次阅读问题的出现。北师大教授李煜晖认为，以专题组织的课程内容是立体的，要以教学的终极目标为核心，呈球体状向多个维度“聚合—辐射”，有别于传统线性展开的课程设计①。因此在整本书阅读推进时，教师的主要任务是“提出专题学习目标，组织学习活动，引导学生深入思考、讨论与交流”，教师要根据不同名著的资源，设计不同的阅读专题活动，激发学生的探究心，去深入体会文本的丰富内涵，积累自己的阅读经验，丰富自己的精神世界。

教师可以从阅读策略上设计深度阅读专题。例如《水浒传》，自古有“少不读水浒”之说，这与其文本中存在的血腥暴力的阴郁特质是分不开的。书中含有大量触碰社会道德和文明底线的内容，这些内容与现实社会所倡导的核心价值相违背。因此，对于这部作品的内容，教师应引导学生谨慎甄别与理性辨析，不可一棒打翻，亦不可全盘囫囵接受。教师开展《水浒传》的教学，可以采用思辨性阅读的策略，抛弃名著“光环”，以思辨的眼光和“消毒”的态度对待这部充满争议的名著，帮助学生在阅读时运用更高阶的思辨思维去分析和解决问题。比如，可以从人性的角度去对比看似软弱的林冲与杀人如麻的武松之优劣高下，组织关于“英雄与好汉”的讨论；也可以从反叛与归顺的角度，引导学生思考“梁山好汉反对贪官污吏是否具有实质性”这样的问题，推动学生在思辨过程中提升阅读思维的深刻性、灵活性、敏锐性、批判性和独创性。

教师也可以从教学活动的设计上推动深度阅读。例如学生阅读《儒林外史》这部作品时可以多元理解人物，思考人物命运，从而探究小说主题，进入深度阅读的层次。教师可以在学生读完1—30回后组织一堂交流推进课，

---

① 李煜晖. 探索和发现的旅程［M］. 上海：上海教育出版社，2019.

设计这样的活动：

请各位同学扮演喜欢的儒林人物，寻找志同道合之人，建立微信群。请以微信群为单位，就近而聚，合作讨论："我们都是谁？我们为什么会走到一起?"每个成员结合自己的经历和性格特点交流，同时给自己的群命名。在讨论中间，如果发现自己不适合现在的群，或者发现群中有人不适合这个群，可以自动退群或者踢人出群，当然也可以拉人入群。

通过设计这个微信建群、退群、踢群、拉群的学习活动，引导学生多次出入文本，反复阅读品味，深入研读作品，研究人物的精神世界，提升学生的分析和评价等高阶思维能力。

四、联系学生生活体验，激发积极的阅读动机，解决被动阅读、读不出来的问题

整本书阅读不同于一般的精读或者略读，是一种深度阅读。教师要基于学情，联系学生的生活经验，激发学生的阅读动机，以创新的方式向学生传递整本书核心的价值，引导他们有效学习并付诸运用，帮助学生养成良好的阅读习惯[①]。

例如《朝花夕拾》的阅读。在中学语文学习中，学生中一直流传着这样的话："一怕周树人，二怕写作文。"如何才能消除学生与鲁迅之间的隔阂？教师可以做这样的主题设计——《走出一条路》。具体流程如下：

导入：1926 年，45 岁的鲁迅用了 9 个月的时间在纸上重建了一座记忆的成长花园。今天咱们就一起陪着这位百岁老人重走来时路。

第一版块：历历来时路。寻找鲁迅成长路上的风景，梳理鲁迅的人生路。

第二版块：成长路上的人。引导学生分析哪个人物（祖母、阿长、寿镜吾、藤野先生、范爱农）是鲁迅记忆中"最温暖的人"。

第三版块：成长路上的事儿。帮助学生探究在鲁迅的成长中，最让他痛心的事是什么。

第四版块：成长路上的我。提示学生分析这本书的写作视角——两个

① 邓彤．整本书阅读六项核心技术［M］．华东师范大学出版社，2019．

鲁迅。

教师通过设计这四个版块，引导学生追寻鲁迅的成长之路——从天真烂漫的孩子，到一名横眉冷对千夫指的斗士，这中间便是鲁迅的成长之路；引导学生理解促成鲁迅成长的有外在因素，但更重要的是他心灵的追寻、觉醒，是自我的主动追求。学生在任务推动中深入文本，读懂鲁迅，读懂自己，在阅读中丰富自己的人生体验，完成了自我成长。

五、依据教学评一体化，建构指向核心素养的整本书阅读评价体系，解决整本书阅读评价缺失的问题

初中学段在进行阅读评价时，要综合考查学生阅读过程中的感受、体验和理解，要关注其阅读兴趣和价值取向、阅读方法与习惯，也要关注阅读面与阅读量，以及选择阅读材料的能力。重视对学生多角度、有创意阅读的评价。整本书阅读的评价包括过程性评价和终结性评价。无论何种评价，最终指向的都是学生核心素养的提升。终结性评价是结果，而本研究的评价更聚焦过程性评价，关注学生的阅读状态，特别是关注学生的阅读目标层次，关注学生是否从浅层阅读走向了深度阅读。

例如对《水浒传》人物形象的评价。《水浒传》塑造了一大批栩栩如生的人物形象，仅梁山好汉就有108人，这些人物大都个性鲜明，给读者留下了深刻的印象。教师可以以主要人物作为突破口，根据布鲁姆的能力目标层次，自己建构或者指导学生建构评价量表，监测学生的阅读层次目标，如下表：

表2.1　武松人物形象探讨

武松人物形象研讨		
《水浒传》部分阅读内容	阅读能力层级	思维层次
1. 武松的绰号是什么？为什么有这个绰号？	识记	低阶思维
2. 有几个回目比较集中地写了武松？	识记	低阶思维
3. 涉及武松的主要故事情节有哪些？	识记、理解	低阶思维
4. 武松的性格特点是什么？从哪里可以看出？	理解、分析	低阶思维
5. 从景阳冈打虎到夜走蜈蚣岭，武松先后结识了哪些江湖好汉？如何结识的？	识记、理解	低阶思维

（续表）

武松人物形象研讨		
《水浒传》部分阅读内容	阅读能力层级	思维层次
6. 武松为什么会走上造反之路？	分析、综合、评价	高阶思维
7. 如果武松是一个弱者，正义会得到伸张吗？	运用、分析、评价	高阶思维
8. 武松在报仇雪恨的同时，也不免滥杀无辜。你怎样评价他的这种行为？	评价	高阶思维
9. 书中和武松相似的人物有哪些？	运用、分析	高阶思维
10. 现在应该如何看待武松独特的不服从、不驯顺的气质？	运用、分析、评价	高阶思维
11. 武松这样的热血汉子为什么最终会做出抛却红尘、出家为僧的选择？	分析、综合、评价	高阶思维

《水浒传》中描写武松的回目集中在第23—32回，这就是著名的“武十回”。教师在指导学生阅读时，首先要进行原生态阅读，推动学生通读全书，助力学生获取阅读的浅层次知识，如武松的姓名、出身、经历、简单的性格理解等“一望而知”的东西，这是学生进行深度阅读的基础。当然，这仅仅是基础，整本书阅读的特点是整体打包，注重价值追求、能力培养和知识习得的水乳交融。因此教师在预设、生成问题时，就要选择能够激发学生思考的真实问题，找准学生认知上的矛盾处，激发其主动探究的意识，如引导学生思考武松行为背后的社会原因，对武松行为的正义性评价，引导学生结合现代社会价值观思考武松的性格和行为等，推动学生在阅读中逐渐建构能力，提升语言、思维、鉴赏和文化素养。

本课题基于市域学生阅读情况，积极寻找整本书阅读的路径，建构起“指向核心素养提升的初中语文整本书阅读”的行动体系，并开展了一系列的实践，取得了一系列成果。

第四节 推动深化行动路径

——离散·聚合·生成：进阶式初中语文整本书阅读路径

整本书阅读已成热点。在基础推进行动中，建构了指向核心素养提升的初中语文整本书阅读路径，解决了本区域整本书阅读教学的一些基础性问题，引领教师在整本书阅读教学中有章可循，助力学生阅读素养逐步提升。

同时，我们也意识到，当前关于整本书阅读的研究实践还处于一个通识性建构阶段，还有很多本质性问题并未得到科学解决。一些学者冷静思考整本书阅读教学后提出问题：李卫东在《整本书阅读教学的几种偏向》一文中提出整本书阅读教学实践中出现“教学内容随意、教学方式结构化、测量评价僵化”等问题；余党绪老师提出整本书阅读“量少质次、结构畸偏、思维浅薄”等问题。下一阶段的深化推进，我们需要注意几个方向：

一是加强一线教师的教育理论储备。强化教师在理论指导下的阅读教研意识，从根源上确定整本书阅读研究体系的科学性。

二是以整本书监测推动阅读教学的科学化。聚焦阅读能力体系建设，运用多重数据下的监测系统，全程精准把控学生整本书阅读的状态。监测具有引领阅读教学、改进阅读教学的作用，后期应开发更有效的监测工具，对学生的阅读状况进行归因分析，引领整本书阅读教学全要素和全过程的科学化。

三是根据学情适度推进整本书阅读课程化，引导学生的阅读思维从浅表向深层进阶，引领学生构建整本书阅读的价值体系和方法体系，真正走向深度阅读。

在前期实践基础上，通过现场观察、问卷调查、座谈访谈、监测评价等形式调研，提炼出了深化整本书阅读理论——离散·聚合·生成：进阶式初中语文整本书阅读理论。

“离散 · 聚合 · 生成”理论的创建是在整本书阅读领域对布鲁姆教育目标理论和麦肯锡三层面理论的创新应用。布鲁姆情感教学理论认为，积极的学习动机能够大幅提升学习效果；其认知目标分类认为学生的认知目标有不同层次，高阶思维更能体现学生的学习深度。麦肯锡三层面理论认为应该先认可目前，再发展未来。在此基础上提升出来的“离散·聚合·生成”理论认为：离散是阅读的真实状态，是对学生原生态阅读的准确认识，它一方面体现为阅读知识的多而散，另一方面指向阅读思维的广度和多维，教师指导整本书阅读要充分尊重学生原有的阅读经验，不能摒弃，不能割裂，要唤醒学生积极的阅读动机；聚合指运用专题整合、综合分析、思辨评判等方式推进整本书阅读，实现阅读能力、阅读思维的系统建构，教师指导整本书阅读要充分尊重学生的认知规律，不能流于浅层化，也不能过分拔高；生成指学生联系个人经验，从作品中汲取营养，丰富精神世界，形成正确的世界观、人生观和价值观，教师指导整本书阅读要充分尊重学生阅读心理，帮助学生走向生活经验。

“离散·聚合·生成”是整本书阅读必经的逻辑过程，三者相互依存、螺旋上升，体现了整体性和渐进性。该创新理论为整本书阅读实践提供了具有指导意义的理论支持。

在此理论指导下，本课题创设了整本书阅读的进阶式路径。

一、建构“由微观知宏观”的整本书阅读课程进阶路径，为学生提供了建构阅读知识、能力体系的学习支架，提升阅读素养

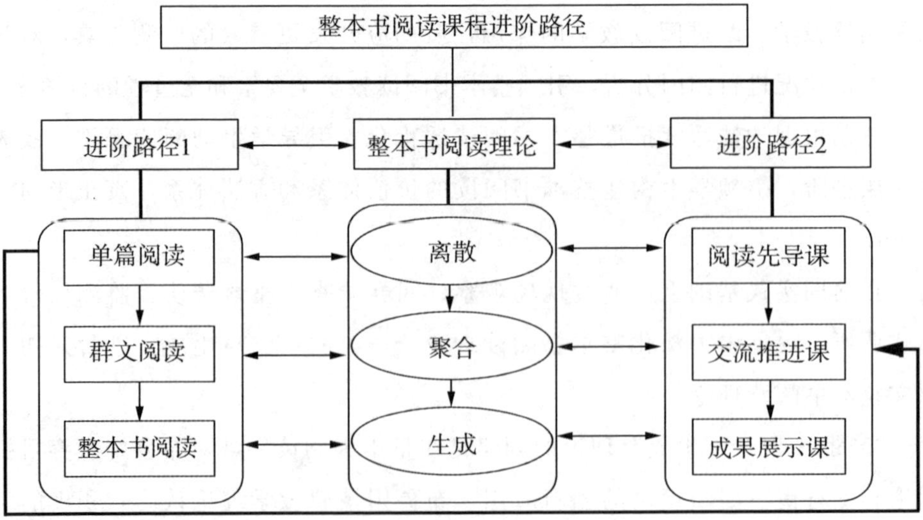

图 2.8　整本书阅读课程进阶路径

麦肯锡三层面理论认为，企业要长期增长，第一层面是拓展和守卫核心业务，第二层面是建立新兴业务，第三层面是创造有生命力的候选业务。布鲁姆认知理论认为学生原有的认知结构决定着新知识的输入、理解和接纳方式和程度，对学习结果及其以后学习都有重大的影响。

学生常畏惧整本书思维量大又缺乏阅读兴趣，导致阅读内驱力不足，出现无法完整阅读的问题。

统编版初中语文教材中一共有 36 个单元。基于教材，在教师指导下，学生积累了不少阅读方法，也形成了一定的阅读思维，但是阅读视角常限于单篇阅读，在面对容量大、思维量大的整本书时，缺乏阅读整本书和连续文本的学习能力，其原有的阅读经验无法完成迁移，抑制了阅读兴趣，阅读主动性明显不足，导致无法科学阅读整本书。所以，教师在课程推进中首先要充分认可学生的单篇阅读经验，帮助学生构建从单篇阅读走向整本书阅读的阅读路径。结合多年的阅读教学经验，和教材理念相呼应，本课题搭建了一级台阶——群文阅读，建构起“单篇阅读—群文阅读—整本书阅读”的课程进阶路径 1，引领学生从微观的单篇走向宏观的整本书阅读。

同理，在进行整本书阅读时，教师也应该尊重学生的原生阅读状态——只能捕捉零散的信息，易形成发散的思维，要引导学生从关注单独的一节阅读课走向关注宏观的整个阅读过程，走向能够通过阅读策略聚合阅读能力，帮助学生建构起自己的阅读经验。本课题建构了“阅读先导课—交流推进课—成果展示课”的进阶路径 2：先导课重在激发学生的阅读兴趣，帮助学生进行科学的阅读规划；交流推进课重在使学生在教师指导下合作探索深度阅读的策略，提升阅读能力；成果展示课重在搭建平台，使学生在展示碰撞中积累阅读经验，丰富自己的精神世界。每一个课型都有不同的功能，合力推动学生主动思考探究，读下去、读进去及至读出来，从离散的阅读知识走向阅读经验，最终指向学生核心素养的提升。

二、建构“经浅层至深层”的整本书阅读思维进阶路径，为学生搭建从浅表阅读到深度阅读的思维路径，发展阅读思维

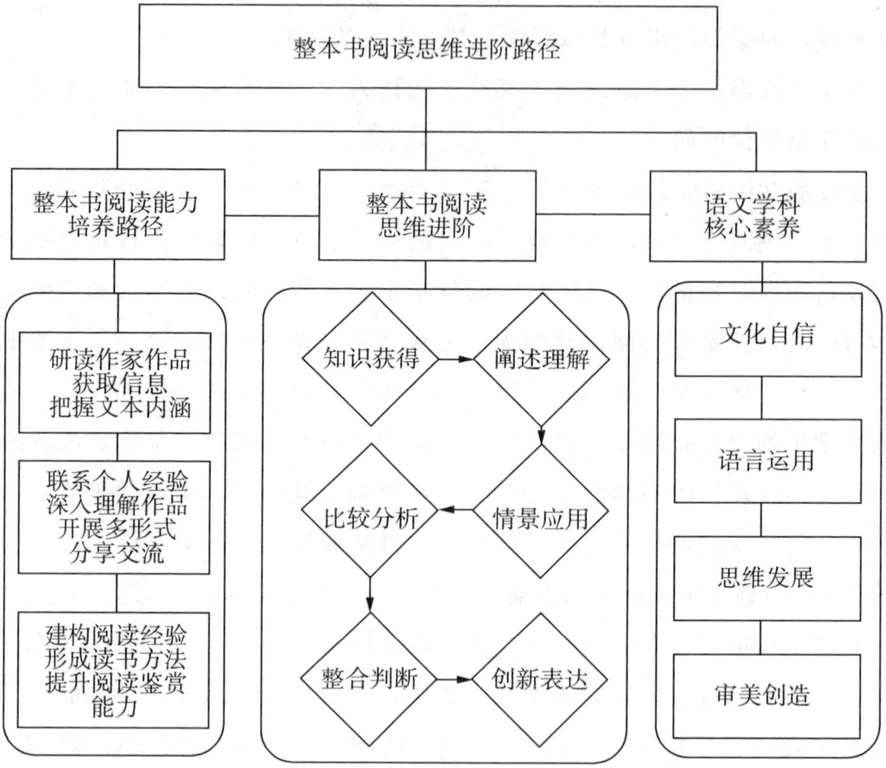

图 2.9　整本书阅读思维进阶路径

长期以来，语文教学的课内阅读以单篇精读为主，学生的阅读方法以对单篇课文的圈点勾画、精细慢读为主，阅读经验精巧单纯；而整本书阅读具有动态性、综合性、开放性等特征，学生对于整本书缺乏系统的阅读方法。

很多学生存在对整本书认知粗糙、理解肤浅问题。学生的信息提取等浅层阅读能力值较高，批判赏析等深层阅读能力值较低。学生阅读时更多的是为了获取内容、情节等显性信息，浮于文字的表面，而较少关注、思考文字背后的含义，如主题思想、语言艺术等；只是利用记忆强行记住书中的知识，而不是在理解的基础上将书中的信息迁移应用，进而生成新的内容。学生整本书阅读时间、阅读进程、阅读经验建构等方面呈碎片化、浅层化，严重影响整本书阅读能力的形成和发展。

从阅读理解过程来看，阅读顺序是从文字—句子—语段—篇章直至整本书，因而整本书阅读就应沿着感知—理解—思考—联系—探究顺序形成阅读思维。在日常中，教师可以引导学生进行整本书的阅读思维训练，巩固强化阅读的思维过程，为整本书阅读奠定思维基础。

整本书阅读需要一定的阅读策略，这是一种基于学生的现实人生整合阅读材料、阅读行为和方式，兼顾单篇精读和群文阅读的整体阅读方案。采取有效的阅读策略指导，教师能帮助学生学会根据阅读情境和文本特质进行深度学习。

布鲁姆教育目标在认知领域可分为知道、领会、应用、分析、综合、评价 6 个层次，这 6 个层次呈三角形递进，从广而散走向聚合及至生成创新。本课题借鉴此理论，助力学生走向深度学习，建构了由“知识获得—阐述理解—情境应用—比较分析—整合判断—创新表达”组成的“离散·聚合·生成”思维进阶路径。

思维路径中，在学生获得文章内容、文章结构等知识的基础上，教师可以使用预测、联结、推断、自我提问、图像化等阅读理解策略，帮助学生深层理解，进一步研究思辨阅读、比较阅读、体验阅读等深度阅读策略，协助学生监控和调节自己的阅读过程，以更好地形成阅读创新思维。思维路径在学生现有思维水平和目标水平之间搭建了台阶，把策略内隐的思维活动外显出来，使学生明晰策略使用的思维过程，以便在课外阅读中迁移运用所学的策略，进而实现整本书阅读的系统生成。

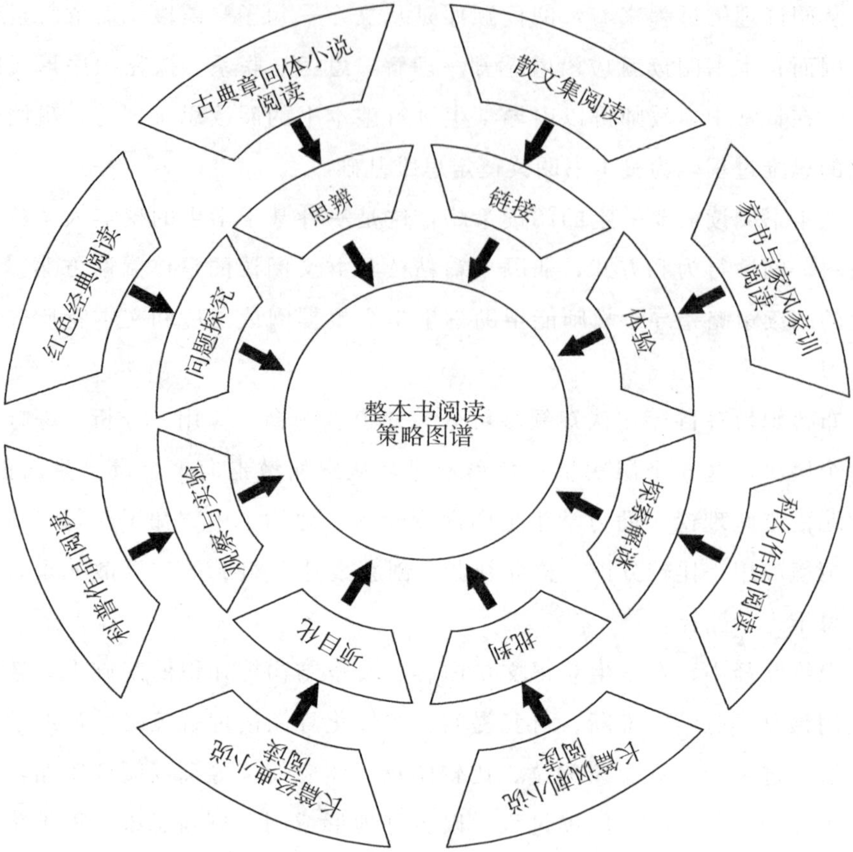

图 2.10　整本书阅读策略图谱

三、建构“从模糊到精准”的整本书阅读监测进阶路径，为教师提供了“评价—监测—改进”的教学改进路径

受考试、升学压力以及课时的限制，教师在整本书阅读教学中呈现功利化倾向——介绍名著概况、赏析点评名著、勾画考试要点成为整本书教学中的主要内容，未能根据名著独特的价值进行教学，易出现解读策略缺失现象。

同时，教师的整本书阅读教学策略单一化、随意化的现象也较普遍，教学形式单调、缺乏趣味。如，以教师单一讲解为主，未能体现学生的主体地位；教师缺乏对学生阅读习惯和方法的培养；教师对整本书阅读的专题探究不足；等等。这种教学理念也随之产生教学评价机械的问题，教学缺乏过程性指导和过程性评价。

因为不同学生的认知结构在数量和质量上存在着差异，布鲁姆主张教师在学期初，先对学生进行诊断性评价，以确定学生是否具备了先决技能、先决态度和先决习惯，以鉴定学生对教学目标的掌握程度，辨别学生需要帮助的程度。

教师要在整本书阅读过程中精准施教，就应先把握学生的阅读状态，结合整本书阅读的重点，找准学生阅读中的难点和痛点。整本书阅读虽然属于阅读范畴，但是由于课程标准中对于整本书阅读的教学目标、教学建议、教学评价的表述比较泛化，教师从中很难找到可操作的路径，无法开展高效的指导。因此，本课题根据济南市初中生阅读现状，结合参加教育部监测工具开发的经验，开发了阅读监测 4 项工具，这 4 项工具互为支持，形成了监测机制保障下的教学改进路径。

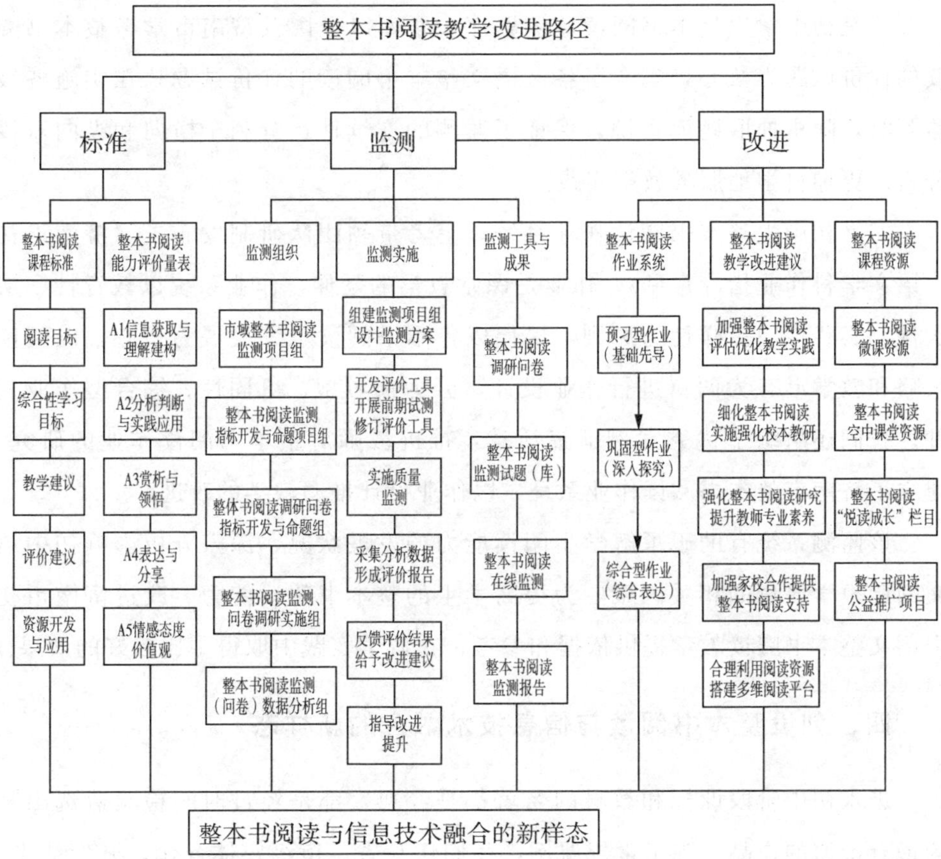

图 2.11　整本书阅读教学改进路径

一是整本书阅读评价标准。此评价量规是根据《义务教育语文课程标准(2011版)》所开发的指向学生核心素养的整本书阅读能力评价标准。此标准分为教学目标、教学建议、教学实施、资源建设等几个部分，为教师提供了一个具体可视的整本书阅读评价标准。

二是初中语文阅读能力专项监测系统。济南市初中语文阅读能力监测系统是对2016年、2019年国家义务教育质量监测中心（济南样本区）监测的推进。在济南市教育局教育质量监测中心的支持下，我们成立了专项监测组，借鉴国际阅读测评框架（PISA、NAEP、PIRLS），开发了初中语文阅读能力发展水平评价指标体系和语文阅读状况调查指标体系等专项监测工具。监测采用信息技术的大融合，深入挖掘监测数据，让学生的阅读能力具体可视，并进行归因，提出改进教学的合理化建议。

三是初中学生整本书阅读监测题库。题库以全国及济南市学考整本书阅读的评价试题为核心，集合了各区语文整本书阅读的评价试题。在实施各级监测时，随机抽取题库资源，保证了监测的连续性，有利于横向和纵向双线分析，更加科学地服务教学实践。

四是初中生整本书阅读作业系统。笔者带领团队研制发布了《济南市初中语文学科作业指导意见》。作业是课堂教学的延伸，作业系统以教育性、层次性、实践性、多样性为原则，提倡以整本书阅读思维发展为核心，以阅读策略和教学形态为两翼进行作业设计，分为预习型、巩固性、综合型作业三种。我们还组织了优秀案例征集活动，推进教师对整本书阅读作业的研究，建立了济南市整本书阅读作业系统，以作业设计推动教学的改进。

该监测系统有助于了解学生阅读能力的发展状况，深入分析影响初中语文阅读教学质量的相关因素，为提高学生的整本书阅读能力、改进济南市初中语文整本书阅读教学提供依据和参考，在教学实践中取得了比较好的效果。

四、创设整本书阅读与信息技术融合的新样态

进入初中阶段课标和教材的名著都是经典，都是经过时间检验遴选出来的最有价值的作品。除了常规课例，我们还与省、市级媒体合作，开发线上、线下相结合的配套资源，整合课程资源；同步开发大数据下的阅读能力专项

监测系统，解决整本书阅读评价过于机械化的问题。

通过融合新技术，整本书阅读的课程和思维发展得更具整体化、层次化、结构化，形成聚合效应，并生成新的推广路径，在更广阔的领域产生更强的效果。

“离散·聚合·生成：进阶式初中语文整本书阅读路径”在实践中作用显著，得到了广泛的推广。

1. 学生在整本书阅读的主动性、策略选取、思维发展等方面有显著提升。学生阅读活动呈现多样化，除了常规的圈点批画、思维导图外，拍摄微电影、名著讲坛等和生活经验对接的活动增多。2018—2021 年，在山东教育电视台“悦读·成长”计划、山东省教科院“书香学子”等省级以上阅读活动中获得奖励的学生总数超过 1000 人次。

2. 教师的阅读理念、指导能力、评价能力整体提升。教师对整本书阅读指导的科学性、整体性等指标有显著提高，教师阅读教学更加基于学生阅读认知，更加关注学生阅读经验的生成，更加注重过程性评价。大数据监测体系给教师的阅读教学指导提供了科学的保障。

3. 培养了一批在整本书阅读方面有见地能实践的教师。在实践推广过程中，通过专家引领、理论学习、课堂示范等形式，我们共举办青年教师阅读研修、区域阅读教研等培训活动 70 余次，成员共同制作完成资源课例 200 余节次，完成省市级课题多项，有 3 项成果分别获得 2020 年济南市基础教育改革成果一等奖、2022 年济南市基础教育成果特等奖，在各级刊物共发表论文 20 余篇，主编及参编整本书阅读图书 20 余册，一大批优秀青年教师脱颖而出。

第三章　我们的阅读实践范式
——整本书阅读的案例分析与展示

第一节　链接式阅读
——以散文作品《朝花夕拾》为例

一、整本书概要

（一）作家介绍

鲁迅（1881～1936），原名周樟寿，后改名周树人，字豫才，浙江绍兴人。著名文学家、思想家、革命家、民主战士，中国现代文学的奠基人之一。他一生在文学创作、文学批评、文学史研究、翻译等多个领域具有重大贡献，对五四运动以后的中国社会思想文化发展具有重大影响。

1881 年，周樟寿出生于绍兴的名门望族周家，11 岁入三味书屋师从寿镜吾，鲁迅一生都对这位严格细致的老先生极为敬重。然而安心学习的日子只持续了 1 年：祖父周福清因科场案被捕入狱后，全家迁至乡下避难；其后，父亲周伯宜又身染重疾，家道急剧衰落，小樟寿遭乡人冷眼嘲笑，又被其他族人排挤，倍感世态炎凉。

1898 年，周樟寿进入江南水师学堂，改名为周树人，后转入矿务铁路学堂，受到《天演论》等新书思想的影响。1902 年，鲁迅赴日公费留学，其间，眼见同胞的麻木与洋人的轻蔑，他痛下决心，走上文学道路，誓用一生唤醒愚弱的国民。

然而面对社会之乱象，他也感到无措。直到《新青年》问世，著名的

“铁屋之辩”发生，他才终于下定决心写些什么。1918 年，他发表自己第一部、也是中国第一部现代白话文小说——《狂人日记》。从此，鲁迅以极尖锐的笔触与极深刻的思想针砭时弊，始终驰骋在斗争的第一线。

他是“文坛先声”，他的小说集《呐喊》《彷徨》相继问世，他陆续出版散文诗集《野草》、多部杂文集和历史小说集《故事新编》；他是“民主战士”，走在新文化运动的前列，与迫害学生的军阀执笔对战，“三一八惨案”后鲁迅写作《死地》《记念刘和珍君》等文章抨击段祺瑞政府屠杀学生的罪行，虽遭追捕他仍笔耕不辍；他是“左联”盟主，以笔为锋披露现实，领导“左联”粉碎了国民党反动文艺妄图绞杀无产阶级文艺的阴谋。

鲁迅的文字十分冷峻，却始终以希望作为内核，所有的批判与呐喊中都包含了对人性中美好一面的珍视。鲁迅堪称“中国的民族魂”，他的精神深刻影响着读者、研究者，鼓舞一代又一代的中国现代作家、现代知识分子。

（二）作品介绍

《朝花夕拾》是鲁迅唯一的散文集，鲁迅在其中灌注了最细腻、最丰富的感情，语言朴素温馨，人物形象饱满鲜活。书中亦蕴含了中年鲁迅的思考，对尚未了解过鲁迅的读者来说，这部作品可以奠定最坚实的地基。

《朝花夕拾》收录散文仅 10 篇，鲁迅在其中少有地描绘从童年到青年的时日，偶有加工，却不破坏文字真切，思索借经历传出，浑然天成，毫无雕饰痕迹。书中所写者有善有恶，皆生动传神，独一无二，使人过目难忘。最好之处，应在于其写作口吻不同：写三味书屋，便有“微笑起来而且将头仰起，摇着，向后面拗过去，拗过去”一类的烂漫语言；写琐记，可显“好。那么，走罢!”之少年意气；写范爱农，仅余“我至今不明白他究竟是失足还是自杀”，所含感情悲切。各异文章放在一起却丝毫不违和睦，虽非传记，却高度凝练鲁迅半生。读《朝花夕拾》，如其人在侧，娓娓述说。

《朝花夕拾》极为自然地将作者的经历与思想结合，在温情中蕴含了理智的批判。在鲁迅创作这部散文集之前，旧文学派顽固地认为白话美感不足，然而《朝花夕拾》如诗如画的笔触让许多反对者哑然失声。其文写景好似绘卷，写人犹如刻雕，艺术性极强，时有讽喻，却无攻击，显出怡然自得之神。因其文字朴实自然，历来学者只能“微笑着一气读完”，又觉得“遗憾，这太少了!”

（三）相关评论

在爱与死的反顾里，既弥漫着慈爱的精神与情调，显露了鲁迅心灵世界最为柔和的一面，又内蕴着深沉而深刻的悲怆，这形成了《朝花夕拾》的特殊韵味。

——温儒敏

《朝花夕拾》是鲁迅在民间话语空间的闲聊者的形象。

——钱理群

《朝花夕拾》在文体上别有创意，小说笔法与随笔韵致交融在一起，行文别是一番境地。

——孙郁

《朝花夕拾》集中部分散文较多地继承了传统散文的特点，写人记事均于平淡质朴的笔墨间蕴含着深邃的思想，而且在对旧日情怀的回顾时，还常常发表议论，抒发对现状的某些不满之情。作者每每把回忆往事与抨击时弊结合起来，笔锋犀利，体现了鲁迅一贯的战斗风格。

——柳斌杰

二、作品特质

《朝花夕拾》中多为回忆性散文。回忆性散文文体的特质是熔叙事、抒情、议论于一炉，它不求连贯，各篇目俯仰生姿，相映成趣，如记忆中细细寻出的玲珑碎片，纯净自然，动人心魄。读这类文章通览无用，须凝聚眼光，身心投入微小处，才能与作者共真情。阅读节奏不宜快，唯有沉心静气，方能体会其中况味。读前莫先看他人论述，否则绝非辅助，反为桎梏，定然减弱文字之鲜活，令阅读思绪无法畅快。

回忆性散文毕竟独立片面且时间跨度颇大，情感不易贯通，容易导致一气读来，只落个云里雾里，不知所言。此为文体特质引发，而最佳应对之法就是先了解写作背景，毕竟无论作者回忆多零散，也寄托于人生长河。若能先知全体再阅读，文章便似银汉繁星，错落有致，凌乱之忧自然烟消云散。逆观之，文章亦为作者人生注解。

回忆性散文最鲜明的艺术特色即为双重视角：一是体验主体，当时的“我”讲述经历；二是回忆主体，现今的“我”表达思想；二者皆不可忽视，回忆主体的痕迹并不刻意，却如影随形，无处不在，思想贯穿语言，可谓特殊而精巧的处理。

鲁迅说《朝花夕拾》是“回忆的记事”，写的是幼年、少年、青年时期的往事。他以诗人的气质与杂文家的精神创造了独具鲁迅人格气质的散文，这散文中“有我”却不“唯我”，它们独属于鲁迅却又能让阅读者看到自己。他的叙事语言不矫饰、不矜持，而是天然质朴、真诚自然。他的散文是感性的，写出了记忆中旧事的意味、旧事的情怀；他的散文在感性中透着理性，作为一名现代民主知识分子，他回望了封建文化、维新改良、辛亥革命时期的自己，在新文化运动启蒙的背景下反思旧事，使那些旧情怀中亦掺杂了新议论。这也让鲁迅的回忆性散文呈现出独有的人文色彩与批判精神。

“我常想在纷扰中寻出一点闲静来，然而委实不容易。目前是这么离奇，心里是这么芜杂。”鲁迅在《朝花夕拾》小引中含蓄地诉说了成文缘由，是因了现实的芜杂，而从记忆中“抄”出来的。1926 年可谓鲁迅生命中的“多事之秋”，他因支持进步学生运动而遭段祺瑞政府的通缉，不得不奔波辗转于北京、厦门、广州。一方面是“寸寸紧逼”，他受到当时所谓“正人君子”之流的攻击和白色恐怖的围堵；另一方面是“处处排挤”，他辗转到厦门避难，殊不知厦门大学的“尊孔”思想严重，几个教授甚至组成了“赶鲁迅同盟”，任教三个月后他被迫出走广州。在如此现实下，鲁迅开始回望精神的故乡，那些纯真、那些善良、那些真诚是黑暗中抚慰人心的光芒，是心灵栖息的净土，鲁迅此时的回望是温馨的。

“带露折花，色香自然要好得多，但是我不能够。便是现在心目中的离奇和芜杂，我也还不能使他即刻幻化，转成离奇和芜杂的文章。或者，他日仰看流云时，会在我的眼前一闪烁罢。”经历了岁月的洗礼，45 岁的鲁迅回望过去，早晨的记忆之花却到了傍晚才拾起，不仅有花初开的那份色香，经过时间长河浸泡的花，更多了一些特别的况味，那是一些关于流言、关于侮蔑、关于伪善、关于愚昧、关于遗恨的反思，于是文章在淡淡的温馨背后又多了一些理智的批判。

（一）寻梦故乡：回望精神的沃土

“我有一时，曾经屡次忆起儿时在故乡所吃的蔬果：菱角、罗汉豆、茭白、香瓜。凡这些，都是极其鲜美可口的；都曾是使我思乡的蛊惑。后来，我在久别之后尝到了，也不过如此；唯独在记忆上，还有旧来的意味留存。他们也许要哄骗我一生，使我时时反顾。”鲁迅在说到故乡时用了“蛊惑”一词，时光一去几十年，蛊惑鲁迅的何止是故乡的吃食，还有那些人、那些事，那些温暖和真诚。这只是一座普通的江南小城，但在鲁迅的笔下它却不是青砖白瓦、小桥流水的朦胧诗情，而是“轻捷的叫天子（云雀）忽然从草间直窜向云霄里去了”，是从从容容舔着砚台墨汁的隐鼠，是给“我”讲完美女蛇的故事后睡觉摆成“大”字的保姆长妈妈，是“一出台就须打一百零八个嚏，同时也放一百零八个屁，才自述履历的活无常”，是趁先生读书入神跟着小伙伴偷溜到后园折蜡梅花的快乐。鲁迅笔下的故乡不是一幅画，而是一部影片，是鲜活的动态的，充满新奇与活力的。这是“横眉冷对”的民主斗士心灵深处的柔软，是鲁迅灵魂栖居的精神沃土。而今，这片家园在我们面前徐徐拉开帷幕，罗汉豆的香味透过文字，竟不用经过嗅觉系统的传导，就能直抵我们的内心。

最伟大的美属于自然，在自然中的儿童是自由的。在鲁迅的笔下，幼时的“我”与在自然中弹琴的蟋蟀无异，儿童与自然的一种亲密关系激发了孩子无穷的想象力。“不必说碧绿的菜畦，光滑的石井栏，高大的皂荚树，紫红的桑椹；也不必说鸣蝉在树叶里长吟，肥胖的黄蜂伏在菜花上……油蛉在这里低唱，蟋蟀们在这里弹琴。翻开断砖来，有时会遇见蜈蚣；还有斑蝥，倘若用手指按住它的脊梁，便会拍的一声，从后窍喷出一阵烟雾。”一个有勇气按下斑蝥脊梁的孩子，为了拔何首乌毁了泥墙的孩子，把捉苍蝇喂蚂蚁视为“最好工作”的孩子，兴奋地等着冬天下雪好支起竹筛捕鸟的孩子慢慢地在长大，却从未失去好奇心与探索欲。而正是自然中的美培育了鲁迅独特的诗人与艺术家气质。

美的何止是自然，还有淳朴的人们。长妈妈总是切切察察竖起第二个手指，在空中上下摇动，元旦早晨她总用凉凉的福橘让“我”受磨难，况她又谋害了“我”的小隐鼠，但有哪个孩子能拒绝有点儿神秘有点儿恐怖的“美女蛇”的民俗故事呢？何况，唯有不识字的她记住了一个孩子心心念念的愿望，告假回家时辗转买来了“三哼经”（《山海经》）。活泼而诙谐的活无常让人紧张而高兴，“在正面，就是遗老遗少们所戴瓜皮小帽的缀一粒珠子或一块宝石的地方，直写着四个字道：‘一见有喜’。……想到生的乐趣，生固然可以留恋；但想到生的苦趣，无常也不一定是恶客。”无常原是鬼，却这样可怖又可爱得让人高兴，鬼反而多了些许“人情人气”。还有三味书屋中质朴、方正、博学的寿镜吾老先生，他的宽容与温和令人难忘，连读书时自我陶醉式的诵读都那么可爱。寻梦故乡的鲁迅是带着微笑的——回望精神的沃土，那里埋着一颗柔软的种子。

（二）链接现实：批判意味的反思

在《呐喊·自序》中鲁迅这样写道：“有谁从小康人家而坠入困顿的么，我以为在这途路中，大概可以看见世人的真面目。”五彩的生活由于祖父身陷科场舞弊案而被迫坠入灰色的空间，加之父亲生病，鲁迅作为家中长子，身上的担子一下子重了，童年的他过早地踏入了生活的泥沼。“我有四年多，曾经常常，——几乎是每天，出入于质铺和药店里，年纪可是忘却了，总之是药店的柜台正和我一样高，质铺的是比我高一倍。我从一倍高的柜台外送上衣服或首饰去，在侮蔑里接了钱，再到一样高的柜台上给我久病的父亲去买药。回家之后，又须忙别的事了。”鲁迅的两位弟弟对此没有锥心的体味，他们甚至不知道鲁迅在为父亲拿药的过程中遭受了多少白眼。生活的落差让鲁迅过早地看透了世态炎凉，也奠定了鲁迅后来敏锐的洞察力与穿透真相的领悟力。他慢慢地开始拥有独立的思考、敢于质疑的精神与批判的眼光。

1. 同情弱者立场。隐鼠被蛇咬得口角流血，阿长劳作一生姓名亦不为人知，虚幻的无常竟得众人喜爱。自然界弱肉强食，社会又何尝不是如此？对社会运行规则的反思，让我们看到了同情底层弱者、为遭受不公者发声的鲁迅。

2. 质疑传统孝道。他质疑“二十四孝图”反人性的传统孝道教育，指斥“以不情为伦纪，诬蔑了古人，教坏了后人”。他认为“孝”是中华民族的传统美德，但“愚孝”却是愚蠢的，盲从者可悲，卫道者可恨。如此大胆的批判，直指传统封建礼教，力透纸背。

3. 反思传统教育。贯穿全书的还有对传统教育的反思："我"要去看五猖会却被父亲拦下来背诵《鉴略》，父权之下无人敢营救；三味书屋的老先生虽宽和但学习方式、内容陈旧，想问个"怪哉"这虫的事都能让先生脸上有怒气了；雷电学堂外称是洋务学校，但竟盖起了"关帝庙"，还请大和尚来做法事，一片乌烟瘴气；矿路学堂的汉文教员竟然不关心时事，反过来问学生"华盛顿是什么东西呀?"。鲁迅从日本留学回国后一直致力兴办教育，做教员、做教授、做校长、做导师，而当他拿起笔来希望改变国人之思想，又何尝不是另外一种教育的方式呢？

（三）双重视角：藏在花后的身影

《朝花夕拾》中的文章"前两篇写于北京寓所的东壁下；中三篇是流离中所作，地方是医院和木匠房；后五篇却在厦门大学的图书馆的楼上，已是被学者们挤出集团之后了"，最初发表在《莽原》上，名为《旧事重提》。鲁迅说："这十篇就是从记忆中抄出来的，与实际内容或有些不同，然而我现在只记得是这样。"这就涉及两个视角的问题——过去视角和现时视角，双重视角下的文章便比普通的散文多了一重味道。要理解鲁迅的回忆性散文必须链接作者的双重生命体验，也即曾经的鲁迅与当下的鲁迅。

1. 内外感触的切换

作者在写作时感触是沉入回忆内部的，将曾经成长轨迹中的人与事付诸笔下，如旧电影一般缓缓放映着。现实的芜杂让鲁迅不自觉地向外在的现实看过来，于是"朝花"背后始终藏着一个身影，看向时代、看向社会、看向世界，在回忆中掺着些议论与抒情的杂感，进而完成了由内向外的自然延伸。作者在写《狗·猫·鼠》一文时，明写童年隐鼠，实则为了写"仇猫"，并大发议论："一，猫的性情就和别的猛兽不同，凡捕食雀、鼠，总不肯一口咬死，定要尽情玩弄，放走，又捉住，捉住，又放走，直待自己玩厌了，这才吃下去，颇与人们的幸灾乐祸，慢慢地折磨弱者的坏脾气相同。二，它不是和狮虎同族的么？可是有这么一副媚态！"这些话何尝不是说给那些所谓"正人君子"之流听的，及至最后写"假如我出而为人们驱除这憎恶，打伤或杀害了它，它便立刻变为可怜，那憎恶倒移在我身上了"，更是他对当时与"猫"们斗的经验之谈了，亦是对社会上纵容邪恶、不能除恶务尽的现象进行了讽刺。

2. 内外感触的共鸣

鲁迅在叙事时，并没有刻意地让现在的自己隐藏起来只着重让过去的自己说话，而是寻找恰当的方式方法，让内外感触共同发生，在共鸣中带给读者双重情感冲击。当鲁迅离开百草园要去三味书屋时，竟脱口而出“总而言之：我将不能常到百草园了。Ade，我的蟋蟀们！Ade，我的覆盆子们和木莲们！……”此时的鲁迅在告别百草园时是那样的深情，“Ade”是德语中“再见”的意思，这是童年鲁迅与百草园的告别，也是成年鲁迅与童年的告别。透过“Ade”的反复呼喊，我们听到了两种声音，它们和谐地存在于一句话里，完成了内外感触的共鸣。

3. 内外感触的互补

《朝花夕拾》作为回忆性散文，没有经验性地去复述曾经的记忆，更不是凭空想象地去叙述故事，而是在叙写回忆与现实抒情议论的互补中带给人无穷的回味。在《藤野先生》中，我们随着青年鲁迅留学日本的足迹，感动于藤野先生跨越国籍的关怀，而文章最后说“只有他的照相至今还挂在我北京寓居的东墙上，书桌对面。每当夜间疲倦，正想偷懒时，仰面在灯光中瞥见他黑瘦的面貌，似乎正要说出抑扬顿挫的话来，便使我忽又良心发现，而且增加勇气了，于是点上一枝烟，再继续写些为‘正人君子’之流所深恶痛疾的文字”，则是鲁迅将内在的感触化为了外部战斗的力量，在内外感触的互补中、芜杂中平添了更多前进的勇气。

奥地利著名的心理学家阿德勒曾说过：“幸运的人一生都在被童年治愈，不幸的人一生都在治愈童年。”① 鲁迅从童年的绍兴走出，走到南京，走到日本，他走了一条“异路”，一条危险的、没有人走过的路。他在前进中摸索，也在前进中回望，回望漫漫来时路，慨叹唏嘘踏征途。中年鲁迅以回望的姿态完成了对45年生活的自我叩问，也完成了对封建时代、辛亥革命时代、新文化运动时代的反思，并站在历史与时代的广阔视角上审视传统文化。朝花落带露水满回忆，弯腰拾镀夕阳有沉思，在朝花夕拾中，他完成了一次精神

① ［奥］阿尔弗雷德·阿德勒．在自我启发中成长［M］．江苏：江苏凤凰文艺出版社出版社，2019.

的反哺与重塑。

阅读《朝花夕拾》时，在综合运用基本阅读策略之外，基于文本的特质，特别建议使用以下阅读策略——链接式。

三、典型阅读策略——链接式

（一）理论基础

1. 学习迁移理论

学习迁移是指一个人在一种情境中的学习影响他在其他情境中的学习。传统的迁移理论主要有形式训练说、桑代克的共同因素说、贾德的概括化理论、苛勒的关系理论。

目前的教学应用领域主要存在三种主要的迁移理论：一是认知结构迁移理论，二是产生式迁移理论，三是认知策略迁移理论。认知结构迁移理论主张一切有意义的学习均建立于原有的知识体系基础之上，原有的经验通过影响个体的认知结构来影响他对新事物的认知与学习；产生式迁移理论则更多关注认知技能，认为新旧事物之间产生的重叠部分越多，则迁移的量越大；认知策略迁移理论更多关注的是学习者个体的自我认知，认为学习者的主体性和主动性是实现迁移的先决条件[①]。

在散文的整本书教学中，教师可以应用迁移理论，在制订阅读计划、赏析文学作品、交流阅读心得、提高回忆性散文阅读整体认知能力的教学上都要注意学习迁移的作用。

2. 关联理论

关联理论是一种认知语用学理论，由斯铂佰与威尔逊在《关联性：交际与认知》中提出，以关联性概念与关联原则为基础，分析言语交际中的话语理论。关联原则包括：认知原则，即人类的认知倾向于与最大程度的关联性相吻合；交际原则，即每一个话语（或推理交际的其他行为）都应设想为话

① 鄂枫洁. 迁移理论在初中语文阅读教学中的应用研究［D］. 长春：长春师范大学文学院，2019.

语或行为本身具备最佳的关联性①。在关联理论中，关联性被看作由输入到认知过程中的话语、思想、行为、情景等的一种特性。所以，教师在回忆性散文的教学中也应让文本与学生产生“关联”，最大程度建立起二者的关联性。

（二）课标依据

《义务教育语文课程标准（2022版）》中明确提到“联系”的地方有20处，其指导涉及语文学科知识之间的联系、语文学科和其他学科之间的联系、学科知识和学生经验之间的联系以及学科知识和社会生活之间的联系等，建议学生在阅读时要联系个人经验，深入理解作品，从作品中汲取营养，丰富自己的精神世界，逐步形成正确的世界观、人生观和价值观。

而在阅读走向深入的过程中，它更强调“结合自己的生活经验”的阅读方法，要求学生精读古今中外优秀的文学作品，感受作品中的艺术形象，理解欣赏作品的语言表达，把握作品的内涵，理解作者的创作意图，结合自己的生活经验和阅读写作经历，发挥想象，加深对作品的理解，力求有自己的发现。

（三）策略诠释

散文一直是我国中小学语文教学的主导文体，而在中学语文教学当中，“散文”指的是文学性较显著的“文学性散文”，其最大特点是“形散而神聚”。“形散”即写法多样、结构自由、题材广泛；“神聚”即主题明确而集中，注重表现作者的主观体验和独特感受。

上海师范大学教育学院王荣生教授在《散文教学教什么》一书中谈到散文阅读教学认识的时候说：“学生今天所面对的学习对象，是‘这一篇’独特的文本，学生今天所面临的学习任务，是理解、感受‘这一篇’文本所传递的作者的认知情感，是理解、感受‘这一篇’中作者独特认知情感融为一体的语句章法、语文知识。”不难发现，名著的整本书阅读教学与教材中的单篇散文阅读教学其实有共通性，即让学生透过文本体味客观事物背后作者的“主观感情”。

---

① ［英］斯铂佰、威尔逊．关联性：交际与认知［M］．北京：外语教学与研究出版社，2001.

但整本书阅读相较于单篇散文阅读来说又更强调整体性和联系性。《义务教育语文课程标准（2022版）》要求学生“积累整本书阅读经验，养成良好阅读习惯，提高整体认知能力，丰富精神世界”“能从多角度揣摩、品味经典作品中的重要词句和富有表现力的语言，通过圈点、批注等多种方法呈现对作品中语言、形象、情感、主题的理解”，明确整本书阅读的关注点是整体把握与深度思考。所以整本书散文“链接式”阅读即应：链接学生对叙事、写人、状物、写景背后“这一本书”所传达出的“独特情感”；链接学生与作者背景和作者高度个人化的“主观情感”；链接文本内容与学生自身生活经历相互关照的“人生经验”。

（四）教学应用

1. 与“这一本书”的链接

整本书阅读的文本不仅是学习的材料、媒介，更是学习的对象，这是由语文学科工具性与人文性统一的要求所决定的。让我们先来举两个其他学科的例子：地理课本上的内容更多的是一种学习的材料和媒介，借助这些媒介能让学生理解真正的地理学习对象——地理现象和自然规律；数学课本上的例题、练习题、定理、规律也是媒介，借助这些能让学生理解真正的数学学习对象——数学方法和思维。它们的教学目标在于借助这些媒介和材料，让学生去学习并理解真正的学习对象。但对于整本书的散文阅读教学来说，由每一篇文本所组成的“这一本书”本身，就是真正的学习对象。引导学生对“这一本书”的阅读、理解和感悟，链接“这一本书”所传递出来的独特思想情感，就是教师的教学目标。

《朝花夕拾》是一本回忆性散文，回忆性散文的文体特征为：作者表达主观情感，自我个性鲜明，双重叙述视角，追求自我同一性。教师首先要做的是建立与“这一本书”的链接，不能妄图离开这本书而通过其他途径去理解这本书，比如借助与《朝花夕拾》相关的电影、图片、插图、戏剧表演、评论文章、解读视频等。阅读教学要重视原生态的整本书阅读，要“紧扣文本”而不能“脱离文本”，重点研究“这一本书写的是什么”“这一本书怎么写”的问题，而不应该在教学中进行口号式的主题总结。

比如有的老师在讲解《五猖会》时就仅解读成了对父权的恨，没有把单篇放在整本书文本阅读中让学生建立与“这一本书”的链接。教师应引导学生去看另外一篇《父亲的病》，读一读鲁迅在父亲去世前的呼喊：

“父亲！父亲！”我就叫起来。

“大声！他听不见。还不快叫?!”

“父亲!!! 父亲!!!”

他已经平静下去的脸，忽然紧张了，将眼微微一睁，仿佛有一些苦痛。

“叫呀！快叫呀！”她催促说。

“父亲!!!”

“什么呢？……不要嚷。……不……”他低低地说，又较急地喘着气，好一会，这才复了原状，平静下去了。

“父亲!!!”我还叫他，一直到他咽了气。

我现在还听到那时的自己的这声音，每听到时，就觉得这却是我对于父亲的最大的错处。

且看这6次对“父亲”二字的呼喊，还有呼喊后面的14个叹号，学生就能感受到鲁迅对父亲的深爱、愧疚、无力和懊悔。

再看“我现在”三个字，背后藏着的不就是中年鲁迅吗？这就自然过渡到了这一本书“双重叙述视角”的问题。申丹教授在《叙述学与小说文体学研究》一书中指出：“在第一人称回顾性叙述中，通常有两种眼光在交替作用：一为叙述者‘我’追忆往事的眼光，另一为被追忆的‘我’正在经历事件时的眼光。这两种眼光可体现出‘我’在不同时期对事件的不同看法或对事件的不同认识程度，它们之间的对比常常是成熟与幼稚、了解事情的真相与被蒙在鼓里之间的对比。”同样的“中年鲁迅叙述视角”也出现在《五猖会》的最后两句：“直到现在，别的完全忘却，不留一点痕迹了，只有背诵《鉴略》这一段，却还分明如昨日事。我至今一想起，还诧异我的父亲何以要在那时候叫我来背书。”鲁迅真的那么恨父亲吗？如果怨恨，那为何在此处却用了“诧异”二字而不是用“怨恨”来形容父亲让“我”背书这件事呢？经过双重视角的对比分析，教师建立了学生与“这一本书”的链接：不管是在《五猖会》中分明如昨日的隔膜，还是在《父亲的病》中至今仍回响的恐惧和悔恨，这剪不断理还乱的生命纠缠，都源于作者对父亲刻骨铭心的爱啊！

2. 与“这一位作家”的链接

诗歌以点状之象抒情，核心在“意象”，谋词以求主观表现；小说以完整故事观照现实，核心在“人物、情节、环节”，谋篇以得客观再现；散文则以片段之景、事表意，核心在“意境”，谋句以达主客观融合。回忆性散文寓记忆于散文叙写中，展示了作为个人的“这一位作家”在历史与现在的交织中所独有的生命与情感体验。郁达夫在《中国新文学大系散文二集导言》中说：“我认为一篇散文的最重要的内容，第一要寻这‘散文的心’；照中国旧式的说法，就是一篇的作意，在外国修辞学里，或称作主题（subject）或明它要旨（Theme）的，大约就是这‘散文的心’了”“有了这‘散文的心’，然后方能求散文的体，就是如何能把这心尽情地表现出来的最适当的排列与方法”。在教学中要让学生理解“散文的心”即作者个性化的表现——《朝花夕拾》这本书中所呈现的，是鲁迅“这一位作家”极具个人特性的所思所感，是“这一位作家”独特的心理体验和人生境遇下所生发出的独属于鲁迅的感触。其他回忆性散文也是如此，《背影》是朱自清的忏悔，《老王》是杨绛的自我审视，《湖心亭看雪》是张岱的痛彻，如要理解回忆性散文这种高度个人化的学习对象，就要在整本书阅读教学中让学生产生与“这一位作家”的链接。

《朝花夕拾》中鲁迅多处写到了儿时喜爱的民间文化风俗，但又不同于一般民俗描写展现当地的风土人情和文化景观的目的。鲁迅对民俗的描写既有对民俗礼教的反思，又加以对当下备受排挤逼仄现实中的两句议论，那看似闲谈一般的两句讽刺，让他对民间文化风俗的叙述和描写又抹上了一丝杂感的色彩。例如在《无常》这篇文章中，无常摆脱了人们普遍认识中恐怖的地狱勾魂之鬼的形象，而变成了颇有“人情味”的活无常，甚至是公道与正义的代表了：“活的‘正人君子’们只能骗鸟，若问愚民，他就可以不假思索地回答你：公正的裁判是在阴间！想到生的乐趣，生固然可以留恋；但想到生的苦趣，无常也不一定是恶客。”在褒扬无常时不忘语带讥讽地点一点活的“正人君子”们骗人的嘴脸。无常因为见阿嫂哭得悲伤，就暂放已死的堂房阿侄还阳半刻，阎王发现将其捆打四十。这活无常不仅有一副好心肠，还有配对的无常嫂和无常小少爷，也无怪乎大家喜欢，因为“无常是和我们平辈的，无怪他不摆教授先生的架子”，无常是鬼但有“人格”，现实中的人却只剩“鬼格”，文章叙得自然，讽得叫绝。整本书教学不是让学生去分析无常在鬼神传说中因果报应的意义，而应让学生去感受“这一位作家”鲁迅的所见所闻，进而去体味鲁迅的所感所思。

3. 与“学生语文和人生经验”的链接

读散文是阅读者打开自己的“心灵”，与这一本书、这一位作家的“散文的心”碰撞与交流的过程。在这个过程中，学生看到了作家独特的人生经验，看到了这本书个性化的词句章法，也即作家的语文经验。《朝花夕拾》写的是个人生活，更是中国人的生活，是时代的状态，更是文化的样貌。新教材在名著导读中对它的目标定位是：读《朝花夕拾》，消除与经典的隔膜。这就给予了教师明确的方向，即要在教学中建立整本书阅读与“学生语文和人生经验”的链接。

如今是以信息为特征的时代——信息大爆炸、知识大爆炸、思维大爆炸，新思想、新观念层出不穷，快节奏浅阅读的内容设置容易让学生对经典产生畏难情绪，在没读之前就先给自己设置了阅读壁垒：鲁迅的作品太难了，一般人是看不懂的；鲁迅的作品过时了，现在看《朝花夕拾》意义不大。钱理群教授曾经说过：“鲁迅是一个真正可以随便谈谈的朋友……他的著作不仅是对自己所处时代提出的问题进行的及时反应，在讨论具体的现实问题时，他更有一种超越性的思考，他总是追问到历史的深处，到人类文明的深处，到中国国民性的深处，到人性的深处去进行根本性的讨论。所以他的思想和著作既具有历史文化的高度和深度，又具有人性的高度和深度，鲁迅的思想著作也就不仅具有历史性，更具有一种当下性，用我的话来说就是：鲁迅活在当代中国，就活在我们的身边。”① 《朝花夕拾》写于 1926 年，文字回忆的是作者幼年、少年、青年时期经历的事，但文字背后的思想是可以超越时代的。这些文字完全不受时间和地域的束缚，可以与当下的任何一位阅读者建立语文经验与人生经验的链接。

《朝花夕拾》写童年的生活，那是一个五光十色的自然乐园，一个充满新

---

① 钱理群. 鲁迅与当代中国［M］. 北京：北京大学出版社，2017.

奇、自由与想象的儿童世界。每个人都有童年，童年是人生梦幻的底色。难能可贵的是，鲁迅在温馨的回忆中还带着淡淡的理性反思。教师如果能让学生把自己的人生经验链接进去，“走进去”看鲁迅的童年，“走出来”看自己的童年，阅读体验就丰盈而充实了。

七年级的学生正处在求学的进程中，他们刚从小学步入初中，初中管理方式的重心和学科知识的难度都与小学不同，恰如《五猖会》中所体现出来的家庭教育问题，《从百草园到三味书屋》《琐记》中雷电学堂、矿路学堂所体现出来的学校教育问题，少年初观社会对成人世界有许多不解之处，恰如《父亲的病》中体现出来的儿童世界与成人世界交流的问题，都是对这个阶段的学生有普世意义和反思意义的重要议题。

鲁迅把“人生经验”交融在“语文经验”中，以其独具个人特色的语言表达呈现在学生面前。长妈妈睡觉摆成的“大”字，眼球“白多黑少”看人总像在藐视的范爱农，对父亲的病无计可施时“极其诚恳”撇清干系的所谓名医，冬天里“和蔼地笑着”让小孩子吃冰的伪善的衍太太……鲁迅写对藤野先生的感情，单看一个“仰”字、一个“瞥”字，那份敬重与烙印般的影响便尽显。福楼拜曾经说过:“我们不论要描写什么事物，要把它们表现出来，只有唯一的名词；要赋予它运动，只有唯一的动词；要赋予它性质，只有唯一的形容词。人们应苦心探索，非要找到这个唯一的名词、动词、形容词不可。而绝不能为了逃避困难，用差不多的词句敷衍了事。”鲁迅的《朝花夕拾》的语言艺术成就是创造性的，并且具有一定的典范意义。建立与“学生语文和人生经验”的链接，就是让学生向独特的文本走去，向“这一本书”“这一位作家”的遣词造句、词句章法所表达的复杂细腻、丰盈微妙的文本里走去，在经典中涵养性情、启迪人生。

四、案例展示

（一）整本书阅读规划表

表 3.1　《朝花夕拾》阅读规划表

时间安排	阅读进度	主人公	重点关注	阅读提示
第一周	《小引》 《狗·猫·鼠》 《阿长与〈山海经〉》	猫 阿长	仇猫的原因； 阿长给“我”买《山海经》	链接当时的写作背景和作者生活经历，想一想： 1. “我”为什么仇猫？ 2. 阿长有这么多缺点，“我”为什么却如此深情地怀念她？ 3. 你怎么评价“长妈妈”？
第二周	《二十四孝图》 《五猖会》 《无常》	父亲 无常	“我”反感二十四孝图的原因； 看五猖会前发生的事； 无常的“人情味”	链接文本与生活中“你”的人生感受和经历，想一想： 1. “我”为什么反感二十四孝图？你最不喜欢里面哪个故事？ 2. 为什么作者没有描写看五猖会时的盛况，而是着重描写了“父亲让‘我’背书”的片段？你有类似的经历或感受吗？ 3. 你喜欢无常吗？为什么？
第三周	《从百草园到三味书屋》 《父亲的病》 《琐记》	寿镜吾 父亲 庸医 衍太太	百草园和三味书屋的童年时光； “我”对私塾老师、庸医、衍太太的感情	链接作者的童年经历和你的童年经历，想一想： 1. 你有没有一座类似“百草园”的童年乐园？ 2. 说说你跟父亲的关系。 3. “我”为什么离开S城呢？你有被迫离开某地或某处的经历吗？
第四周	《藤野先生》 《范爱农》 《后记》	藤野先生 范爱农	日本留学的生活、藤野先生、范爱农人物形象和“我”对他们的感情	链接作者的生活体验和你的生活体验，想一想： 1. “我”对藤野先生的感情是怎样的？你的生活中有没有给你以人生启迪的老师？ 2. 范爱农为什么能与“我”成为好友？说说你的择友标准。

（二）整本书阅读教学设计案例

走出一条路

——《朝花夕拾》整本书导读教学设计

【学习目标】

1. 通过时间线梳理法，了解鲁迅从童年到青少年时期的生活道路和心路历程。

2. 通过朗读法，由浅入深地分析影响鲁迅成长的人和事。（重点）

3. 通过“双重视角”分析法，读出文字背后丰盈而深邃的鲁迅。（难点）

【学习策略】

采用“链接式”阅读教学策略：

1. 建立学生与“这一本书”的链接，消除与经典的隔膜，让学生走进文本。

2. 建立学生与“这一位作家”的链接，让学生走近鲁迅、了解鲁迅，从而深入理解作品。

3. 建立“作家人生经历”与“学生人生经历”的链接，使学生能结合自己的经验，理解、欣赏和初步评价《朝花夕拾》，丰富自己的情感体验和精神世界。

【学习过程】

导入：《朝花夕拾》这本书的名字是什么意思？

早晨的花傍晚拾起来；晚年回忆曾经的事；带露折花，色香自然要好得多，但踏着夕阳寻花，又未尝不是另外一种况味。

鲁迅至今仍然以另外一种方式活在我们的身边。1926 年 45 岁的鲁迅用了 9 个月的时间在纸上重建了一座记忆的成长花园。今天咱们就一起陪着这位百岁老人，重走来时路。

一 历历来时路（童年）

问题一： 一开始，咱们一起说一说：在这条成长之路上你看到了哪些风景？站在整本书的角度说一说：这 10 篇文章应该分别放在鲁迅的哪个成长阶段？

预设：

童年时期：《猫狗鼠》《阿长与〈山海经〉》《二十四孝图》《五猖会》《无常》《从百草园到三味书屋》；

少年时期：《父亲的病》《琐记》；

青年时期：《范爱农》《藤野先生》。

问题二：若能踏上鲁迅人生之路的起点，你最想去哪个地方逛一逛？

预设：夏夜大桂树下（听祖母讲故事）　五猖会　百草园　三味书屋　衍太太家　南京雷电学堂　矿路学堂　藤野先生的学校　童年绍兴的家

问题三：童年的迅哥儿对游戏和玩具情有独钟，他常把这句话挂在嘴上："游戏是儿童最正当的行为，玩具是儿童的天使。"如果你能陪童年的迅哥儿一起做游戏，你最想玩儿的是什么？

预设：养小隐鼠　摘桑葚和覆盆子吃　听蟋蟀弹琴　翻砖找蜈蚣　按斑蝥脊梁　拔何首乌的根　雪地捕鸟　趁先生读书偷溜去折蜡梅花　寻蝉蜕　捉苍蝇喂蚂蚁　上课描绣像　用纸糊的盔甲套在指甲上做戏　五猖会买个吹都都玩儿　冬天吃冰　在院子里跟小伙伴比赛打旋子

问题四：在童年的路上，走着走着，我们好像发现这跟我们印象中那个"横眉冷对千夫指"的鲁迅不一样啊，你读出了一位怎样的"迅哥儿"？

预设：好奇心强　贪玩儿有趣　淘气可爱　天真烂漫

二　成长路上的人

问题：鲁迅的成长之路上除了好玩儿的游戏，还有温暖的人们。你认为下面哪个人物是鲁迅记忆中"最温暖的人"：祖母、阿长、寿镜吾、藤野先生、范爱农？

预设：

1. **祖母**：

"那是一个我的幼时的夏夜，我躺在一株大桂树下的小饭桌上乘凉，祖母摇着芭蕉扇坐在桌旁，给我猜谜，讲故事。"

2. **阿长**：

①《阿长与〈山海经〉》——元旦吃福橘

第二天醒得特别早，一醒，就要坐起来。她却立刻伸出臂膊，一把将我按住。我惊异地看她时，只见她惶急地看着我。

她又有所要求似的，摇着我的肩。我忽而记得了——

“阿妈，恭喜……。”

“恭喜恭喜！大家恭喜！真聪明！恭喜恭喜！”她于是十分欢喜似的，笑将起来，同时将一点冰冷的东西，塞在我的嘴里。我大吃一惊之后，也就忽而记得，这就是所谓福橘，元旦辟头的磨难，总算已经受完，可以下床玩耍去了。

②《阿长与〈山海经〉》——送《山海经》

是她告假回家以后的四五天，她穿着新的蓝布衫回来了，一见面，就将一包书递给我，高兴地说道：

“哥儿，有画儿的‘三哼经’，我给你买来了！”

我似乎遇着了一个霹雳，全体都震悚起来；赶紧去接过来，打开纸包，是四本小小的书，略略一翻，人面的兽，九头的蛇，……果然都在内。

这又使我发生新的敬意了，别人不肯做，或不能做的事，她却能够做成功。她确有伟大的神力。谋害隐鼠的怨恨，从此完全消灭了。

这四本书，乃是我最初得到，最为心爱的宝书。

③《五猖会》——期盼长妈妈营救

母亲，工人，长妈妈即阿长，都无法营救，只默默地静候着我读熟，而且背出来。……

3. **寿镜吾先生：**

三味书屋后面也有一个园，虽然小，但在那里也可以爬上花坛去折蜡梅花，在地上或桂花树上寻蝉蜕。最好的工作是捉了苍蝇喂蚂蚁，静悄悄地没有声音。然而同窗们到园里的太多，太久，可就不行了，先生在书房里便大叫起来：

“人都到那里去了?!”人们便一个一个陆续走回去；一同回去，也不行的。他有一条戒尺，但是不常用，也有罚跪的规则，但也不常用，普通总不过瞪几眼，大声道：

“读书！”

……先生自己也念书。后来，我们的声音便低下去，静下去了，只有他还大声朗读着：

"铁如意，指挥倜傥，一坐皆惊呢～～；金叵罗，颠倒淋漓噫，千杯未醉嗬～～……"

我疑心这是极好的文章，因为读到这里，他总是微笑起来，而且将头仰起，摇着，向后面拗过去，拗过去。

4. **藤野先生：**

①添改讲义

还记得有一回藤野先生将我叫到他的研究室里去，翻出我那讲义上的一个图来，是下臂的血管，指着，向我和蔼的说道：

"你看，你将这条血管移了一点位置了。——自然，这样一移，的确比较的好看些，然而解剖图不是美术，实物是那么样的，我们没法改换它。现在我给你改好了，以后你要全照着黑板上那样的画。"

②临别赠照

到第二学年的终结，我便去寻藤野先生，告诉他我将不学医学，并且离开这仙台。他的脸色仿佛有些悲哀，似乎想说话，但竟没有说。

"我想去学生物学，先生教给我的学问，也还有用的。"其实我并没有决意要学生物学，因为看得他有些凄然，便说了一个慰安他的谎话。

"为医学而教的解剖学之类，怕于生物学也没有什么大帮助。"他叹息说。

将走的前几天，他叫我到他家里去，交给我一张照相，后面写着两个字道："惜别"，还说希望将我的也送他。

5. **范爱农：**

①同看光复的绍兴

忽然是武昌起义，接着是绍兴光复。第二天爱农就上城来，戴着农夫常用的毡帽，那笑容是从来没有见过的。

"老迅，我们今天不喝酒了。我要去看看光复的绍兴。我们同去。"

②劝鲁迅离开是非之地

季茀写信来催我往南京了。爱农也很赞成，但颇凄凉，说：

"这里又是那样，住不得。你快去罢……"

我懂得他无声的话，决计往南京。

鲁迅童年除了喜欢看《山海经》之外，还有很多其他的绘本。童年的阅读兴趣和体验，后来都成了鲁迅文艺创作的重要源头。他设计的北大校徽，至今已经过去100多年了还在沿用，他还设计书籍封面，设计了中华民国的第一个国徽。而长妈妈的《山海经》也许就在无意间打开了鲁迅美育的大门。

三 成长路上的事儿

问题一：从一片天真烂漫心的孩子到一名横眉冷对千夫指的斗士，这中间便是鲁迅的成长之路。成长中不仅有温暖，还有一些别的什么，比如痛，比如苦，比如世态炎凉，比如看客们酒醉似的喝彩。

你认为在鲁迅的成长中，最让他痛心的事是什么？

预设：

1. **家道中落，少年丧父**

鲁迅刚刚12岁，即因祖父深陷科场舞弊案而致家道中落，父亲也病倒了。4年多时间里，少年鲁迅每天出入当铺和药店，“药店的柜台正和我一样高，质铺的是比我高一倍。我从一倍高的柜台外送上衣服或首饰去，在侮蔑里接了钱，再到一样高的柜台上给我久病的父亲去买药。回家之后，又须忙别的事了”。

父亲的病让鲁迅家愈加陷入困境，先后请了两个名医，每次诊金为“巨款”一元四角，且隔日便需看诊一回。鲁迅是个孝子，所以费尽心力寻找稀奇古怪的药引。可父亲的病仍不见起色，在鲁迅15岁时，父亲撒手人寰。家族开会分房，分给鲁迅他们的既差又小，鲁迅拒绝签字遭到叔辈们斥责。可怜鲁迅一面承受着丧父之痛，一面要承担重振家业的责任，一面还要被家族的长辈欺侮。

他痛心的是此时的自己真真见识了人心险恶、世态炎凉。

2. **流言中伤，离开家乡**

衍太太现在是早已经做了祖母，也许竟做了曾祖母了；那时却还年青，只有一个儿子比我大三四岁。她对自己的儿子虽然狠，对别家的孩子却好的，无论闹出什么乱子来，也决不去告诉各人的父母，因此我们就最愿意在她家里或她家的四近玩。

举一个例说罢，冬天，水缸里结了薄冰的时候，我们大清早起一看见，便吃冰。假如她看见我们吃冰，一定和蔼地笑着说："好，再吃一块。我记着，看谁吃的多。"

一回是我已经十多岁了，和几个孩子比赛打旋子，看谁旋得多。她就从旁计着数，说道："好，八十二个了！再旋一个，八十三！好，八十四！……"但正在旋着的阿祥，忽然跌倒了，阿祥的婶母也恰恰走进来。她便接着说道："你看，不是跌了么？不听我的话。我叫你不要旋，不要旋……"

他痛心的是心术不正、伪善和两面三刀的人性。

父亲故去之后，衍太太甚至怂恿鲁迅偷母亲的首饰去变卖。

"也许你没有留心。到大厨的抽屉里，角角落落去寻去，总可以寻出一点珠子这类东西……。"

这些话我听去似乎很异样，便又不到她那里去了，但有时又真想去打开大厨，细细地寻一寻。大约此后不到一月，就听到一种流言，说我已经偷了家里的东西去变卖了，这实在使我觉得有如掉在冷水里。流言的来源，我是明白的，倘是现在，只要有地方发表，我总要骂出流言家的狐狸尾巴来，但那时太年青，一遇流言，便连自己也仿佛觉得真是犯了罪，怕遇见人们的眼睛，怕受到母亲的爱抚。

好。那么，走罢！

但是，那里去呢？S城人的脸早经看熟，如此而已，连心肝也似乎有些了然。

让他心痛的仅仅是衍太太一个人吗？是衍太太代表的S城的那一类人，他们藏着狐狸尾巴，心术不正，传播流言，中伤败坏他人。就是现在，这类人又何尝少呢？

3. 南京求学，汲取知识

①江南水师学堂

无须学费的学校在南京，自然只好往南京去。第一个进去的学校，目下不知道称为什么了，光复以后，似乎有一时称为雷电学堂，很像《封神榜》上"太极阵""混元阵"一类的名目。总之，一进仪凤门，便可以看见它那二十丈高的桅杆和不知多高的烟通。

原先还有一个池，给学生学游泳的，这里面却淹死了两个年幼的学生。当我进去时，早填平了，不但填平，上面还造了一所小小的关帝庙。庙旁是一座焚化字纸的砖炉，炉口上方横写着四个大字道："敬惜字纸"。只可惜那两个淹死鬼失了池子，难讨替代，总在左近徘徊，虽然已有"伏魔大帝关圣帝君"镇压着。办学的人大概是好心肠的，所以每年七月十五，总请一群和尚到雨天操场来放焰口，一个红鼻而胖的大和尚戴上毗卢帽，捏诀，念咒："回资啰，普弥耶吽！唵耶吽！唵！耶！吽!!!"

让他心痛的是对外声称为新的洋务学堂，守的却是旧的内核，学习洋务只是一句空谈，此处仍是旧式教育的泥沼。

②南京矿路学堂

此外还有所谓格致、地学、金石学……都非常新鲜。

……看新书的风气便流行起来，我也知道了中国有一部书叫《天演论》。

……仍然自己不觉得有什么"不对"，一有闲空，就照例地吃侉饼，花生米，辣椒，看《天演论》。

4. 日本留学，弃医从文

①匿名信事件

其次的话，大略是说上年解剖学试验的题目，是藤野先生讲义上做了记号，我预先知道的，所以能有这样的成绩。末尾是匿名。

我这才回忆到前几天的一件事。因为要开同级会，干事便在黑板上写广告，末一句是"请全数到会勿漏为要"，而且在"漏"字旁边加了一个圈。我当时虽然觉到圈得可笑，但是毫不介意，这回才悟出那字也在讥刺我了，犹言我得了教员漏泄出来的题目。

②看电影事件

第二年添教霉菌学，细菌的形状是全用电影来显示的，一段落已完而还没有到下课的时候，便影几片时事的片子，自然都是日本战胜俄国的情形。但偏有中国人夹在里边：给俄国人做侦探，被日本军捕获，要枪毙了，围着看的也是一群中国人；在讲堂里的还有一个我。

"万岁！"他们都拍掌欢呼起来。

这种欢呼，是每看一片都有的，但在我，这一声却特别听得刺耳。此后回到中国来，我看见那些闲看枪毙犯人的人们，他们也何尝不酒醉似的喝彩，——呜呼，无法可想。

他痛心的是中国因国力弱便备受欺凌，痛心中国人的麻木不仁，痛心看客们的冷漠。

正是因了这些恶与痛，才显出善与真的可贵。他后来敢于踏进黑暗，与黑暗斗争到底，都是因为他曾经被温柔以待过。

一个人的阅读史，就是一个人的成长史

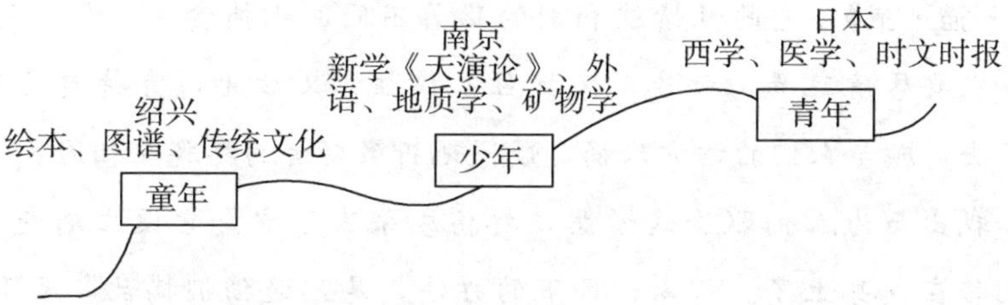

图 3.1 《朝花夕拾》中的读书与成长

总结：即便是在这样痛苦的泥沼中，鲁迅也没有停止对路的追寻，在少年时期，他吃着侉饼就辣椒、花生米，读《天演论》开眼看世界，去日本留学后他研究西学，看时文、时报。一个人的阅读史，其实就是一个人的成长史。

问题二：促成他成长的有外在因素，但最重要的因素是什么？

预设：心灵的追寻，心灵的觉醒，自我的主动追求。

四 成长路上的我

问题一：在这本书里隐藏着两个鲁迅，你发现了没有？

预设：我们在书中看到的是青少年时期的“小鲁迅”，但在这背后藏着的是面对动荡的时局、险恶的人和事，把目光转向了自己精神故乡的“中年鲁迅”。

补充当时的写作背景：

《朝花夕拾》写作于 1926 年前后，从历史背景来看，这段时间是民国以来北洋军阀统治最黑暗的时期。军阀混战次数多，发生了震惊中外的“五卅惨案”和“三一八惨案”。北洋军阀及其“御用文人”指责学生“受人利用，自寻死路”。段祺瑞执政府的黑暗，学术界的鱼龙混杂，“正人君子”之流的卑劣无耻，使鲁迅渴望有一个新环境。

从鲁迅的个人经历来看，此时他已经45岁，这段时间是他一生中心态最复杂、生活最动荡的时期。鲁迅从北京被迫出走厦门，又在厦门大学受排挤辗转到广州，在时代的浪潮中，在痛苦与侮辱中前进。

问题二：纵观整本书，通过梳理助读资料，理解中年鲁迅的反思。

预设：

《狗·猫·鼠》：它的性情就和别的猛兽不同，凡捕食雀、鼠，总不肯一口咬死，定要尽情玩弄，放走，又捉住，捉住，又放走，直待自己玩厌了，这才吃下去，颇与人们的幸灾乐祸，慢慢地折磨弱者的坏脾气相同。

假如我出而为人们驱除这憎恶，打伤或杀害了它，它便立刻变为可怜，那憎恶倒移在我身上了。所以，目下的办法，是凡遇猫们捣乱，至于有人讨厌时，我便站出去，在门口大声叱曰：“嘘！滚！”小小平静，即回书房，这样，就长保着御侮保家的资格。其实这方法，中国的官兵就常在实做的，他们总不肯扫清土匪或扑灭敌人，因为这么一来，就要不被重视，甚至于因失其用处而被裁汰。

反思批判：反思人们同情弱小者和憎恶暴虐者的态度；对当时社会上纵容邪恶，不能除恶务尽的现象进行了鞭挞。

《阿长与山海经》：她教给我的道理还很多，例如说人死了，不该说死掉，必须说“老掉了”；死了人，生了孩子的屋子里，不应该走进去；饭粒落在地上，必须拣起来，最好是吃下去；晒裤子用的竹竿底下，是万不可钻过去的……。此外，现在大抵忘却了，只有元旦的古怪仪式记得最清楚。总之：都是些烦琐之至，至今想起来还觉得非常麻烦的事情。

此后我就更其搜集绘图的书，于是有了石印的《尔雅音图》和《毛诗品物图考》，又有了《点石斋丛画》和《诗画舫》。

我的保姆，长妈妈即阿长，辞了这人世，大概也有了三十年了罢。我终于不知道她的姓名，她的经历；仅知道有一个过继的儿子，她大约是青年守寡的孤孀。

仁厚黑暗的地母呵，愿在你怀里永安她的魂灵！

反思批判：批判传统教育和旧时繁琐的习俗礼节；反思图画书在儿童教育中的影响；对长妈妈的敬重、同情和祝福；追忆生活中那些无名但善良的人的一生，反思我们应该以怎样的方式对待这样的人们。

《二十四孝图》：其中最使我不解，甚至于发生反感的，是“老莱娱亲”和“郭巨埋儿”两件事。……现在想起来，实在很觉得傻气。这是因为现在已经知道了这些老玩意，本来谁也不实行。整饬伦纪的文电是常有的，却很少见绅士赤条条地躺在冰上面，将军跳下汽车去负米。

反思批判：批判封建传统礼教，尤其憎恶愚孝不顾儿童性命、违背世俗人性。

《五猖会》：直到现在，别的完全忘却，不留一点痕迹了，只有背诵《鉴略》这一段，却还分明如昨日事。

我至今一想起，还诧异我的父亲何以要在那时候叫我来背书。

反思批判：反思传统教育和封建礼教，反思社会的教育环境。

《无常》：人是大抵自以为衔些冤抑的；活的“正人君子”们只能骗鸟，若问愚民，他就可以不假思索地回答你：公正的裁判是在阴间！

想到生的乐趣，生固然可以留恋；但想到生的苦趣，无常也不一定是恶客。无论贵贱，无论贫富，其时都是“一双空手见阎王”，有冤的得伸，有罪的就得罚。

反思批判：反思人间的公平公正，讽刺了生活中那些打着“正义”旗号的所谓“正人君子”之流“人格”不如“鬼格”的虚伪、丑恶面目。

《从百草园到三味书屋》：总而言之：我将不能常到百草园了。Ade，我的蟋蟀们！Ade，我的覆盆子们和木莲们！……

书没有读成，画儿的成绩却不少了，最成片段的是《荡寇志》和《西游记》的绣像，都有一大本。后来，因为要钱用，卖给了一个有钱的同窗了。他的父亲是开锡箔店的；听说现在自己已经做了店主，而且快要升到绅士的地位了。这东西早已没有了罢。

反思批判：反思传统的科举教育体制、私塾教育，反思旧教育下的儿童读物是否符合儿童心理，是否有利于儿童发展。

《父亲的病》：中西的思想确乎有一点不同。听说中国的孝子们，一到将要“罪孽深重祸延父母”的时候，就买几斤人参，煎汤灌下去，希望父母多喘几天气，即使半天也好。我的一位教医学的先生却教给我医生的职务道：可医的应该给他医治，不可医的应该给他死得没有痛苦。——但这先生自然是西医。

反思批判：批判传统中医和传统礼俗。

《琐记》：便是空着手，也一定将肘弯撑开，像一只螃蟹，低一班的在后面总不能走出他之前。这一种螃蟹式的名公巨卿，现在都阔别得很久了，前四五年，竟在教育部的破脚躺椅上，发现了这姿势，然而这位老爷却并非雷电学堂出身的，可见螃蟹态度，在中国也颇普遍。

反思批判：批判旧式教育。

《藤野先生》：只有他的照相至今还挂在我北京寓居的东墙上，书桌对面。每当夜间疲倦，正想偷懒时，仰面在灯光中瞥见他黑瘦的面貌，似乎正要说出抑扬顿挫的话来，便使我忽又良心发现，而且增加勇气了，于是点上一枝烟，再继续写些为“正人君子”之流所深恶痛疾的文字。

反思批判：反思国民性；赞扬没有民族偏见的高尚品质；反思永不忘初心的力量源泉。

《范爱农》：我至今不明白他究竟是失足还是自杀。

他死后一无所有，遗下一个幼女和他的夫人。有几个人想集一点钱作他女孩将来的学费的基金，因为一经提议，即有族人来争这笔款的保管权，——其实还没有这笔款，——大家觉得无聊，便无形消散了。

现在不知他唯一的女儿景况如何？倘在上学，中学已该毕业了罢。

反思批判：批判封建社会对正直爱国的知识分子的摧残；反思辛亥革命后社会上的病态心理。

问题二：你认为：中年鲁迅回望旧事时的眼神是________。

预设：1. 温情的，因为那些美好温暖的人们

2. 反思的，因为旧教育、旧民俗、反人性的封建礼教需要革新

3. 冷峻的，因为国民麻木不仁、世间的不公正

4. 痛苦的，因为伪善与丑恶刺痛内心

5. 坚定的，因为当下的路还要更坚定地走下去

问题三：请大家沉静下来，拿出笔来写一写。在横线上填写一组具有相反意思的句子或词语。他看到了________也看到了________。

预设：1. 人性的冷　人性的暖

2. 善良　冷漠

3. 悲凉　希望

（三）学习成果

1. 整本书阅读思维导图

图 3.2　《朝花夕拾》人物形象思维导图

2.《朝花夕拾》读后感

过往的一切都不是假的

鲁迅先生的《朝花夕拾》我曾经深深读过，当时读得云里雾里的，也没有细细赏析，只觉得有些事情还不能弄懂，就像有些事情在年轻时，你是无法弄懂的。时间是最美好的良药，在这时间之下，可以让怯弱者坚强，可以让无知者博学，可以让浅薄者深刻。在时间的洪流流淌之下，我懂的越来越多，这也是由于过往的一切经历。当我们重拾这些经历后，可以发现这些给我们的太多太多，这也是鲁迅先生想要在《朝花夕拾》里面告诉我们的。

当我们在周家祖宅中摸索，到百草园寻找回忆，旁人觉得稀松平常之物都觉得万般稀奇；与形形色色的人去交谈，养一只可爱的老鼠；怨恨自己的奶妈，又被她所感动；发生有趣的故事，又去三味书屋启蒙，读令人不寒而栗的《二十四孝图》；本饶有兴致又在消磨之间变得索然无味的五猖会；被父亲的病所困扰，即便极琐碎之事都能勾起一大片回忆。幼年时刻的琐碎，在成年之时回看，便是能够辨别出顽疾的根源，这就是时间的力量。就是在异国他乡的琐记，文学道路起点后的一方尘土，本无可留恋也无须挂念的地方，都会有一些人值得去怀念，值得去牵挂。自己原来奋斗过的事，现在看起来有些荒诞可笑，倒是自己曾忽略的事情，现在一想便觉别有深意。

原来的事件隔上这么多年，有的模糊不清了，有的却越发清晰，逐渐散发出香气，就像是一坛老酒，人们无法去揣测到底何时会散发出清远的幽香，只能去警醒自己，反思那时到底为何这样。抱负、理想就算被现实击碎也无所谓，可以继续拾起来修补、改进，然后重新跨上。自己所爱的、恨的、麻木的、说不出的，想要借助笔去诉说的，要化为虚无了，变成灰烬了，但又重新拾起来罢。

要去爱啊，记忆中所爱的人、想去做的事，哪怕极微小，都要去弘扬，去歌颂；要去恨啊，封建的毒瘤、待宰的羊羔、麻木地在大行刑架下等待处刑的人，要去呐喊啊，去唤醒他们啊。你们是善良的、美好的生灵，不是生来要被屠戮、被杀害的，不是被瓜分、被肉食的，而是要独立地站在天地之间的啊。爱的东西，就细心呵护吧；恨的东西，就把它打碎吧。

任何人都不是头戴枷锁地出生的，死的时候也不是戴着镣铐被掩埋的，过往的时光如此告诉鲁迅，那么又该鲁迅告诉他人了。鲁迅拾起过往的花瓣，笑中带泪，感叹时光无情，却又开始揣摩起来这些残片，磨出藏在其中的深意，将其磨成利剑，去斩断自己昔日所痛恨的。

花瓣又重拾，过往的一切不是假的，真理仍然藏在自己的脑海里，这是早在父亲不让他去五猖会的那个下午就刻好的，是因不知所措地喊着临终时的父亲时就刻好的，是因麻木如木偶的同学站起来、日本同窗为屠杀高喊万岁而战栗时就刻好的。他将那些花瓣又拾起来了，将它们撒向天空，向人们诉说如何成为人的真理。从那时到现在，已经过去了一百余年，时光却将其光辉打磨得越发璀璨，那么如果他又回到现世，看到现在的中国，看到他毕生追求的道路得到实现，他一定会沉入回忆之中，欣然一笑吧。

（文/魏熙恒）

尖锋下的温柔

《朝花夕拾》是鲁迅笔下少有的温情，是他的唯一一部具有暖色调的回忆性散文集。我曾以为，鲁迅的文字都如钢铁铸的剑，嶙峋而冷峻，带有大的攻击性与力量性。在如此至暗年代，想以笔唤醒在铁屋中沉睡的其他人，他是要呐喊的，故文字风格如此。然而他写《朝花夕拾》的笔法，大多温柔而舒缓，似在含笑地慢慢地喃喃回忆，这才让人发觉，鲁迅不是冷利的只用于战斗的剑，他是活生生的、一个有情感的人。

在先生的其他文章里，他只有恨与爱两种极端感情。仅两面是无法组成立体的人的。在《朝花夕拾》里，鲁迅才完整地展现了他作为人的许多感情，我们才得以看见一个完整的他。

书中有两个鲁迅，一个渴望去沙地看瓜，一个伏在案前抽烟。在此童年里，我可以窥见小鲁迅最本真的情感。他爱粗俗且迷信的长妈妈，她一字不识，只知道许多烦琐麻烦的旧习，这令人不大佩服的阿长，一个连名字都胡诌的下人，却为他带来了“三哼经”。阿长是青年守寡的孤孀，可以说她平生悲哀，但她心底的善念是纯净的，还未污浊，她仍以干净的魂灵去爱别人。鲁迅希望阿长的魂灵安息，更怀以感恩来希望全天下干净纯良的魂灵安息。他同样爱闰土，爱他项上的银圈，爱他月夜下刺猹的少年身影，爱他捕鸟雀与捡贝壳。少时的先生抬眼只能看见四角的天空，闰土却不一样。先生爱的不只是闰土，还有少年时代天真烂漫的孩童，更是有活力的魂灵。在百草园里掘蟋蟀、在三味书屋里玩小画的自己，先生何尝不爱？

先生的挚友与老师，玩伴与保姆，一切一切，都化作尖锐笔锋下的温柔。

可惜的是，先生所有作品都贯彻着时代所带来的伤痛，在属于他自己的回忆录里，也免不了有鲁迅憎恶的人与事，如猥琐自私的衍太太、有意或无意行骗的中医、喜折磨鼠雀的恶猫；免不了要去站在成人的视角，披露童年里丑恶的人性与思想，就如《五猖会》——孩子如新生的小草般，被施以重石压制，扼杀天性；也如《二十四孝图》，扭曲的所谓孝道，把肉麻当有趣。暖色中掺杂不少暗色，这本书的主人公，也不再只是个少年。

不过，也许正因这些寒风，才衬得日光如此热烈。如果没经历过冬天，谁会知道春天的好？谁的童年完美无瑕？也许，过去的美好经历是一种埋在深处的力量，让鲁迅先生牢记一生、感恩一生，带给他以渺小的笔尖去刺破乌云的意志，在深夜里继续提笔写下去。

（文/郑泽宇）

这仿佛就是个普普通通的我爱的先生罢

我小学一直以为他是个极其恐怖的先生，因为我总被要求背他的文章，什么金黄的圆月、鹌鸪蓝背啊，倘若不是读《朝花夕拾》，我可能也该忘干净了。

迅哥儿时喜欢看戏，社戏啊五猖会啊这些，都是他书上写的。我也一样，小时候不会打字，家里的笔记本无论是开机还是使用都如闰土捕鸟般手到擒来，但却败在了打字上。我望着那黑色的键盘心想，这明明是中国，怎么会有外国字呢？为什么一个个英文字母敲着敲着就能调出我最喜欢的动画片了呢？这些疑惑暂且不说，我小时候最怕的就是被检查作业。迅哥写好了就能跟着七大姑八大姨去看五猖会，我便得看着父亲那个令人战栗的黑脸上的皱纹舒展了之后，才能让他给我把最喜欢的动画片调好，这使我记忆犹新。

迅哥像是我的一个知音般，虽然我们处于不同的时代，但我竟出人意料地与他有着一部分相似的经历。只是他那个时代令人无奈和悲伤的东西太多太多，以至于每个人的心都在滴血。迅哥便把这些滴血麻木的人的血放到实验室，告诉大家：

“这是什么？”

“那还能是啥，人血呗。”

“也未必是。”

迅哥生活的年代，是一个灰色的年代，是一个从黑白到彩色的年代，在那个时代，总需要有一个人站出来，把他手里仅有的颜料泼洒出来。鲁迅先生泼洒的，是血的红，却不是鲜红，有点黯淡，仿佛是脓血般，这仿佛就是当时的整个社会，肮脏而血腥。这个人直白而委婉地给那些朦胧的人一声呼喊，让他们醒来；给醒来的人一句提示，让他们进入思考。这便是一个老师，这个老师便不再是让我背他的文章的害怕的人，而是一个呕心沥血的领风者。

（文/陈孟隆）

温暖中交织着理性

初读《朝花夕拾》之时，满眼只见鲁迅小时候的各种生活景象，其中的“百草园”“五猖会”让我感觉十分向往，长妈妈对鲁迅的呵护、藤野先生对鲁迅的帮助也让人觉得非常温暖。可现在看来，《朝花夕拾》中不只有鲁迅温馨的童年回忆，更多的是对当时社会的理性批判，而这些批判都隐藏在鲁迅早期的经历上，反映了发生在当时多数中国人身上的事，具有时代意义。

《朝花夕拾》与一般的回忆录不一样，不仅是因为其暗含的时代意义，还因为它不是个人生活的编年史，而是作者从生活回忆中选取了几个有意义的片段组成一组各自独立又有连续性的系列散文。鲁迅的人生阅历十分丰富，即便只是青少年时期，也有说不完的事可以写，但他却只选取了其中的10件，所以这10篇散文都具有极高的思想意义与极大的代表性。

在这10篇散文之中，有一些是单纯地叙事或写人，表达他对亲友和师长的崇敬、怀念之情，比如《阿长与〈山海经〉》和《藤野先生》（除其中讽刺留学生的内容外）；也有一些具有强烈的反封建思想，批判封建教育、封建道德、封建顽固派，如《二十四孝图》揭露了封建孝道的虚伪、丑恶和残忍，《从百草园到三味书屋》和《五猖会》鞭挞了封建的教育制度、教育内容、教育方法对儿童活泼可爱的天性的束缚、压制和摧残，《无常》采用讽刺笔法揭露了人间没有公正的裁判、嘲讽了那些打着“公理”“正义”旗号的“正人君子”，《父亲的病》有力地痛斥了那些勒索钱财、草菅人命的庸医。鲁迅先生以炽烈的感情和浓重的笔墨，展现了那个时代的各个侧面。他运用讽刺手法，将当时社会的封建思想与思想被荼毒的人赤裸裸地呈现在读者面前，进行了深入的批判。

今天再看这些文章，我仍能感到鲁迅对衍太太与所谓“正人君子”的那种憎恶，仍能体会到鲁迅对种种封建制度的批判，仍能感到鲁迅对麻木的中国人的无奈与同情。《朝花夕拾》使我更加真实地体会到鲁迅的理智与其忧国忧民的伟大情怀，它让我看见一位伟大革命家以笔代戎，在黑暗中振臂高呼的崇高形象。

鲁迅以其特有的平静与理智陈述他早期经历的事件，其中有温情、有悔恨、有痛恨、有斥责。他赞扬那些善良的人，讽刺社会上一切封建的思想、制度。读朝花夕拾《朝花夕拾》，就像在与鲁迅先生对话，聆听他温馨的回忆，感受他理性的思想。

（文/董禹泽）

第二节　项目式阅读

——以神魔小说《西游记》为例

一、整本书概要

（一）作家简介

今百回本《西游记》最后的写定者是谁，尚无定论。现存最早的明刊本《西游记》无作者署名，金陵世德堂本署“华阳洞天主人校”，这让《西游记》的作者是谁变得更扑朔迷离。清朝初年流行的说法是丘处机所作，但对此说法亦有争议。20世纪20年代，经鲁迅、胡适等人认定，其作者为吴承恩，此说法似乎已成定论。

吴承恩（约1500～1582），字汝忠，号射阳居士，淮安山阳人。相传他的祖上“两任相继为学官”，虽家道中落，他父亲弃儒从商，但吴家仍可算书香门第，家中藏书丰富。受家庭氛围影响，吴承恩自幼敏慧过人，博览群书，尤喜爱神话故事，成年后多次参加科举考试，却屡遭挫折，仕途困顿，不得提拔。后虽做过县丞，但他因公事得罪权贵，被诬罢官。他晚年闭门著述，终老于家。

卓越的才华让吴承恩有了远大的人生志向，他一直想有机会报效国家，实现自己的人生抱负。据《天启淮安府志》记载，他“性敏而多慧，博极群书，为诗文下笔立成，清雅流丽，有秦少游之风”。但是屡次科举落第给了他极大的打击，黑暗的社会现实让他变得愤世嫉俗，于是他把所有的才华和情感，都投入《西游记》的创作中。

（二）作品介绍

《西游记》的成书过程是将历史的真实不断神化、幻化的结果。

自佛教传入中国以来，就有一些高僧为求佛法远赴古印度。唐代高僧玄奘取经成功返回长安后，根据自身经历另著有《大唐西域记》《大慈恩寺三藏法师传》。为宣扬佛教，书中添加了些神异的色彩和离奇的故事。北宋年间，说书人的话本《大唐三藏取经诗话》大致勾勒了《西游记》的基本框架，并将取经的历史故事文学化。师徒四人取经的故事到元代渐趋成形。约在元末明初，便已经有一部故事性比较完整的《西游记》问世，这为后来吴承恩创作百回本长篇小说打下了基础。

《西游记》取材于玄奘取经的故事，全书共一百回，主要讲述的是孙悟空、猪八戒、沙和尚保护唐僧去西天取经。结构上，全书泾渭分明，大致由孙悟空大闹天宫、唐三藏取经缘由、西天取经成正果三大部分组成。三部分既是一个艺术整体，又具有相对的独立性，每一部分由相对独立的若干小故事组成。明了的结构让读者在阅读前很容易地对全书产生清晰的认知，有效地提升了阅读期待。

《西游记》的思想主题历来仁者见仁，概括而言，主要有以下3种：

反叛说。这一说法主要立足于孙悟空学艺归来后大闹龙宫、天庭的情节。孙悟空嫉恶如仇、遇不平则鸣，有着快意恩仇的江湖侠气，深受读者喜爱。尤其是孙悟空说出了“皇帝轮流做，今年到我家”的话语，实则是作者借孙悟空之口道出了封建社会底层人民的心声，不可谓不大胆，这也是此书在封建社会被禁的原因之一。

讽刺说。文艺作品作为观念形态的产物，不可否认也是社会生活在人脑中的映像，小说中塑造的孙悟空、八戒、玉皇大帝、神仙妖魔的形象，以及闹天宫、闯地府、三打白骨精等情节在现实生活中是不可能存在的，但这些内容的产生离不开作者现实的生活体验。书中描绘的等级森严的天庭地府，骇人听闻的俗世见闻，吃人不眨眼的妖魔鬼怪……其实都是对作者所生活时代的折射和讽刺。

励志说。这一说法主要是基于取经队伍在西行路上永不放弃，克服重重艰险而言。取经之路十万八千里，徒弟们不能腾云驾雾、背行挪移，只能一步步前行，何况处处有豺狼虎豹、妖魔鬼怪及魑魅魍魉当道，取经队伍的成功所产生的强大精神动力一直鼓舞着身处逆境中的人们。

作为古典神魔小说的扛鼎之作，《西游记》充满了浓郁的浪漫主义气息。作者借用超常的想象、极度的夸张，突破时空，突破神、人、物的界限，塑造了一个光怪陆离、波澜壮阔、亦真亦幻的境界。小说中各色神佛、妖魔鬼怪凭着奇幻的法宝和本领展开正与邪的搏斗、智与愚的角逐，如“三打白骨精”“三借芭蕉扇”“真假美猴王”等，这个充满奇幻奇趣的神魔世界令人心神飞扬的同时，又处处折射出现实的影子。奢靡享乐、富丽堂皇但等级森严的天庭就像人间的朝廷；西行路上昏庸无能、宠信妖精的皇帝们在其位不谋其政；取经路上的妖魔贪婪凶残、阴险狡诈，正如社会中的黑恶势力。就连如来佛前的阿傩、迦叶也熟谙人间规则，收了好处才传经。奇幻的文字之下，处处流露真实的“人情世故”，铁扇公主也会有失子之痛，狮驼岭三怪也讲兄弟情义。浪漫、写实，极真、极幻交织在一起，让本书意蕴无限，呈现出奇幻的美感。

（三）相关评论

动物世界、儿童的游戏性、天真的童心与非逻辑的想象，这一切形成了弥散在《西游记》中的童话的氛围。也正是在这样一种气氛中，孙悟空才得以左右逢源、如鱼得水，充分自由地发展他传奇性的英雄性格与特征，并且将他性格形象的精神内涵推向了最完美的高度。

——林庚

我少年时读之，老年也读之，越读越觉得有味道，真是百读不厌，我把它看成一部人生教科书……它给人以大眼光、大境界、大省悟、大触动。

——贾植芳

二、作品特质

从文体角度而言，《西游记》可称为长篇章回体神魔小说。长篇，是就其篇幅而言，86 万余字的篇幅，大大拓展了小说表现的广度和深度。

章回体，是中国古典小说经常采用的一种文本建构形式，其特点是将全书分为若干章节，每章节前用单句或对偶的文字做标题，称为“回目”，回目高度概括了小说相应部分的内容。《西游记》的回目以 7 字对偶句为多，如第五回“乱蟠桃大圣偷丹　反天宫诸神捉怪”，也偶有 5 字和 8 字的情况出现，如第二十三回“三藏不忘本　四圣试禅心”、第二十五回“镇元仙赶捉取经僧　孙行者大闹五庄观”等。

章回体的形式使读者阅读回目便能相对清晰地了解书目的结构布局、章节内容及章节之间的逻辑关系，从而了解全书面貌，非常有利于快速阅读。《西游记》每一回基本上以一件事为中心进行叙述，有时也用多回叙述同一件事，如第八到第十二回讲的是取经缘由、第十六到十八回讲的是“观音院丢袈裟”。参照回目，读者可快速选定篇目，展开阅读。

神魔，是就其主题内容而言。明代后期，小说创作领域兴起了创作神怪小说的热潮，这类小说多融合儒释道思想，吸取古代神话、六朝志怪、唐传奇、宋元话本等传统文化的因子，同时又加入神仙、妖术、灵异及民间故事等。《西游记》是其中的代表作品，内容趣味性十足、极富想象力，被鲁迅先生称为“神魔小说”。

《西游记》能够在众多的同类小说中脱颖而出，并且具有强大且持久的生命力，究其原因，其文本有着异于流俗的特质。这种特质突出表现在整体寓意深刻、长于塑造人物和语言表达诙谐幽默等 3 个方面。

（一）整体寓意深刻

《西游记》是神魔小说，它既不直接叙写现实生活，也不像玄幻作品一般虚无缥缈，在亦真亦幻的境界中，《西游记》整体上有着深刻的寓意。整部西游记从“心”的角度来看，其寓意便是“修心”，师徒四人经历九九八十一难正是战胜心魔、寻回本心的过程。

这种寓意的传达主要是通过孙悟空这一典型形象来实现的。孙悟空在《西游记》目录中常被作者称为“心猿”。这一称呼在目录中出现了 17 次之多，在一些诗赞中也比较明确地流露了出来。

“心猿”源自佛经。在佛经中，“心”是精神现象的总称，而“心”在佛学上有真妄之别。“心猿”之“心”显然是指“妄心”。佛家把“心猿”视为入定修道的障碍。现代成语里有“心猿意马”一词，说的就是心神浮躁、难以平静。“心猿”在书中以心喻猿，实则以猿喻心，比喻心迷失后的状态，心神散乱，把握不定，上蹿下跳，肆意攀援，变化多端。从某种角度上说，西天取经的过程就是孙悟空的成长之路、修心之旅。

以孙悟空的形象演变为线索，《西游记》全书在结构上也可以分为 3 部分，分别是悟空学艺后大闹龙宫天庭、被压五行山下反省、西行取经终成正果。这 3 部分正好对应着放任心性、平定心性、修养心性 3 个过程，也暗喻人对自我的追寻过程。仅凭心性去做事，追求绝对的自由，无论主观还是客观，必然会在现实遭遇坎坷磨难。孙悟空天生自由，拒绝被规则束缚，不服玉皇大帝，不服阎王老子，唯我独尊是他心底的骄傲。挑战天庭秩序失败，大闹天宫之后被压五行山五百年便是孙悟空心性的平定和反思过程。取经路上的九九八十一难，看似每难之间没有必然的关联，也没有太大的内在逻辑性，重复的、多样的“难”的出现，其实隐喻着修心过程中遇到的种种障碍，也就是说修心是一个循序渐进的过程，不能一蹴而就。正如第十三回中三藏所言“心生，种种魔生；心灭，种种魔灭”，要取得真经，修成真佛，首先在心，要消除心魔，才能获得新生。唐僧给孙悟空戴的紧箍儿，是一种约束，更是一种象征，象征着外在力量对人心的制约和束缚。孙悟空正是在观音菩萨和唐僧的教化下，由最初的无法无天、为所欲为，变得能对自己的行为进行有效控制，肩负取经使命，惩恶扬善，逐渐成熟。孙悟空最后被如来封为“斗战胜佛”后，紧箍儿自动脱落，意味着外在的束缚已经转化为内在的个人自律，孙悟空完成了心性与意志的超越，实现了如获新生的转变。

《西游记》整体层面上“修心”的寓意使得这部小说有别于其他同类型的作品，在游戏笔触中塑造了一个有理想追求、有个性的英雄形象，这一形象也会促使有心的读者去关注自己的生存状态，反思自己的人生走向，让万千读者受益终身。

（二）长于塑造人物

《西游记》不仅有较深刻的思想内容，艺术上也取得了很高的成就。它以丰富奇特的艺术想象、生动曲折的故事情节、栩栩如生的人物形象，幽默诙谐的语言，构筑了一座独具特色的《西游记》艺术宫殿。书中将各类神仙道士、妖魔鬼怪刻画得栩栩如生，个性鲜明，极具特色。在作者所塑造的众多有血有肉的艺术形象中，尤以孙悟空和猪八戒这两个形象最为光彩夺目。

书中孙悟空的形象最受人喜爱。他有着强烈的反对束缚、尊重自我、向往自由的个性精神。西天取经，是他坚忍不拔地追求理想的象征。为了实现这一理想，他翻山越岭，降妖除怪，吃尽千辛万苦，不考虑个人得失，甚至遭人误解时也无怨无悔，如“三打白骨精”“真假美猴王”片段。这种为理想而献身的精神，足以让人动容。此外，其英勇奋战、大智大勇的英雄精神也深深地感染着读者。在孙悟空眼里，没有过不去的坎，没有镇不住的妖，凭着他的顽强拼搏，每次遇难都能化险为夷。战斗中，他不但斗法，还善于斗智。孙悟空的形象内蕴使作品在相当程度上体现了对自由的强烈追求和对自我价值的强烈肯定，深受读者喜爱。

与孙悟空不同，八戒虽然出身高贵，但其貌丑陋，具有浓厚的人情味。他食肠如壑，本性憨厚，在高老庄干活也算勤快，扫地通沟，插秧种麦，创家立业；战斗中他勇敢而上，他是孙悟空取经路上的得力助手。但八戒身上也有体现普通人性情的一面：他不忘世俗的享受，贪吃、贪睡、贪色，偷懒散漫，贪图安逸，偶尔会耍小聪明，对取经事业缺乏坚定性，遇到困难先想到“分行李”“散伙回高老庄”，展现出普通人自私、狭隘的一面。他的形象更真实，更贴近现实生活，是个实实在在、具有人情味的“普通人”。

唐三藏作为取经团队领导人，崇信佛法，严守戒律，内心坚定，对财物、美色及权势从未动心。四圣试禅心、女儿国逼婚、木仙庵谈诗等都展现出他高贵的品格。他宅心仁厚、心地善良，但有时人妖不辨，善恶不分，听信谗言。

沙僧身上有勤劳、善良、淳朴、忠诚等传统美德，是西天取经过程中不可或缺的一人。他勇挑重担、默默无闻，保证了取经任务的顺利进行。

此外，书中形形色色的神仙、佛祖、妖魔、鬼怪也各具特色，如法力高强、权力无限的如来佛祖，大慈大悲、心存仁爱的观音菩萨，性情随和、与世无争的太上老君，讲义气、重情义的二郎真君，武艺高超、胆大妄为的红孩儿，擅长伪装、阴险狡诈的白骨精，等等。

《西游记》中形形色色的人物形象均具有其独特性，这些人物兼具动物性、人性与神性，真真假假，难以分辨。第七十二回，盘丝洞的七个蜘蛛精，由动物修炼而成，就有了神性；但腰眼中依然冒出丝线来阻挡敌人，保持了蜘蛛吐丝的习性。同时，她们与黄花观的蜈蚣精同堂学艺，有着兄妹之情，蜈蚣精也肯为她们打抱不平，妖精身上也有人情味，不乏人性。孙悟空虽然神通广大，但“红屁股”“猴尾巴”却总能成为其破绽；八戒体态臃肿，他变化时便不能变成小巧玲珑之物；小白龙变为白马后，亦不敢轻易撒尿，依然有着龙的本性；正如鲁迅先生所评“神魔皆有人情，精魅亦通世故”。

（三）语言表达诙谐幽默

《西游记》的文学语言很有特色，一方面，作者善于汲取民间说唱和方言口语的精华。“他就一骨鲁跳起。”（第十六回）“八戒正行，忽然打个跳踵，得故子把行者往前一掼，扑的跌了一跤。”（第四十九回）“师父莫要这等脓包，行么！”（孙悟空对唐僧语，第十五回）这样的语言简洁明快、生动俏皮，犹如说书人在讲话，具体形象，增加了小说的口语化色彩。除此之外，大量歇后语、谚语、惯用语等俗语的应用，也是其语言的一大特色。例如：“一客不犯二主。”“走三家不如坐一家。”（孙悟空对东海龙王语，第三回）“好借好还，再借不难。”（孙悟空对广目天王语，第十六回）“俗语说得好：‘曾着卖糖君子哄，到今不信口甜人。’”（猪八戒对蜘蛛精语，第七十二回）这些短小句式，蕴含着老百姓的生活经验和智慧，精练俏皮，幽默生动，贴近市井生活，极大增加了小说的生活气息，因而也更便于传播。在这种语言风格影响下，《西游记》即使是在双方激战、你死我活的打斗时刻，作者往往也会添加一些喜剧元素，使作品始终浸润在幽默诙谐的格调当中，让人忍俊不禁，能够轻松阅读。取经路上，孙悟空经常调侃八戒，嫌弃他长得丑，八戒回答道“粗柳簸箕细柳斗，世上谁见男儿丑”“丑便丑，奈看”，让人轻松一笑，觉得八戒可爱至极；当师父在狮驼岭受困，孙悟空向如来哭诉时，如来说“那妖精我认得他”，孙悟空提到“如来！我听人讲说，那妖精与你有亲哩！”，当如来讲述妖精来历之后，孙悟空道：“你还是妖精的外甥哩！”口语的色彩、说笑的语气调节了阅读气氛，增加了小说的趣味性。“游戏笔墨”“寓庄于谐”

的手法在小说中得到了淋漓尽致的发挥。

阅读《西游记》时，在综合运用基本阅读策略外，基于文本的特质，特别建议突出以下阅读策略——项目式。

三、典型阅读策略——项目式

（一）理论基础

项目式学习肇始于 20 世纪初威廉·赫德·克伯屈所倡导的设计教学法。作为项目式学习的前身，设计教学法立足学习者的兴趣与需要，设计有目的的活动，并以此作为衡量学习是否有效的依据。项目式学习与陶行知的“教学做合一”的教学主张有异曲同工之处。学习者在“做中学”“学中做”，基于已有的经验和知识，根据自身兴趣和需要，主动建构知识，通过亲身实践来解决实际问题，实现成长，这是项目式学习要旨所在。

（二）课标依据及策略诠释

基于核心素养下的项目式学习是一种建构性的教与学方式，教师将学生的学习任务项目化，指导学生基于真实情境提出问题进行探究，学生在主动参与的过程中逐渐建构知识网，掌握必备技能，实现核心素养。项目式学习不但能够帮助学习者在真实的学习情境中习得解决问题的能力，而且能涵养学习者自主探索知识、建构新知识的素养，实现知识观和学习观的全新建构。这一点也与核心素养的价值追求遥相呼应。《义务教育课程方案（2022 版）》明确提出“探索大单元教学，积极开展主题化、项目式学习等综合性教学活动，促进学生举一反三、融会贯通，加强知识间的内在关联，促进知识结构化”。

基于项目式学习的整本书阅读指导，借鉴项目化学习的设计要素，将项目化学习的系统设计思维运用于整本书阅读，为整本书阅读的实施和指导提供了崭新的打开方式。它遵循整本书阅读“整”的特点，围绕一定的驱动型问题，组织有效的阅读活动，有规划、有组织、有评价地使学生掌握整本书阅读的方法，让阅读结构化、体系化，更好地借助整本书阅读促进学生语文能力的提升。

（三）教学应用

结合《西游记》的作品特点和学情分析来看，《西游记》整本书阅读的项目式学习需要前置条件。因为《西游记》篇幅较长，语言略显艰涩难懂，初中生受限于阅读量和阅读水平，阅读时需要教师给予一定的方法策略指导，化繁为简，以保持阅读兴趣，保证阅读效果。

那么如何搭建好这一前提呢？跳读与精读并用是很好的实施策略。

跳读就是“主动地舍弃，有意地忽略，以求更高的效率”。学生根据所熟悉的内容，利用目录查找自己熟悉的片段，之后再仔细阅读原文，看自己的理解是否和原文相符，完成这一步，就能够获得很大的阅读成就感，进而坚定阅读完整本书的信心。

学生也可以以叙事脉络为线索进行跳读。小说大都是以事件的发生、发展来构建结构情节的，《西游记》也不例外。理清某一个回目或某几个回目的叙事脉络，有助于开展速读，把握文本内容。以第二十七回“尸魔三戏唐三藏　圣僧恨逐美猴王”为例，呈现两种思路：

思路一：题目扩展法。每回目的标题高度概括了本回目的内容，可以利用问题引领式的方法来扩展题目，快速理清叙事脉络。以“谁？在什么情况下？做了什么事？结果如何？”为线索串联起来标题，回目的叙事脉络便清晰可见了。

思路二：六要素串联法。将时间、地点、人物，事件的起因、经过、结果串联成一句完整的话，第二十七回主要内容就是：师徒四人途径一座高山，白骨夫人想吃唐僧肉以求长生不老，便分别幻化成年轻女子、老妇人、老公公来迷惑唐僧，均被慧眼识妖的孙悟空一眼识破并在第三次相遇时将其打死，可惜肉眼凡胎的唐僧误认为孙悟空草菅人命就将其赶走。

上述两种方法围绕回目内容侧重于跳读指导，以情节和人物为抓手则侧重于精读。精读伴随着精思，是一种精耕细作式的读书方式，需要读者边读边思考，因而精读往往收获更多。

杜贵晨先生在研究中国古代小说时提出了著名的“三复情节”概念。要经过三次重复才能完成的情节，其特点是：同一施动人向同一对象做三次重复的动作，取得预期效果；每一次重复都是对情节的推进，从而整个过程表现为起一中一结的形态，较为著名的有“刘玄德三顾茅庐”“宋公明三打祝家庄”“孙行者三调芭蕉扇”等。

“三复”情节于《西游记》而言，最为明显的当属“孙行者三调芭蕉扇”。三调芭蕉扇，一次比一次精彩，一次比一次活动范围广、参与人数多。人物行为通过“三次”行动才能取得理想效果，既增加了事件的难度，使故事一波三折，跌宕起伏，又有利于充分展示人物性格，符合读者的阅读期待。当然，《西游记》一书中的“三复情节”不仅限于此，很多时候，创作者淡化了数字痕迹，不在回目显示，如广为熟知的“三打白骨精”片段，原文中没有明确标注，但是阅读原文会发现，作者设计了白骨夫人“三戏”唐三藏、孙行者“三打”白骨精、唐三藏“三逐”美猴王等多处情节，制造了三层悬念、三次危机，层层推进，步步深入，一而再、再而三地将读者的阅读期待拉到高点时，适时呈现高潮和结局，达到最佳的艺术效果。小说中还有“三复情节”结构不清晰但确实存在的片段，比如“大闹天宫”“大战红孩儿”。三复情节在《西游记》中不同方式的运用，使文章结构清晰，叙事张弛有度，人物形象丰富，体现了“美的比例、尺度和节奏，合乎中国人的审美心理和习惯”，为指导学生阅读《西游记》提供了一种可参考的叙事模式。

学生梳理了小说的基本内容，对作品的人物、情节、主题等有自己初步的感受和思考后，创设真实的驱动问题就是引导学生深度阅读的重要环节。下面就以“取经路上，孙悟空为什么看似越来越弱了”这一问题为例，分析这一方法在阅读实际中的应用。

需要明确的是，此处的“弱”是针对孙悟空的战斗力而言。大闹天宫的时候，孙悟空挥动着金箍棒，勇敢无畏，睥睨一切。但是西天取经的路上，孙悟空的杀敌能力好像有所下降了，他时常会被妖怪的法宝所困住，遇到困境时，更多时候是找神仙求助或搬救兵。例如，在黄风岭遇到黄风怪，最终靠灵吉菩萨的定风丹方才取胜；偷吃人参果，需要观音菩萨来救活人参树；大战红孩儿时，求助于观音菩萨；车迟国斗法时，天上的雷神风神、龙王都在暗中相助；三借芭蕉扇时，哪吒三太子等人均施以援手。随着西行的路途渐远，孙悟空大闹天宫时“来之即战，战无不胜”的形象也渐行渐远了。

立足文本寓意并对比前后情节可以发现，孙悟空的“弱”其实是其成长的体现。一个人成长的外在表现绝不是越来越张扬、越来越强大，反而是内心越来越成熟与稳重。孙悟空的变“弱”从两个方面体现了他的成长：

第一，斗勇的更高一级是斗智。

《孙子兵法》有言：上兵伐谋。西行路上经历种种磨难，孙悟空越来越明白一个道理：解决问题不可只凭蛮力，拥有智慧才能让自己少吃点苦头，也更方便了解敌人，化解困境。孙悟空的斗智最容易让人想到战斗中他变成妖怪的亲信去打探消息，或者变作小虫钻到对方肚子里去捣乱，这些小计谋让妖怪在真真假假、虚虚实实之间防不胜防。不仅如此，孙悟空的斗智还表现在他学会了隐忍、克制自己的情绪，不再意气用事。第三十四回中，孙悟空和金角、银角相斗的时候，扮作小妖去请“老母亲”九尾狐狸，要赢得老妖信任，就必须磕头，这让孙悟空犯了难。孙悟空生性高傲，主动跪拜过的只有四个人，分别是他的授业恩师菩提祖师、如来、观音和唐僧，除此之外，即便见了玉帝，孙悟空顶多唱个“喏”，是不会跪拜的。“见三清，称个‘老’；逢四帝，道声‘陛下’。”可见孙悟空把跪拜的气节看得比生命还重。可危难时刻为了救出唐僧，他还是委曲求全向老妖婆磕了头，丝毫不顾及自己的高傲，至诚之心，可敬可叹。孙悟空能屈能伸、隐忍克制，这也是他善用策略、以智慧取胜的一种体现。

孙悟空的“斗智”一方面是对经验的总结，另一方面也是因为妖怪想吃唐僧的方法也在趋于智斗。如在狮驼岭，妖怪畏惧唐僧的三位徒弟就假装放行让他经过，却在狮驼国设下诡计将他掳去，让读者也为师徒几个捏了一把汗。试想，如果孙悟空没有为师父报仇的决心，如果孙悟空没有克制住自己而直接正面攻进妖精府第，或许八戒的“叨叨”就成真了，唐僧也许真的会被妖怪吃掉。因此，孙悟空战斗时趋于斗智，也是对手逼迫使然。

第二，孙悟空认识到了人际关系的重要性。

大闹天宫之时孙悟空唯我独尊、不平则鸣，形象十分鲜明。那个时候东海龙王和他是近邻，孙悟空去东海龙王处“借”兵器，可谓理直气壮，“借”了兵器“借”衣服，只是有借无还而已。在取经路上，孙悟空意识到自己本领再大，也分身乏术，正所谓“孤掌难鸣”，想要取经顺利进行，就必须处理好人际关系。

悟空师兄弟之间的内部矛盾在经历宝象国之后基本都解决了。此时的悟空对各路神仙也报以友好的态度，因为西行路上充满了未知数，说不定什么时候就需要求人相助。这一点在第八十到八十三回无底洞片段中表现得最为明显。孙悟空第三次进入无底洞时，发现妖精的洞府里供养着一个牌子，写着“尊父李天王位”“尊兄哪吒三太子位”时满心欢喜，孙悟空不再考虑交战事宜，而是收了兵器，抱着牌子和香炉直接跑到天庭告御状去了。最终，金鼻白毛老鼠精在三太子和李天王的协助下，轻而易举地被制伏，孙悟空可谓省下力气还卖了人情。

经过探究可以发现，孙悟空的变弱其实是他对自己再认识的一个过程，是他做事趋于稳重，并注重培养人际关系的表现。争强好胜的孙悟空学会了示“弱”，读者也能从中明白“人人有个灵山塔，好向灵山塔下修”这一偈语的深意。

四、案例展示

（一）整本书阅读规划表

表 3.2　《西游记》阅读规划表

<table>
<tr><th colspan="4">《西游记》阅读规划</th></tr>
<tr><th colspan="4">姓名：　　　　预计阅读周期：四周　　　　实际完成时间：</th></tr>
<tr><th>时间规划</th><th>阅读内容</th><th>阅读方法</th><th>经典情节</th></tr>
<tr><td>第一周</td><td>第一回至第二十二回</td><td rowspan="2">跳读、精读相结合</td><td>灵猴出世、石猴拜师、闯龙宫闹地府、官封弼马温、大闹天宫、困囚五行山、大闹黑风山、计收猪八戒、大战流沙河</td></tr>
<tr><td>第二周</td><td>第二十三回至第五十回</td><td>四圣试禅心、偷吃人参果、三打白骨精、双战黄袍怪、夺宝莲花洞、除妖乌鸡国、大战红孩儿、车迟国斗法、鱼篮收鱼精</td></tr>
<tr><td>第三周</td><td>第五十一回至第七十五回</td><td rowspan="2">跳读、精读相结合</td><td>大闹金兜洞、趣经女儿国、真假美猴王、三借芭蕉扇、误入小雷音、计盗紫金铃、盘丝洞斗妖</td></tr>
<tr><td>第四周</td><td>第七十六回至第一百回</td><td>凤仙郡求雨、艺传玉华州、天竺收玉兔、救难小儿国、波生极乐天、第八十一难</td></tr>
</table>

（二）整本书阅读教学设计案例

以身入项　深度挖掘

——《西游记》整本书阅读教学设计

【项目目标】

精读《西游记》经典篇目“三调芭蕉扇”，在阅读和实践中，感悟孙悟空的人物形象及成长变化，深入理解《西游记》主题，完成艺术节戏剧微电影改编。

【入项准备】

学生需要在入项前通读全书，初步了解《西游记》的故事脉络、重要情节以及人物关系。精读第五十九回至第六十一回故事情节。基于七年级学情，入项前的通读过程中，学生需要借助阅读任务单，形成自己的个性化解读。

阅读任务单是根据教材提供的精读与跳读结合的策略，结合每章节的内容、主题等要素，按照具体章节设计阅读任务，以此来推动学生专注文本细读，进入深度阅读状态。

表 3.3　“三调芭蕉扇”阅读任务单

“三调芭蕉扇”阅读任务单	
第五十九回精读示例	阅读随笔
①精读“一调芭蕉扇”，用四字短语概括情节。	
②孙悟空对待罗刹女的态度和之前的妖怪有何不同？为什么？	

【学习过程】

一　入项——子任务群

学校的艺术节即将来临啦！这将会是一场视觉盛宴。每个班级都在集思广益，想要在艺术节上展现风采。××班将要翻拍《西游记》的经典桥段——“三调芭蕉扇”，将其改编成一部戏剧微电影。主创团队邀请同学们共同打造一部“校园大片”。

任务一　自主导学：研读剧本，梳理情节

一位好的演员，首先要理解剧本，把握好剧情，才能走近角色。请通过跳读剧本，明确故事的主线。

表 3.4　**“三调芭蕉扇”剧本**

章回	简要剧情	故事场景
第五十九回 孙行者一调芭蕉扇		
第六十回 孙行者二调芭蕉扇		
第六十一回 孙行者三调芭蕉扇		

任务二　自主探究：海选演员，各展风采

作为演员，声台行表须样样精通。今天将通过现场试镜，确定最终的出演人员。请大家分角色进行台词表演。试镜结束，由现场大众评审针对演员表演进行点评。

活动 1：根据台词提示，演员们揣摩角色心理，用适当的方式进行演绎，要求能充分展现人物的性格特点或者心理状态。

台词片段 1：

罗刹：“孙悟空何在？”

孙行者（躬身施礼）：“嫂嫂，老孙在此奉揖。”

罗刹：“谁是你的嫂嫂！那个要你奉揖！”

孙行者：“尊府牛魔王，当初曾与老孙结义，乃七兄弟之亲。今闻公主是牛大哥令正，安得不以嫂嫂称之！”

罗刹：“你这泼猴！既有兄弟之亲，如何坑陷我子？”

孙行者：“令郎是谁？”

罗刹：“我儿是号山枯松涧火云洞圣婴大王红孩儿，被你倾了。我们正没

处寻你报仇，你今上门纳命，我肯饶你！”

台词片段2：

罗刹：“你这个巧嘴的泼猴！我那儿虽不伤命，再怎生得到我的跟前，几时能见一面？”

孙行者：“嫂嫂要见令郎，有何难处？你且把扇子借我，扇息了火，送我师父过去，我就到南海菩萨处请他来见你，就送扇子还你，有何不可！那时节，你看他可曾损伤一毫。如有些须之伤，你也怪得有理；如比旧时标致，还当谢我。”

罗刹：“泼猴！少要饶舌！伸过头来，等我砍上几剑！若受得疼痛，就借扇子与你；若忍耐不得，教你早见阎君！”

孙行者：“嫂嫂切莫多言。老孙伸着光头，任尊意砍上多少，但没气力便罢。是必借扇子用用。”

（那罗刹不容分说，双手抡剑，照行者头上乒乒乓乓，砍有十数下，这行者全不认真。罗刹害怕，回头要走。）

孙行者：“嫂嫂，那里去？快借我使使！”

罗刹：“我的宝贝原不轻借。”

孙行者：“既不肯借，吃你老叔一棒！”

台词片段3：

大圣道：“实不瞒长兄。小弟因保唐僧西进，路阻火焰山，不能前进。询问土人，知尊嫂罗刹女有一柄芭蕉扇，欲求一用。昨到旧府，奉拜嫂嫂，嫂嫂坚执不借，是以特求长兄。望兄长开天地之心，同小弟到大嫂处一行，千万借扇扇灭火焰，保得唐僧过山，即时完璧。”

牛王闻言，骂道：“你说你不无礼，你原来是借扇之故！一定先欺我山妻，山妻想是不肯，故来寻我！且又赶我爱妾！常言道：‘朋友妻，不可欺；朋友妾，不可灭。’你既欺我妻，又灭我妾，多大无礼？上来吃我一棍！”

大圣道：“哥要说打，弟也不惧。但求宝贝，是我真心，万乞借我使使！”

牛王道：“你若三合敌得我，我着山妻借你；如敌不过，打死你，与我雪恨！”

大圣道：“哥说得是。小弟这一向疏懒，不曾与兄相会，不知这几年武艺比昔日如何，我兄弟们请演演棍看。”

（这牛王那容分说，掣混铁棍，劈头就打。这大圣持金箍棒，随手相迎。两个这场好斗：金箍棒，混铁棍，变脸不以朋友论。）

牛王说：“正怪你这猢狲害子情！”

台词片段4：

三藏（愁促眉尖，闷添心上，止不住两泪交流）只道：“怎生是好！”

八戒道：“哥哥，你急急忙忙叫回去是怎么说？”

行者道：“我将扇子扇了一下，火光烘烘；第二扇，火气愈盛；第三扇，火头飞有千丈之高。若是跑得不快，把毫毛都烧尽矣！”

沙僧道：“似这般火盛，无路通西，怎生是好？”

八戒道：“只拣无火处走便罢。”

三藏道：“那方无火？”

八戒道：“东方、南方、北方俱无火。”

三藏又问：“那方有经？”

八戒道：“西方有经。”

三藏道：“我只欲往有经处去哩！”

沙僧道：“有经处有火，无火处无经，诚是进退两难！”

活动2：大众评审根据演员们的展示，结合自己所理解的人物形象，借助表演评价表，选出自己心目中的最佳演员，并说明理由，给予建议。

表3.5　“三调芭蕉扇”表演评价表

项目	要求	分值（10分制）	得分
服装、道具	符合剧情或者有创意	1	
仪态	落落大方，自然，表现与内容相符，能表现人物性格，传达人物真实心理	1	
故事表达	基本情节具备，表演完整	2	
语音语调、情感	符合人物的性格以及故事情境，感情流露自然得体	4	
剧本创作	在原有故事基础上有合理的创作、改动	1	
效果	有感染力，观众反应好	1	

任务三　集体探究：团队合作，深度挖掘

演员们通过自己的理解完成了作品演绎。好的作品不能只停留在表面，更要有深意，能给大众传递一定的理念与价值。通过小组讨论，体会人物性格变化，挖掘故事背后所传递的旨意，组织拍摄微电影。

问题1：如今“三借芭蕉扇”对比“大闹天宫”“龙宫借宝”等故事情节，你眼中的悟空有什么变化？他为什么会有这样的变化？

问题2：孙悟空如此神通广大，为什么“借个扇子”却如此大费周章？

问题3：既然过“火焰山”如此困难，为什么非过不可？

任务四　互学交流

好的作品不仅依赖于内容，还要有好的宣传。请为这部微电影设计宣传海报，要求积极乐观、形象鲜明、有吸引力。

活动1：小组内部交流、探讨。简要描述小组的海报设计，并陈述设计理由。

表3.6　“三调芭蕉扇”海报设计

海报设计	推荐理由

活动2：思考“三调芭蕉扇”想传递给观众的到底是什么？联系个人生活经验，写下启示或感受。

表 3.7 “三调芭蕉扇”演绎情况总结

小组补充：	个人概括：

任务五 活动策划

结合此次项目式学习经验，围绕“西游成佛之路”，自主策划一场读书活动。

附录：评价与反思

通过项目化学习终结性评价量表，从自我评价、小组成员评价、教师评语三方面对项目学习进行评定，并进行项目学习总结。

表 3.8 评价量表

项目式学习终结性评价量表			
项目分数	0 分—1 分	2 分—3 分	4 分—5 分
自我评价	我未参与或者难以独立完成承担的项目任务。	我能明确项目目标以及阶段任务，能够理解自己的角色和合作同学的角色，基本能承担项目任务。	我能积极参与项目实施过程，理解所要解决问题的约束条件、为解决方案确立团队目标、采取合适的行动完成任务。
小组合作	整个项目实施过程中，我在做与目标无关的活动，经提醒后依旧没有承担任务或者仅承担少量任务。	整个项目实施过程中，我执行基本的任务分工，执行分工较彻底。	整个项目实施过程中，我不仅能完成自己任务，还能及时帮助组员完成任务。
教师评语			

（三）学习成果

1. 思维导图

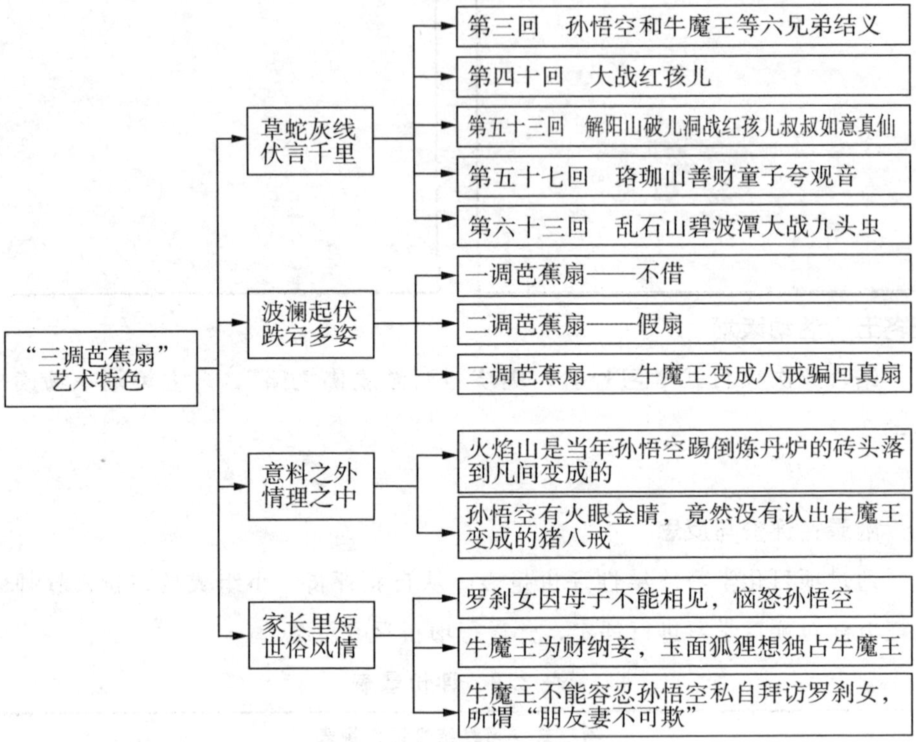

图 3.3　"三调芭蕉扇"思维导图

2. "西游成佛之路"学生自主阅读活动策划

【活动要求】

1. 阅读完成之后，学生分小组对感兴趣的人物进行梳理。人物可以是师徒四人中的某位，也可是小组成员感兴趣的书中其他人物。

2. 梳理人物从出场到成长，再到成佛（成才）的经历，找出他人生的高光时刻。

3. 从人物身上，分析他有怎样的成长营养及这种营养能否指导我们更好地成长。

4. 展示形式不限，如简洁明了的线路图，鼓励创新。

【活动内容】

面对"西游成佛之路"活动，学生热情高涨，觉得这个事很容易做，而一旦着手准备，才发现需要搜集、整理的材料有很多，小组的合作分工显得特别重要了。

大多数学生选取了师徒四人中的某一人来展开论述，主要原因是对此四人比较熟悉，当然也有选取白龙马的。四人中选孙悟空展开叙述的又最多，主角效应还是比较明显的。可喜的是，在学生的叙述中关键词“成长”能够贯穿始终。在人物的成长过程中，学生看到了其努力拼搏的一面，也分析了他“成佛”的必要条件，这些都是成长路上的必需品。

读书入门的感觉就是，在书中找到了自己的影子。通过本次活动，锻炼了学生的写作能力、信息整理分析能力，也体会到了成长的滋味，是整本书阅读活动中一次有意义的尝试。

金箍棒的前世今生①

《西游记》中，各类妖魔鬼怪神通广大，他们手中的兵器与法宝也超凡脱俗，令人惊奇。小说所有关于兵器的描写中，最传神的就是孙悟空手中的那根通天神柱——金箍棒。

小说第三回《四海千山皆拱伏　九幽十类尽除名》中描写了金箍棒的出处，书中有云：“那龙王道：‘那是大禹治水之时，定江海浅深的一个定子，是一块神铁。’”第七十五回《心猿钻透阴阳窍　魔王还归大道真》中，孙悟空的自叙中也阐述了金箍棒的来历：“棒是九转镔铁炼，老君亲手炉中锻。禹王求得号神针，四海八河为定验。”从这两段，我们就可以得出结论，金箍棒原是太上老君冶炼的一块神铁，后来又被大禹拿去当四海八河的定子，最后被孙悟空拿去当了兵器。

关于金箍棒的样貌与特点，第三回有翔实的记录：“原来两头是两个金箍，中间乃一段乌铁；紧挨箍有镌成的一行字，唤作‘如意金箍棒’，重一万三千五百斤。”这条铁棒仿佛命中注定要跟随孙悟空，第三回龙婆龙女道：“我们这海藏中，那一块天河定底神珍铁，这几日霞光艳艳，瑞气腾腾，敢莫是该出现，遇此圣也？”金箍棒能跟随孙悟空的意念变化：想大就大，想小即

---

① 杜贵晨．中国古代小说”三复情节”的流变及其美学意义［J］．齐鲁学刊，1997，(05)：9—14.

小，想变成什么工具就变成什么工具。这棒仿佛和孙悟空是一体的，第三回中，孙悟空被勾到了幽冥界，虽然被勾了魂魄，但还能一路棒打出幽冥界。第七回《八卦炉中逃大圣　五行山下定心猿》中，孙悟空被放进八卦炉中冶炼了四十九日，但还能跳出来，从耳中掣出铁棒，继续大闹天宫。由此可见，金箍棒和孙悟空之间有一种相互依存、不可分割的关系，失去了金箍棒，孙悟空天大的本事似乎也使不出来了。

《西游记》中，正是有了金箍棒，孙悟空的形象才更加完整，更显出孙悟空的神通广大。金箍棒与孙悟空更是相互成就的关系，二者合一才能威力无穷。看待小说中这类兵器时，也要带着考证的心态，让它们的前世今生都得以展现。

第三节　探究式阅读

——以科幻作品《海底两万里》为例

一、整本书概要

（一）作家介绍

儒勒·凡尔纳（1828～1905），19世纪法国小说家、剧作家，被誉为“科幻小说之父”“科学浪漫主义的奠基人”。他一生创作了66部长篇小说或短篇小说集，其中代表作品有《气球上的五星期》《格兰特船长的儿女》《海底两万里》《神秘岛》《地心游记》《十五岁的艇长》《大臣号遇难者》《从地球到月球》等。

1828年，凡尔纳出生在法国港口城市南特。从小他就向往远航探险。18岁的凡尔纳遵从父亲意愿到巴黎攻读法律。然而，天性烂漫的他却对文学创作充满了热情。毕业后，凡尔纳放弃原专业，专注于文学创作。1850年到1860年这10年间，凡尔纳一边创作，一边阅读大量书籍、杂志，饱览各类科学文献，收集种类繁多的科技新发现。此时，凡尔纳已具备相当丰富的生活积累、深厚的文学素养和广博的科学知识，这些条件为他今后的成功打下了坚实的基础。

凡尔纳将科学带到了创作之中。科幻文学创作的道路崎岖不平，凡尔纳却坚持不懈。1863 年 1 月 31 日他的成名作《气球上的五星期》发表，取得了巨大的成功。当时有人评论道："这确实是一个新发现。一种新的文学体裁产生了……科学和想象完全和谐地结合在一起。"

作品成功发表后，凡尔纳的创作进入快速发展期。凡尔纳每年出版两本小说，总标题为《奇异旅行》，其中包括《地心游记》《环绕月球》《从地球到月球》《海底两万里》《神秘岛》等，内容涵盖陆地、天空和海洋。广阔的世界、奇妙的幻想、神奇的科技在他的笔下展现得异彩纷呈。随着创作数量的增加和质量的提高，凡尔纳的声望也日益提升。在那个年代，乘坐火箭去月球、坐着潜水艇在海中旅行、在短时间内环游地球等事情都还只是众人心中的梦想，凡尔纳的作品正是用文学的方式激发了人们对科学的热情。

1872 年，法兰西学院授奖给《奇异旅行》系列作品，凡尔纳则当选法国亚眠市学士院院士。1888 年，凡尔纳当选为亚眠市议会议员。1905 年 3 月 24 日，儒勒·凡尔纳逝世，享年 77 岁。

（二）作品介绍

《海底两万里》是凡尔纳的代表作品，是他著名的"海洋三部曲"中的第二部（另外两部是《格兰特船长的儿女》和《神秘岛》），全书分为两部分共 47 个章节。

本书讲述了阿罗纳克斯教授一行人跟随尼摩艇长的潜艇"鹦鹉螺号"进行海底探险的故事。1866 年，海上出现了一头被认为是独角鲸的大怪物。法国生物学家阿罗纳克斯教授应邀参加追捕。追捕过程中，阿罗纳克斯、他的仆人孔塞伊和捕鲸叉手内德·兰德三人不幸落水，到了怪物的脊背上。他们发现这怪物不是什么独角鲸，而是一件令人惊叹的现代工业的杰作——"鹦鹉螺号"潜水艇。潜艇艇长叫尼摩，是个不明国籍、自称"已经和人类断绝了关系"的神秘人物。尼摩艇长优待了几位俘虏，但为了保守秘密，他限制了阿罗纳克斯教授等三人的自由，让他们同自己一起周游大洋。于是，他们从太平洋出发，开始了海底探险旅行。他们观察各种奇特的海洋生物，穿上潜水衣漫步在海底平原，用水下步枪在海底森林打猎，经历了潜艇搁浅和土人围攻等危险，在印度洋瑰丽无比的珊瑚树林里埋葬死去的船员，观察采珠人海底作业，为救人勇斗巨型鲨鱼，为援救长须鲸击杀抹香鲸，眺望传说中的亚特兰蒂斯城，克服冰山封路、章鱼袭击等险情，海底两万里，一路行来，万种风光与奇遇，难以尽述。阿罗纳克斯教授了解到尼摩艇长仍然和大陆保持联系，用海底沉船的金银支援陆地上人民的正义战争。“鹦鹉螺号”在北大西洋遭遇一艘驱逐舰的炮轰，尼摩艇长用“鹦鹉螺号”的冲角将其击沉。最后，在挪威沿岸一带，潜艇陷入大旋流，阿罗纳克斯教授等三人在极其险恶的情况下乘坐小艇脱离了“鹦鹉螺号”，被渔民救上岸，结束了这次环穿各大洋的海底两万里环球旅行。

《海底两万里》的情节紧凑，悬念迭生，引人入胜。小说语言既具备科学的缜密严谨，又如艺术般浪漫多姿；由丰富的科学知识与幻想共同构造了一个令人目眩神迷的海底世界，但这些内容和悬念纷繁而不混乱，因为它们都是紧扣着主人公尼摩艇长的个人经历及其人道主义精神而来的。

《海底两万里》中的尼摩艇长是品质高尚的科学家，也是一位反抗殖民压迫的战士，他英勇无畏，同情弱者，是凡尔纳小说中反殖民反压迫的人道主义者的代表。他看到采珠人遭到鲨鱼袭击，可以奋不顾身持匕首与鲨鱼肉搏；他定期将金银财宝交给陆地上反抗殖民压迫的人，支持他们的反抗斗争；他看到长须鲸群遭到抹香鲸的屠杀，指挥着“鹦鹉螺号”反击抹香鲸。这种爱与恨、怜悯与复仇之间的挣扎，是人道主义光辉在尼摩艇长身上的闪耀。这种人道主义的传承，也使得凡尔纳的科幻小说拥有了独特而永恒的魅力。

（三）相关评论

现代科技只不过是将凡尔纳的预言付诸实践的过程。

——利奥泰

儒勒·凡尔纳的小说写得真精彩！我曾把这些小说念给已成年的人听，他们也颇为赞赏。在扣人心弦的惊险情节的结构上，他是一位了不起的艺术大师……

——列夫·托尔斯泰

默揣世界将来之进步，独抒奇想，托之说部。经以科学，纬以人情。离合悲欢，谈故涉险，均综错其中。间杂讥弹，亦复谭言微中。

——鲁迅

二、作品特质

“科幻小说”是一种很独特的文体。

首先，它是小说，它具备传统小说所拥有的一切特点，有情节、有人物、有自然和社会环境的相互作用，非常注重对典型人物形象的塑造，这就将它同科普文学、科学小品等科学科普类的其他作品区别开来。

其次，它拥有科学性，以现有的科学技术理论作为支撑依据和基础，这类作品的内容设定一般都是符合科学发展依据的。如果作者毫无依据地胡思乱想，作品就成了无源之水、无根之木，从科学变成了魔法。而且这类作品，同其他科学科普作品一样，也肩负着传播和普及科学知识的使命。

最后，它是“幻想文学”，它基于现实，却高于现实。它尤其习惯将未来尚未发生却有可能发生的事情以预言的姿态呈现在读者面前。科学理论使它拥有科学性，而幻想则使得这类作品兼顾了人文性，是其最可贵的品质。如果说小说是这类文学作品的躯壳载体，那么科学幻想就是科幻小说的灵魂。

科幻小说既不是科学小说，也不是幻想小说，只有科学、幻想、小说三者兼顾，才算是名副其实的科幻小说。

许多年来，科学幻想一直与现代化的进程紧密相联，这种联系始于 19 世纪的工业革命时期。从那时起，新科技的先锋便肩负起了科幻创作的重任，可以说，科学的进步与科学的遐想在那个时代是相互交织的。

在全球现代化方兴未艾之时，科学幻想在社会中扮演着多重角色。其中之一就是以故事的形式向读者展示貌似真实却又并不存在的新兴科技，寓新观念、新思想于其中，给予阅读者丰富的遐想。一代又一代的年轻人从科幻作品中汲取着精华，并在其感召之下致力于科学的研究。

科幻小说的另一个作用则在于警示人们正确合理地利用新科技，否则会造成不堪设想的后果。这类悲剧性的故事虽然读来令人不悦，却往往会发人深省。这类作品旨在让读者预先发现由科技进步引发的那些潜在问题（自然变化或社会伦理问题），并通过采取相关的预防措施或必要手段，防患于未然。

科幻小说的真正贡献更在于它能通过讲述动人的故事，让读者贴近未来。科学性文章和学术讨论都不可能如文学作品一般动人心魄地描绘出新科技给人们生活方方面面带来的影响。科幻小说借助故事中主人公的讲述或经历，让广大读者意识到现代化进程中的无限多样性和可能性。

《海底两万里》以其奇异大胆的想象、瑰丽的海底景色描写赢得了无数读者赞誉，而其悬念迭生的故事主体与尼摩艇长神秘莫测的人物形象更是最大程度地激发了读者的阅读兴趣。

首先，这部作品将科学与想象完美地融合，构造了一个自给自足的微型世界。

翔实的科学知识在小说中自然地展现，既开阔了读者的视野，又支撑了作品的内容。作为文学作品的科幻小说，仅有丰富的知识还不够，还需要奇特的想象为作品注入灵魂。“鹦鹉螺号”潜水艇的构造精密，功能完备，可以采集海水中的钠转换成电力，为潜水艇提供源源不断的动力。船员们吃穿用度都来自海底生物，比如人们用海藻做的床垫，用墨鱼汁制成的墨水。这艘潜艇俨然一个水下的移动城堡，主人公依靠这个强大的工具可以到达海底的任何地方。作者并未亲自进入海底，而他笔下的海底世界却显得如此真切。比如，小说中描写海底异彩纷呈的珊瑚世界中有一块墓地，用来安葬“鹦鹉螺号”上牺牲的船员，那墓地上的十字架完全是珊瑚长成的；还有“鹦鹉螺号”能通过阿拉伯海底隧道直接从红海进入地中海的情节，都是理论上完全可能出现的情形，凡尔纳就让它在小说中发生了。更加奇思妙想的是，小说细致地描写了传说中沉入大西洋海底的城市——亚特兰蒂斯，使这部作品所营造出的多彩世界充满了浪漫主义色彩。阅读《海底两万里》这部作品，对于学生想象力与创造力的激发、开放性思维的发展与提升，大有裨益。

其次，《海底两万里》反映出作者对科学和人类关系的辩证态度。

除了丰厚的科学知识基础，凡尔纳还就科学对人类的影响进行了深刻的思考。在那个时代，科学技术飞速发展，他积极赞美和拥抱新技术的进步，相信人可以借助科学的力量征服自然。比如，像“鹦鹉螺号”一样，人们可以利用电能为人类生活带来诸多便利，挖通苏伊士运河，改变地球的样貌，方便船只来往。在他看来，科技的进步增强了人类的自信心，也满足了我们的好奇心，必将为我们插上探究世界的翅膀，我们的生活也因为科技变得更加便捷。从这个意义上说，凡尔纳的确是伟大的预言家。另一方面，凡尔纳对科技的力量也并非盲目地推崇，或许是情节需要，或许是出于文学创作者的某种直觉，他在小说中没有刻意回避不和谐音符的出现。比如，小说中提到人们毫无节制地捕捞海鲜，大肆开采海底煤矿，作者通过这些描写反思科技和环保之间的矛盾。当时的人们天真地认为浩瀚无垠的大海中有取之不尽用之不竭的资源，凡尔纳敏锐地捕捉到了其中的隐忧。在21世纪的今天，他的忧虑得到了印证——海洋资源日渐枯竭。站在今天评价凡尔纳的这部作品，我们能深切地感受到作者广远的观察角度、对未来发展的关注和基于人性的反思。

最后，《海底两万里》重要的文学价值在于对人物形象的塑造。

科幻小说经常把目光聚焦于独特的想象、奇幻的情节和对科技世界的描述，往往忽略对人物的塑造，因此很多科幻小说中的人物显得单薄、扁平。凡尔纳做到了兼顾科技与人物。鲁迅评价凡尔纳的小说："经以科学，纬以人情。"教皇利奥十三世在接见凡尔纳时曾对他说："我并不是不知道你作品的科学价值，但我最珍重的是它们的纯洁、道德价值和精神力量。"凡尔纳在《海底两万里》中倾注了大量心血塑造尼摩艇长这一复杂而令人难忘的人物形象。他爱护自己的船员，对待仇人却冷酷无情；他声称憎恨陆地上的人类，却对遭遇险情的采珠人出手相救；他远离尘世，房间里却摆满了艺术品；卧室墙头挂着妻女的照片，但支持他活下去的动力却是复仇。人物的行为举止充满了矛盾，而作者却用复仇英雄这一形象设定赋予了他行为和心理的合理性，展现出立体高大的人物形象，显现出艺术的真实性。

此外，作者在作品中并没有直接告诉读者尼摩艇长的身世，而是在故事中加入许多细节，设置悬念，让读者破解谜题，这增加了小说的可读性。例如，"我"发现尼摩艇长博览群书，可他的书架上唯独没有政治类的图书，读者读到最后才明白，因为他厌烦政治；他曾把几箱黄金交给神秘的潜水员，我们也可以猜测他这是在资助某地的革命活动。作者在塑造人物时先埋下伏笔，又在后续章节中去破解，手法运用纯熟而不落俗套。总之，凡尔纳在这部科幻作品中成功地塑造了一位勇于探究、顽强坚忍、坚持正义、追求平等的人物。

三、典型阅读策略——探究式

（一）理论基础

探究式学习（Hands-on Inquiry Based Learning），又称“做中学”、发现法、研究法，是指从学科领域或现实生活中选择和确立主题，在教学中创设类似于学术研究的情境，学生通过独立自主地发现问题、实验、操作、调查、收集与处理信息、表达与交流等探索活动，获得知识，培养能力，发展情感与态度，特别是发展探索精神与创新能力的学习方法[①]。探究式学习理论最早由杜威提出。他认为，科学教育不仅要让学生学习大量的知识，更重要的是要学习科学研究的过程或方法。当前，探究作为一种教学方法的合理性变得越来越明确，倡导学生主动参与。探究式学习是一种积极的学习过程，主要指的是学生在学习中自己探索问题的学习方式。

20 世纪 70 年代弗拉维尔提出“元认知策略”并应用于教育，更加关注伴随认知活动而产生的认知体验和情感体验。探究式阅读注重“元认知”的教学方法，让学生学会控制和促进自己的学习。

加拿大著名学者迈克尔·富兰提出的“新教学论”则更加关注师生在共同探究的学习过程中形成的新型学习伙伴关系。他强调学习过程的重要性，致力于创建共同探究、创造、使用知识的新型师生关系[②]。

基于以上理论研究，我们进一步对其进行专题性深化，在整本书阅读领域开展了探究式阅读学习。探究式的阅读策略可以看作学生在阅读整本书过程中在进阶式问题的提领下，发挥主观能动性，对于自己阅读内容的认知过程进行自主探究、有效控制和监管的学习策略。

（二）课标依据及策略诠释

《义务教育语文课程标准（2022 版）》指出，应“着力发展学生核心素养。

① 韦钰．十年“做中学”以科学研究为基础的教学改革之路［M］．北京：中国科学技术出版社，2012.

② 刘月霞，郭华．深度学习：走向核心素养［M］．北京：教育科学出版社，2018.

凸显学生主体地位，关注学生个性化、多样化的学习和发展需求”“探索个性化的阅读方法，分享阅读感受，开展专题探究，建构阅读整本书的经验”。笔者前述的探究式阅读教学范式便是一种引导学生根据所学人文理念、科学知识、探究精神的有机融合的读书方式。通过对文学作品中的情节和知识进行分析、比较、推测、论证，学生们开始自觉地相互讨论、主动地查阅资料，有目的地去查询结论背后的原因，活用科学知识，激发探究欲望，丰富联想想象，触发人文情怀，引领学生走向深度阅读的高阶思维，进而达到学科的融汇与整合，语言的建构与运用，思维的发展与提升，审美的鉴赏与创造，文化的传承与理解。

（三）教学应用

《海底两万里》被选入统编版教材七年级下册第六单元“名著导读”版块。它作为一部长篇科学幻想小说，具有新奇独特的想象，跌宕起伏的情节，各种各样的海洋知识，更有层层铺设的悬念，可以激发学生探索科学领域与科学领域的兴趣。对于这样有趣易读、引人入胜的科幻小说，可以采取探究式的阅读策略。

阅读本书，学生可以先在无辅助材料的情况下，开展原生态的阅读。通过阅读，学生会产生许多疑问，比较浅显的如“尼摩艇长为什么要制作一艘不为人知的潜艇?”“尼摩艇长是哪国人?”“印度洋的采珠人为什么要冒着生命危险潜水采集珍珠?”，有科学思维含量的问题如“‘鹦鹉螺号’是如何自发电的?”“海底真有那样巨大的章鱼海怪存在吗?”等，而更有深度的问题如“尼摩艇长为什么痛恨陆上的人类?”“为什么他用潜艇攻击军队杀死了很多人，却奋不顾身地去救一个即将葬身鲨口的采珠人?”“他将沉船上的金银财宝交给了什么人？用来做什么事情?”。这些悬念和疑问贯穿整本书，自始至终萦绕于阅读过程之中，有很多问题都无法在原文中得到解答，这就需要教师帮助学生创设并深入情境，采取探究式的阅读方法，在分析和研讨中排解学生在原生态阅读里产生的疑惑。阅读时，可着眼于“科学幻想”和“人文精神”，突破疑点，体验作者构建的科幻世界，要注意以下三点：

1. 尝试跨界探究，突破学科的局限，激发学生阅读兴趣。

兴趣是最好的老师。古人云：“知之者不如好之者，好知者不如乐之者。”

兴趣对学习有着神奇的内驱动作用，能变无效为有效，化低效为高效。科幻作品知识内容丰富，但处于学生已知之外的科学知识也比较多，如果没有合适的指导或研讨，随着阅读的推进，学生最初因新奇感而产生的阅读兴趣将逐渐减退。针对这一问题，在阅读教学中，创设合适的故事情境，在地图上绘制海底两万里路线图，记录航海日志，用多媒体等先进的教学资源或学生相互查阅讲述的方法普及相关的科学知识，甚至使用表演话剧、拍摄和剪辑制作 Vlog 等方式都可以激发学生探究的欲望，辅助教学活动有效开展。

2. 调研整合学生的阅读疑问，设置探究线，帮助学生在情境中体验闯关式的阅读。

初中阶段的学生思维活跃，探究性强，尤其对一些悬疑、探案类故事比较感兴趣。针对学生的这一特点，教师可以在阅读中引入探究解密的方法，在教学中整理出一个悬疑案例线辅助教学，具体的执行流程有以下 6 个步骤：一是指导学生开展原生态阅读，引导学生提出有思维含量的问题；二是教师在全体学生完成原生态阅读的基础上进行调研和问题收集；三是把收集的问题按照顺序整理，用解密破案的方式表述，建立合适的故事情景，调动学生的兴趣；四是分小组鼓励学生通过观察、研讨等方式尝试自行解密；五是请学生提出解密的策略并对优秀的回答予以奖励；六是带领学生进行本书之外的拓展延伸，激发创造力。

3. 进行整本书的群文拓展探究阅读。

所谓群文拓展，就是将与本书相近或相对的书籍作品补充进来，扩大阅读面，对照开展进一步的阅读。比如很多学生都想知道尼摩艇长在《海底两万里》中遇到大旋流后到底怎么样了，“鹦鹉螺号”又去了哪里，而艇长在凡尔纳的另一部作品《神秘岛》中多次出现，由此，学生阅读《神秘岛》这部名著的兴趣也就被激发出来了。在“哈尔罗杰历险记”系列中也有几部关于海洋的小说，如《南海奇遇》《海底寻宝》《勇探火山口》《恶战杀人鲸》《神秘海底城》，里面丰富的科学知识对学生也很有益，可以和《海底两万里》对照阅读。另外，《海底两万里》描写了人类在 19 世纪对海洋的探究，现在是 21 世纪，人类对于太空探究的热情空前高涨，对于地外文明是否存在的探讨也愈演愈烈，在这一主题下，《从地球到月球》《三体》《乡村教师》等优秀的科幻小说也可以推荐学生同步阅读。

需要强调的是，在学习活动的具体实施中，教师的定位一定要明晰，不能为了讲故事而讲故事，“解密”只是开展教学活动的引子，而教学活动的核心还是学生层面的探究。教师作为学习活动的组织者，最关键的作用在于恰如其分地关注学生的思考和讨论。此外，还需要结合我国新课程改革思想及学生对科学、技术在社会生活方面的影响的认识，对人与自然的关系、可持续发展及科学技术对环境影响的认识，对反殖民主义、反奴隶制、反对专制压迫的人道主义精神的认识。只有如此，才能正确地培养学生对科学本质的理解和对社会的责任感，正确地理解尼摩艇长讳莫如深的外表下的博爱之心与崇高的献身精神，通过更深入的阅读，达到立德树人的教育目的。

四、案例展示

（一）整本书阅读规划表

表 3.9　《海底两万里》阅读规划表

阅读章节	阅读探究疑难	探究解密辅助概念	深入探究
第一部分 第一章 至 第六章 海怪之谜	1. 是什么事让教授阿罗纳克斯、仆人孔塞伊、鱼叉手内德·兰德这些不同身份的人走到一起的？ 2. 海怪究竟是不是独角鲸？ 3. 追寻未知的海洋怪物前程未卜，为何阿罗纳克斯教授和内德·兰德等人却选择冒这样的大风险呢？	1. 触礁 2. 独角鲸 3. 捕鲸船 4. 海水压力	大量海洋知识和科学数据对于《海底两万里》一书的创作具有怎样的价值？

（续表）

阅读章节	阅读探究疑难	探究解密 辅助概念	深入探究
第七章至 第十三章 艇长之谜	1. 为何潜水艇上的人俘虏了阿罗纳克斯教授等三人，却既不杀死他们，又不放他们走？ 2. 潜艇上的水手听不懂英法德拉丁等语言，他们究竟来自哪里？ 3. 餐具上的“动中之动”有什么特别的意思？ 4. 尼摩艇长为什么说自己是个已经与人类断绝了关系的人？ 5. “鹦鹉螺号”是怎样做到电力自给自足的？ 6. “鹦鹉螺号”是如何操作的？ 7. 为什么尼摩艇长富有到可以毫不犯难地把法国上百亿的债务还清？	5. 潜水艇 6. 拉丁文 7. 潜艇的换气方法 8. 尼摩（Nemo）的拉丁文词义 9. 海洋生物种类 10. 海洋能发电 11. 耐压玻璃 12. 强电光反射镜	初读本文，你觉得尼摩艇长如果在陆地生活，会接近于哪类人？
第十四章 至 第十九章 海底之谜	1. 内德·兰德和孔塞伊两人中，谁关于鱼的知识更有价值？ 2. 尼摩艇长邀请大家去海底森林打猎是如何实现的？ 3. 人穿着厚厚的盔甲，背着沉重的氧气瓶，在海底行走会步履维艰吗？ 4. 你认为在海底平原漫步见到的奇幻瑰丽景象，是作者亲眼见证的记录还是源自想象呢？你的依据是什么？ 5. 海底为什么会有森林？	13. 经纬线和子午线 14. 鱼的分类 15. 潜水服 16. 惰性物体 17. 海盐 18. 海洋的深度	拓展研读有关深海探险类的科技作品，对小说中的海洋知识进行辨疑。 分清虚实真假，指出哪些是小说家的创作。

（续表）

阅读章节	阅读探究疑难	探究解密 辅助概念	深入探究
第二十章 至 第二十四章 海葬之谜	1. 潜艇搁浅在托雷斯海峡的时候，尼摩艇长为何允许阿罗纳克斯教授等人离开潜艇自行登陆？ 2. 巴布亚的土著人为何会主动攻击冒险者一行人？ 3. “鹦鹉螺号”如何阻止了大批巴布亚土著人的攻击？ 4. 阿罗纳克斯教授打算用望远镜观测的时候，为什么被尼摩艇长关了禁闭，还要被强制睡眠？ 5. 教授被强制睡眠的一夜里，发生了什么事？ 6. 那个重伤垂死的海员，真的是因杠杆事故被砸伤致死的吗？ 7. 尼摩艇长为什么希望自己将来也被葬在珊瑚墓园？	19. 托雷斯海峡 20. 极乐鸟 21. 吃人生番 22. 左旋斧蛤 23. 珊瑚	请以侦探“夏洛特·×××”的身份，调查海员之死的真相，并将你的调查结果公布于众。
第二部分 第一章 至 第五章 印度洋之谜	1. 航行到印度洋时，内德·兰德提出了逃跑计划，教授为何坚决地拒绝了？ 2. 孟加拉湾入海口的海面上，为何会有那么多的浮尸？ 3. 采珠人进行采珠作业的时候会遇到哪些困难？ 4. 声称与人类断绝了一切联系的尼摩艇长为什么会为了救一个采珠人，冒着生命危险与鲨鱼搏斗？ 5. 冷漠的尼摩艇长为什么把价值连城的珍珠送给了采珠人？ 6. 尼摩艇长把“鹦鹉螺号”由红海开入地中海，是怎样做到的？	24. 印度洋 25. 纤毛虫 26. 采珠业 27. 克娄巴特拉 28. 椰子蟹 29. 珠母 30. 苏伊士运河 31. 儒艮	从学科融合的角度，搜集相关佐证，写一篇文章，阐述你对于“深海采珠”“阿拉伯隧道”“海底火山”“人与自然”中任一主题的观点。

（续表）

阅读章节	阅读探究疑难	探究解密 辅助概念	深入探究
第六章 至 第十一章 大西洋之谜	1. 在希腊群岛，尼摩艇长给了一个潜水者价值五百万法郎的金条用来做什么？ 2. “鹦鹉螺号”在地中海航行，为何非常低调且远离海岸？ 3. 航行到大西洋时，尼摩艇长给教授讲述了沉船财宝的往事，那么这些打捞上来的金银都做什么用了呢？ 4. 大西洋底为什么会有一座神奇的城市？ 5. 进入大西洋后，“鹦鹉螺号”为何径直向南方驶去？	32. 海底火山 33. 甲壳纲 34. 直布罗陀海峡 35. 沉船 36. 亚特兰蒂斯	查阅有关亚特兰蒂斯的知识，结合你的猜想，论证亚特兰蒂斯是否真实存在。
第十二章 至 第十六章 南极之谜	1. 阿罗纳克斯教授猜想“鹦鹉螺号”是同陆地断绝关系的人的避难所，这种猜想的依据是什么？ 2. 尼摩艇长之前允许捕猎儒艮，为什么在南极附近不同意内德·兰德捕杀长须鲸，自己却又驾驶“鹦鹉螺号”冲杀抹香鲸？ 3. 尼摩艇长为什么要冒着“鹦鹉螺号”被冰盖冻住的危险去南极？ 4.《海底两万里》中写的南极与你在科普书籍或资料上读到的南极有哪些不同？ 5. 猜想：尼摩艇长在南极插下的那面黑色旗帜有什么含义？	37. 长须鲸 38. 抹香鲸 39. 南极冰原 40. 南极生物 41. 搁浅 42. 缺氧	尼摩艇长为保护长须鲸冲杀抹香鲸，与为保护采珠人勇斗鲨鱼之间有什么样的内在联系？请你调查：可能促使尼摩艇长形成这种世界观的背后原因。

（续表）

阅读章节	阅读探究疑难	探究解密 辅助概念	深入探究
第十七章 至 第二十一章 复仇之谜	1. 整部《海底两万里》中，尼摩艇长既展现了他尊重和热爱生命的一面，又展现了他傲娇且冷酷无情的一面。尝试梳理情节，制作表格，分析他所做每件事背后可能的原因。 2. 到墨西哥湾附近，尼摩艇长性格愈加阴郁，这是为什么呢？ 3. 你相信海怪一样的巨型章鱼的存在吗？请尝试在其他文学或影视作品中找出它们存在的痕迹。 4. 为什么“鹦鹉螺号”有来自各国的海员，但他们却都不用母语展现自己的身份呢？ 5. 尼摩艇长在击沉攻击“鹦鹉螺号”的军舰之时，他所说的关于压迫者和被压迫者的话中隐含着怎样的故事？ 6. 在第二部分第二十一章结尾处尼摩艇长哭泣的原因是什么？	43. 海牛 44. 海洋生态危机 45. 章鱼 46. 墨西哥湾暖流 47. 海底电缆 48. 海战	尼摩艇长为什么要终年在暗无天日的海底冒险？为什么对于他眼中的“压迫者”满怀仇恨，请结合《海底两万里》和《神秘岛》，综合探究造成他性格极端的根源。
第二十二章 至 第二十三章 逃脱之谜	1. 尼摩艇长的报复行为，引发了阿罗纳克斯教授的厌恶，你更认同他们俩谁的想法与做法？ 2. 阿罗纳克斯教授听到尼摩艇长所说的最后的话语“全能的上帝啊！够了！够了！”是什么意思？ 3. “鹦鹉螺号”的消失之谜引发了很多争议，你认为尼摩艇长是故意把潜艇开入迈尔大旋流的吗？ 4. 若你是阿罗纳克斯教授，逃离“鹦鹉螺号”时，感觉更多的是庆幸还是遗憾？ 5. “鹦鹉螺号”最终怎么样了？尼摩艇长还活着吗？	49. 迈尔大旋流 50. 海难	阿罗纳克斯教授跟随“鹦鹉螺号”有许多惊世发现。若有机会在记者会上介绍，你认为他应该重点介绍哪些发现？ 班级活动：阿罗纳克斯教授的自述。

（二）整本书阅读教学设计案例

探究未知领域，解密科幻旅程

——《海底两万里》探究解密课堂教学设计

【教学目标】

1. 激发学生阅读探究的兴趣，初步感受小说中描绘的海底世界的神奇与惊险。

2. 读中有思，引导学生用表格和思维导图梳理情节，分析主人公尼摩艇长的复杂形象。

3. 通过交流和研讨，尝试解密阅读，在解密理解尼摩艇长反压迫的人道主义精神。

【学习过程】

一 课堂导入

由科幻电影《流浪地球》和电视剧《三体》的剪辑片段导入新课。

展示 PPT： 在电影《流浪地球 1》《流浪地球 2》与电视剧《三体》播出之前，我们的文化中早已拥有厚重的历史和人文，这些科幻作品（文学、影视）出现之后，我们的文化中融入了更辽阔的星辰和大海。今天我们一起来探究另一部跟大海相关的科幻小说——《海底两万里》。

PPT **课件出示课题：** 科学与幻想的探究之旅

学生活动： “鹦鹉螺号”是小说中潜艇的名字，或者被译为“诺第留斯号”。展示鹦鹉螺结构的结构图，探究以“鹦鹉螺”作为潜水艇名字的原因。

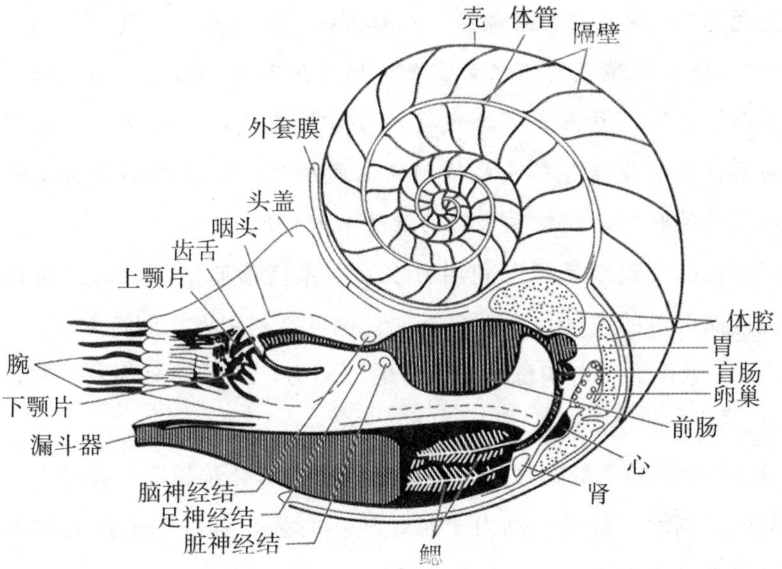

图 3.4　鹦鹉螺结构图

鹦鹉螺是一种深居海底的螺旋状外壳的软体动物，它是章鱼和乌贼的亲戚。鹦鹉螺有一个螺旋形状的石灰质外壳，壳内有以隔膜隔开的专门气室，与螺壳、体管等构成一套完整的水下气体系统。正因这种独特的构造，它们能够承受不同的水压，轻松调节好体内的气体，在水压不同的地方自如地生活，让自己的身体沉浮随心，轻松潜入几百米深的海底，不会被强大的水压压死。

二 探究“黑科技”，万里深海行

学生活动 1：探究神秘的尼摩艇长个人资料，帮他填写一份人物档案。

表 3.10　尼摩艇长人物档案

<table>
<tr><td>姓名</td><td></td><td>性别</td><td></td><td>国籍</td><td></td><td colspan="2" rowspan="3">照片
粘贴处</td></tr>
<tr><td>出生年月</td><td></td><td>政治倾向</td><td></td><td>工作岗位</td><td></td></tr>
<tr><td>联系地址</td><td colspan="5"></td></tr>
<tr><td>语言水平</td><td colspan="2"></td><td>爱好特长</td><td colspan="3"></td><td></td></tr>
<tr><td>工作履历</td><td colspan="7"></td></tr>
</table>

学生活动2：探究“鹦鹉螺号”上有哪些“黑科技”。

例：“我能够制造我要消耗的空气，但是用不着，因为我高兴的时候就可以浮出水面。不过，电虽然不给我提供呼吸的空气，但它至少还能够启动力量很强的泵，把空气储存在一些特制的储气舱里，使我能够在需要的时候延长在深水里待的时间，想待多长时间就待多长时间。”

尼摩艇长的“鹦鹉螺号”利用海水发电维持潜艇的运转，还可以用强大的抽气机存储大量的空气，在必要时，它也可以利用海水制造空气。

预设1：电作为“鹦鹉螺号”运行的原动力，写其用海水发电的过程充满了想象力，却又非常真实。

预设2：发达的“鹦鹉螺号”潜水艇拥有的“几组数字”是超乎时代的数据。它坚固、宽敞、舒适，动力十足，战斗力强，可以不依赖大陆而独立生存，还可以在海里上下求索，任意东西。

预设3：科技感满满的潜水服。

预设4：海底平原漫步中打猎的水下气枪。

预设5：关于经度、纬度温度速度的测量方法，真实又科幻。

预设6：关于面包的制作方法，用海洋动物做出来的各种美味食物。

……

学生活动3：利用这些“黑科技”，探究尼摩艇长的航行壮举，并尝试制作“环球航行大事记”。

图 3.5　学生手绘《海底两万里》路线图

表 3.11　学生自制思维表格

“鹦鹉螺号”海底航行的路线，遇到的险情及解决办法			
	航行路线	遭遇的险情	解决办法
经典情节	太平洋	在海底森林进行一场狩猎，遇到一对角鲨。	全体伏倒在地，角鲨视力不好，没看到他们，逃过一劫。
	太平洋（经托雷斯海峡）	潜艇触礁意外搁浅。	借助五天后太平洋的涨潮返回海洋。
		到附近陆地觅食休憩，遭到土著人围攻。	潜艇上的铁扶梯通了电，巴布亚人无法上潜艇，看见内德·兰德遭到电击后纷纷逃跑。
	印度洋	到锡兰采珠场参观，尼摩艇长为了救被鲨鱼攻击的印度采珠人，英勇地与鲨鱼搏斗。	在危难关头，内德·兰德一叉刺中鲨鱼要害，将其杀死。
	大西洋（朝合恩角开去）	遭遇章鱼袭击。	艇员们挥动着斧头与章鱼肉搏，最终击退章鱼。
	大西洋（北纬 47°24′，西经 17°28′）	参观“复仇者号”的坟墓时，遭到了一艘战舰的攻击。	尼摩艇长下令用“鹦鹉螺号”攻击战舰底部，击沉了战舰。
	北冰洋（挪威西海岸海域）	教授、内德·兰德和孔塞伊准备从艇上逃跑时遭遇迈尔大旋流。	教授、内德·兰德、孔塞伊被大旋流抛入水中，被渔民救起，在小岛脱险。

三　思辨探究，理解尼摩艇长反殖民反压迫的人道主义精神（课堂实录片段）

老师：我们一起来探究一个问题——大家读完这么多惊险的故事，其中尼摩艇长的哪些举动给你留下了最为深刻的印象？你从中探究到了什么？

学生 1：尼摩艇长与巨鲨搏斗救采珠人的情节给我留下了深刻印象。

老师：为什么？

学生 1：尼摩艇长在书中原本是一个复仇者的形象，但是我从这里读出了他善良的一面。

老师：是的，尼摩艇长本是为了复仇，但是从救采珠人的行为可以看出他对弱者的同情和帮助，以及拼命救下采珠人的善良之心。

学生2：尼摩艇长的一名船员因受伤严重而牺牲，尼摩艇长将他葬在海底后痛哭。在此之前我认为尼摩艇长是一个为了复仇而冷酷无情的人，可是从这件事中我看出了他对同伴的珍惜。

老师：尼摩艇长为自己逝去的同伴举行海底葬礼的时候流下了痛苦的眼泪，从中可以看出他的情义，很让人感动。还有没有？

学生3：书中让我印象最深刻的是尼摩艇长带领船员和大章鱼搏斗的情节，尼摩艇长在内德·兰德深陷危机时帮助他脱险。

老师：他为什么要帮助内德·兰德脱险？

学生3：内德·兰德在他与鲨鱼搏斗时救过他。

老师：尼摩艇长帮他脱险时说了一句话，看看谁能帮助这位同学做下补充？（学生快速翻书）

学生4：他说“这算是我对您的救命之恩的报答了”，尼摩艇长的知恩图报让我们感动。

老师：其实，不仅仅因为他曾经救过“我”的命，“我”就要去报答，而是因为在这条船上，内德·兰德也是“我”的同伴，“我”不能看到同伴遇到危险见死不救。如果换作康赛尔，相信善良的尼摩艇长依然会救他。

老师：尼摩艇长有情感，重情义，深爱大海。这里有一段尼摩艇长对大海的深情告白，非常精彩。有没有同学探究到这一段话？请读给大家听。

学生5：“海里环境十分平和。大海不属于独裁者。在海面上，独裁者们还可以运用其极不公平的权力，他们可以在海上相互争斗、厮杀，把陆地上的种种暴行带到海上来。但是，在海面以下三十尺的地方，他们的权力就使不上了，他们的影响也消失了，他们的威势便荡然无存了！啊！先生，到大海里来生活吧！生活在海上吧！一个人只有在海洋里才是独立的！在这里，我不听命于任何人！在这里，我是自由的！”

（学生5有感情地朗读完毕，集体鼓掌。）

老师：读了这段文字，大家探究到了尼摩艇长内心怎样的追求？

学生6：独立、自由，远离独裁和暴行。

老师：是的，“独立”“自由”，尼摩艇长将毕生精力都用于他对独立、自由、平等的向往和追求，具有浪漫的人文主义情怀。

学生 7：老师，我查阅资料探究到“尼摩”是拉丁文的音译名，其意是“不存在”。虽然是不真实的人物，但作者却将其写得很真实。因为他有血有肉有灵魂，会爱会憎会喜也会怒。他会为了救他人与鲨鱼殊死搏斗，会在同伴牺牲后痛哭……是一个富有人格魅力的人，所以他很真实。

老师：刚才大家在讲述他的故事的时候感受到了他的善良、正义、勇敢、坚毅、顽强、有担当，请找出相关语句。

学生 8：尼摩艇长救下采珠人后说：“那个采珠人，教授先生，是被压迫国家的居民，我是心向被压迫国家的人民的。只要我还有一口气，我就永远站在被压迫国家的人民一边！”他决定复仇时说：“我是个被压迫者，而眼前的就是压迫者！全是因为它，我所喜欢的，我所热爱的，我所尊敬的一切的一切，我的祖国，我的父母，我的妻室儿女，我眼睁睁地看着他们全被毁灭了！我所仇恨的东西，就在我眼前！”在这些充满感情的话语中，我感受到了尼摩艇长心中熊熊燃烧的烈火，也探究到了他内心深藏的痛苦和希望。

老师：正如你所说，尼摩艇长是一位隐士，也是一位战士。他追求个人权利的自由，也追求社会至高无上的正义，既有顶天立地的英雄主义精神，也有悲天悯人的人道主义精神。

四　课堂总结，提炼内容

我们通过这堂课的学习对科幻小说已有了基本的了解，并在阅读《海底两万里》时跟着尼摩艇长和阿罗纳克斯教授完成了一段关于科学与幻想的探究之旅。同时，我们也学会了一些名著阅读的基本方法：读一本书，要想快速记住并理解文章内容，把厚书读“薄”，可以用思维导图来梳理内容，整理阅读感受。

《海底两万里》是一部启迪心灵的名家之作，它塑造的美丽的海底世界、惊心动魄的探险经历、神秘莫测的人物形象带着我们的灵魂不断飞驰，让我们对海洋充满无限的敬畏与向往。它在跌宕起伏的故事情节中呼吁人们保护海洋资源，也突显了维护和平的重要性，更让我们探究到了崇高的反殖民反压迫主义及人道主义精神的可贵。

五 完成作业，激趣拓展

（一）小课题探究

我们这节课以书中的“缺氧”一节为例，深入探讨《海底两万里》的阅读价值。“好书不厌百回读，熟读深思子自知”，大家可以在课后继续阅读本书并开展小课题研究，以下课题可供参考（PPT 课件展示）：

1. “鹦鹉螺号”大揭秘

2. 尼摩艇长身世之谜猜想

3. 《海底两万里》中的小百科（化学、地理、海洋生物、物理等）

（二）拓展阅读

读完《海底两万里》后，大家都非常关心尼摩艇长的身世和下落，关于这个问题，凡尔纳在他的“海洋三部曲”之一《神秘岛》中揭开了谜底。你想知道谜底吗？那就赶紧去读一读《神秘岛》吧！

（三）学习成果

1. 学生手绘插图

图 3.6　学生手绘《海底两万里》插图

2. 学生科幻小说创作精选

作品一：

千里寻父

“吃饭了！把你爸叫回来！”老妈下达命令。“哦。”我答应着，戴上虚拟头盔，打开电脑开始登录游戏账号……

虽然老爸就在隔壁上网，但我就算吃了熊心豹子胆也不敢直接叫他。上次，好不容易等到“女王”赐给他新任务，我的“适时”出现，不小心把他的任务抢走了；上上次，他正在闯“僵尸洞”，我从后面拍了他一下，害得他去医院搭了个“桥”；上上上次，他扮成青春帅哥，在《灌篮高手》里秀球技，引起无数不知真假的美眉尖叫，我一声穿透网络震破山河的“老爸，吃饭了”，让他的魅力值瞬间降至负数，被贴上“大叔”标签，遭受年龄歧视至今……所以老爸吸取教训，现在玩游戏时总是重重防护，紧锁的门屏上用醒目的立体字打出“游戏重地，闲人免入”。体验了几次狼嚎般的教训后，我也学乖了，先悄悄上网找到他，再私聊拉他回来。

可是老爸在哪儿呢？为了找老爸，我几乎加入了所有流行的游戏。先去《巫师森林》看看吧，我拿着魔杖在黑暗的森林里寻找那个奇帅奇酷的药剂师——那是老爸为了弥补现实中的遗憾而在网络世界里打造的光辉形象，结果碰到的是一群奇丑奇恶的僵尸！我吓得立刻退了出来，看来老爸不在这里啊。再进入《反恐三角洲》，我穿好防弹衣，揣着AK和沙鹰，边打滚边四下里瞧，看到一个熟人，赶紧匍匐过去，一边开枪一边大喊：“看见‘线队长’了没？”他往前扔了两枚闪光弹，以同样的分贝回吼道：“没！”可还没吼完，对方一火箭炮打来，把他炸上了天。我慌忙退回战壕，拍了拍尘土，退出了这场腥风血雨。还是去《仙境传说》吧，我是一头七彩独角兽，要去找一只金羽狮鹫，可是我跑啊跑，飞越了仙境里所有的山川美景，问遍了獐狍羚鹿，也没找到那搏击长空的金色身影。算了，就当作下周学校运动会前的长跑训练了吧……

看来，只有冒着感染的风险去《中世纪英雄》一寻了，我包裹里的黑死病特效防疫药前天用完了，商店告诉我明天才有新药到货，这两天我一直不敢登录——万一不小心中招丢了小命会掉落神装的呀。老爸啊老爸，你到底在哪儿呢？要不是为了吃饭，我才不会来这片危险大陆冒险呢。老爸也真行，包里那么多特效药，都不舍得给我一剂。功夫不负有心人，终于在一路上解决掉N个摩尔人之后，我在熟悉的“桑丘武器店”发现了威风凛凛的堂·圣佩里亚·加里劳达·艾透西阙德·贯仁加易·卜达英布赤凡骑士！“吃饭啰！老……”刚才还欢欣鼓舞的我瞬间如遭雷击，老爸正用充满杀气的眼神瞪着我，哎呀，我才注意到旁边有几个美眉。“老……老哥！”我不觉自鸣得意！“知道了。”老爸不情愿地答应着，话锋一转，“不过，先帮我把洞穴恶龙除掉再走，掉两个橙装呢，我分你一个。”啊？橙装！那可太好了。“没问题！”我们立刻达成一致，直奔龙穴而去。一场恶战开始，鏖战了百余回合，骑士老爸凭借他熟练的战斗技巧将巨龙压制到了死角。好机会！嗖嗖嗖！我的十支金箭全部命中恶龙的身体，哈哈哈，我们的橙装……

突然，眼前一黑，我和老爸瞬间回到了现实世界。我再回头，看到的是关闭电源的老妈的暴怒的表情和她手里明晃晃的菜刀。

“吃饭了!!!”

作品二：

披着狼皮的羊

苍茫月色中，巍峨高山上，我怀着忐忑不安的心情步履蹒跚地走在形貌颇与我相似的“同伴”后面，不时违心地发出虚假的嗥叫来欺瞒那几个平时同我称兄道弟的家伙，生怕一不小心露出破绽就成了“兄弟”的口中美食。这种提心吊胆的日子苦不堪言啊！

为何我是一只披着狼皮的羊？

四个月前，叫作“人”的两足动物利用什么“基因”克隆了我。我究竟是什么？狼的外表，却有羊的内心，还被赋予了近于人的“智慧”，或叫“虚伪”——这大概是同义词。那些该死的灵长类动物一定不曾体会过用犬齿吃草是一件多么痛苦的事，竟然忽略了在我看来最为重要的这一点，现在我不得不大块大块地和着泥把草往肚子里吞。而且他们也不顾我的强烈反抗——当然我的反抗也不过是头撞护栏而已，一意孤行地把我送进狼群，还幸灾乐祸地看我如何生存，亏我和他们还是三分之一的同类呢！虽然他们在历史上的确是这样对待同类的。

谁能想到狼群里会生存着一只羊？

我不仅每天要面对一群五尺有余，长着浓密灰毛的健壮身躯和一排呲着42颗尖锐犬齿（我偷偷数过自己的牙齿）的恐怖面孔，还要随时以16.7千米/时的速度长距离疾速奔跑，并要在领头狼领嚎之后，口鼻朝天地模仿它嗷嗷地叫，更要在众多“绿灯”的注视下憋住那挥之不去的恶心感去撕咬猎物滴血的肉块，强迫自己吞咽下去。在“夜深狼静”的时候，仅有的一个胃便开始“反刍”，逼迫我每夜拖着疲惫的身躯，把白天辛苦劳动的“成果”全部呕出，然后窥视一下四周，以迅雷不及掩耳盗铃的速度啃几块带泥的草皮，再若无其事地溜达回狼群中，十二分小心地平卧在最老弱的狼旁闭目养神。我有这样出神入化的伪装表演，完全可以写一本《演员的自我修养Ⅱ》了。为了生存，又有什么办法呢？唉！

谁让我是只披着狼皮的羊！

我是多么渴望回到羊群生活啊，可是无论哪只羊碰上我，那本来就苍白如纸的长脸更是没了一点儿血色，四脚一跳恨不能逃到山的另一边去，抛下孤零零的我暗自哀伤。这大概就是人所说的“种族歧视”吧！其实每当有狼走过我身边的时候，我也会心惊胆战，甚至还会“偶失狼声”，有次竟然发出“咩——咩”的叫声，“狼伴们”都怀疑我是不是羊魂附体了。这样的日子，啥时候是个头啊？

都该怨狼，时时恐吓我那一颗脆弱的心；都该怨羊，生就了这么一颗脆弱的心；我最恨人，搞这样的实验，他们简直没有心！

怎么办？怎么办？怎么办？我这只羊心的伪狼，我这只披着狼皮的羊！

第四节　情境式阅读

——以纪实作品《红星照耀中国》为例

一、整本书概要

（一）作家介绍

埃德加·斯诺（1905～1972），美国著名记者，代表作《红星照耀中国》。于1928年来到上海，曾任欧美几家报社驻华记者、通讯员；1933年4月至1935年6月，兼任燕京大学新闻系讲师；1936年6月，访问陕甘宁边区，写了大量通讯报道，成为第一个采访红区的西方记者。

当时，在国民党的虚假宣传下，很多人对中国共产党有误解。极大的好奇心与正义感促使斯诺去选择冒险，正如斯诺所说：“为了要探明事情的真相，难道不值得拿一位外国人的脑袋去冒一下险吗?”1936年6月，斯诺冲破重重封锁，访问陕甘宁边区，拜访了许多中共领导人。他深入根据地，深入红色中国，深入这个西方媒体眼中的“土匪聚集的地方”，对苏区军民的生活做了广泛深入的调查。到了延安之后，他才感到一切都与国民党宣传的不一样，共产党领袖是那样的可爱、可亲、可敬。他们有着良好的群众基础和革命热情，良好的精神风貌和生活习惯。他根据采访、对话和实地考察得来的“事实”，创作了《红星照耀中国》（RED STAR OVER CHINA），当时为了方便在国民党统治区出版，曾易名《西行漫记》。

全面抗战爆发后，斯诺任英国《每日先驱报》和美国《星期六晚邮报》驻华战地记者。1939年9月，斯诺第二次访问延安，把一本有他亲笔签名的《西行漫记》送给毛泽东。毛泽东说，斯诺先生是站在人民大众方面的，他是共产党的好朋友。

斯诺回国后，因为他与中国共产党联系密切，被美国联邦调查局当成危险分子，被迫迁居瑞士。在中美断交的近20年，斯诺是唯一能获得签证访华的美国人。新中国成立后，他曾三次来华访问，并与毛泽东见面。1972年2月15日，斯诺因病在瑞士日内瓦逝世，后人遵照其遗愿，将其一部分骨灰葬在中国，地点在北京大学未名湖畔。

斯诺是第一位打开红色中国大门的西方记者，也是第一位向全世界真实报道中国红军及其领袖、将领的新闻工作者。他的包括《红星照耀中国》在内的诸多作品，不仅让西方世界认识了真实的中国，还让不少知识青年奔赴延安投身革命。而在他最辉煌的记者生涯，正好见证了中国红军的崛起。

（二）作品介绍

《红星照耀中国》是斯诺根据采访、对话和实地考察得来的“事实”创作的一部纪实作品。

1979年第一期《读书》杂志上，胡愈之撰文回忆了一段往事：“有一天，他（斯诺）说，刚得到英国航空寄来他的一本著作的样本。外国出版社有规矩，要把印出的第一本样书送给作者审查，所以这在当时是很难得的。我就向他借阅。他答应了，但说只有一本，看完还他。这就是后来闻名世界的

《西行漫记》的英文原本。”复社版的《西行漫记》是斯诺这部不朽名著的第一个正式中译本，由王厂青、林淡秋、倪文宙等12人分别翻译并在版权页署名，由胡愈之统稿校订。胡愈之回忆：“斯诺的原书名直译过来是《中国天空上的红星》，在当时的情况下当然不能照译。我们就改用一个隐讳些的书名。为什么要叫《西行漫记》？因为在工农红军长征以后，关于我们党在西北情况的比较真实客观的报道，只有一本书：范长江同志写的《中国的西北角》。范长江同志当时是《大公报》记者，他跟随国民党部队去了西北，写了一系列关于红军的报道，后来集印为这本书，限于当时条件，不能写得很明显，但是已经很受欢迎了。从此，‘西’或‘西北’就成了我们党所在地的代称。《西行漫记》这书名，一般人看了就可以联想到我们党。”

《西行漫记》的译名，是具有历史特色的策略性结果，毕竟只有让这本书在1938年出版了，才会有更多的进步青年了解中国共产党。而《红星照耀中国》的译名则不同，它既近乎完美地表达了斯诺英文的本意，又呈现出了一种蓬勃且不可阻挡的势，恰恰是当时的中国共产党最准确的写照。1984年，《斯诺文集》由新华出版社出版发行。这本让斯诺纠结修改了近乎大半辈子的作品，第一次在中文语境中，是董乐山以图书这一正式出版物为载体，赋予了它近半个世纪前就应有的名字——《红星照耀中国》。统编版初中语文教材上有一段胡愈之推荐《红星照耀中国》的文字，这段文字是胡愈之为董乐山新译本写的。他在文中热情推荐董乐山译本，同时对1938年复社版的部分问题做了说明。在今天，《红星照耀中国》被收入统编版初中语文教材，以忠实的原貌走进更广大的青少年读者。

《红星照耀中国》是世界上最早最详细的对陕北革命区的正面报道，打破了国民党多年的封锁。本书为共产党的政策宣传和革命拓展开辟了道路，进一步树立了中国共产党在人们心中的良好形象。本书让西方人看到了在贫瘠的中国西北土地上，中国共产党人正为争取民主自由独立而进行着极其艰苦的斗争，他们有初心和使命，他们有远见卓识，他们有百折不挠的精神，是中华民族的希望之光。这本书，不仅解除了外界对中国共产党和红军的误解，还忠实、客观地向全世界传递了中国共产党领导下的革命必胜的信息。美国记者斯特朗曾说：“党的负责干部，住在寒冷的窑洞，凭借微弱的灯光，长时间地工作，那里没有讲究的陈设，很少有物质享受，但是住着头脑敏锐、思想深刻和具有世界眼光的人。”斯诺用翔实的记录向世界宣告：中国共产党及其领导的红色革命犹如一颗闪亮的红星，不仅照耀着中国的西北，而且必将照耀全中国。事实也证明了，这一预言是非常有远见的。到延安去，成为无数知识青年的信仰与追求。同时，延安也吸引了众多国际友人、华侨同胞来参观学习和新闻采访。很长一段时间，延安都是中国革命的中心。

在中国，燕子是报春使者，是吉祥的鸟儿。所以胡愈之在中文重译本《西行漫记》序言中说：“他是第一个报春的燕子。”

（三）相关评论

《红星照耀中国》之所以经久不衰，是由于信仰的力量。红军在国共双方力量高度悬殊、自然条件极度恶劣的情况下，冲破重重阻碍，克服重重困难，经过二万五千里长征到达目的地，支持部队的核心是信仰。信仰的力量是人类共同的价值，在当下社会也是极其需要的。

——潘凯雄

《红星照耀中国》之所以成为一部经典，是因为它在两个方面经受住了时间的考验，一是作为历史的真实记录，二是作为对历史趋势的预见。

——费正清

《红星照耀中国》写的是中国共产党人的故事，却长期以来在西方拥有众多的读者，这本身就是一个传奇。《红星照耀中国》现在收进了新编的初中语文统编教材八年级上册，是作为纪实类作品收录的，主要想引导学生通过对这本书的阅读去感受中国共产党人的理想信念与胸襟气度，以传承与弘扬革命传统；还希望学生们通过对这本书的学习，掌握新闻类纪实作品阅读的方法，学会如何观察事物，抓住特点，锻炼眼力和提升表达能力；也让学生了解，新闻报道是纪实，但也有立场态度，有作者的关怀与选择。在当今信息爆炸的时代，让学生学会观察、思考和选择，是非常必要的。

——温儒敏

斯诺对中国共产主义运动的发现与描述，如哥伦布发现新大陆一样，是震撼世界的成就！

——美国《时代》周刊

二、作品特质

《红星照耀中国》是一部纪实作品。纪实作品是记录人与事真实情况的作品，其基本特点是用事实说话。这类作品，或是记录历史，或是叙写现实，其内容必须是真实的，不能凭空虚构。《红星照耀中国》记录当时“红色中国”正在发生着的“现实”，而在今天读者看来则是已经成为过去的“历史”。

纪实作品有两大特点：一是纪实性，二是文学性。纪实性，意味着这种文体的核心是真实，这需要作者亲历或采访，以及对现有历史相关事实有深刻理解。这种理解，并非仅仅是熟悉作品所涉及的历史片段，更重要的是，要对更广阔的历史面貌和更深层的历史逻辑有清晰的把握。

但纪实作品不是肤浅的、通俗化了的历史资料，不是揭秘式、猎奇式的文字呈现，而是一种个人化的艺术性创作。作者需要对自己所选择的事件、人物进行个性化、艺术化的展示，通过文学的表现形式，将原型的真实转化为艺术的真实。简单地说，就是“大事不虚，小事不拘”。一部优秀的纪实文学作品，应该既有充足的历史信息，又有动人的文化情怀，还要具有鲜明个性特征的人物形象，这样才能震撼人心，深入人心。

《红星照耀中国》以历史亲身见证者的视角，提供了许多活生生的人物形象和事例。文中用一个个鲜活的人物、画面、故事、细节等，浓墨重彩地描绘了红军的精神世界，用大量的篇幅记述了红军领导人和普通战士的日常，以及人民群众对红军对共产党的支持和爱戴。

1. 纪实作品，即用事实说话

《红星照耀中国》是忠实描绘中国红色区域的第一本著作。斯诺作为第一个到中国红色区域采访的西方记者，他遵循了“亲历、亲见、亲闻”的原则，基于一个外国人的所见所闻，写了许多具体事件及其原委，客观地向全世界报道了中国共产党和红军的真实情况，使处在严密封锁中的国统区的民众和西方社会第一次全面地了解到中国共产党人的真实生活，揭开了无数当时令人无法理解甚至在外界看来扑朔迷离的红色中国的神秘面纱，打破了种种歪曲、丑化共产党的谣言。因此，本书也被誉为“研究中国革命的经典的百科全书”。

2. 章回结构，用悬念推进下一章

《红星照耀中国》这部作品的结构类似于中国古典小说的章回结构。章回小说是我国古典小说的一种样式，是在讲史、话本的基础上发展起来的一种分章回叙事的白话小说。小说多采用线性结构或链式结构分章叙事，分回标目，揭示本回内容。叙事角度方面，基本上是第三人称视角。在情节的设计上，讲究可叙述性，要求情节连贯，故事完整，意向明朗，善于设置悬念、误会，追求离奇巧合；善于在矛盾冲突中推进情节，快速转化场景，达到引人入胜的效果。每回书的结尾总在情节高潮时戛然而止，设计一个悬念，以“欲知后事如何，且听下回分解”结束，这是说书人为了让听众继续来听自己讲故事所设的“包袱”。

斯诺借鉴中国古典小说的章回结构，用一章集中写一个人物或一个事件，有时在一章结束时，用类似“且听下回分解”的悬念方式引入下一章，环环相扣。比如：第三章《在保安》第五节《红军剧社》最后一段，第八章《在红军中（上）》第一节《“真”的红军》最后一段、第五节《红军战士的生活》最后一段，第十章《战争与和平》第三节《实践中的统一战线》最后一段，第十一章《回到保安》第二节《保安的生活》最后一段。

3. 对比，即对比中蕴含着作者的立场、观点和态度

本书突出的表现手法之一，就是对比。

斯诺出发前，“种过了一切种类的痘苗”，他是带着许多疑虑，带着“必死无疑”“被抢劫、杀害”的恐惧，出发去采访的。但采访结束后，他形成了自己的观点，预言“红色中国”一定会获得胜利，可以说是事实改变和说服了他。

著名的新闻记者白修德曾对《红星照耀中国》以及作者斯诺评价道：“斯诺对中国共产主义运动的发现与描述，如哥伦布发现新大陆一样，是震撼世界的成就。”这个形象的比喻说明《红星照耀中国》可以与“哥伦布发现新大陆”相媲美。斯诺在中国的七年间，关于中国红军、苏维埃和共产主义运动，人们提出过很多问题，可是一直得不到令人满意的答案。

当时的国统区政治、经济、文化、生活上处处显现腐败低沉的状态。而当时的红区，“被新闻封锁，和外界完全隔断，其封锁之紧，正同一座石头的要塞一般”。当时西方媒体眼中的红区，是“土匪聚集的地方”。记者压根儿就没有去过“红区”，只是凭着一己的可怜的幻想和想象来歪曲、丑化、妖魔化共产党形象。斯诺的报道立场，与所谓的“西方媒体”的报道立场，也构成了一处对比。与斯诺所见的国统区相对比，斯诺眼中的延安，是另外一番生气蓬勃的景象：政治上，实行民主执政，建立模范社区，官军民地位平等；经济上，开办特色工业，发挥特区优势，实行相互扶持；文化上，开办各类学校，提倡文化自由，培育爱国主义情怀；军事上，实行多种战术相结合，与友军亲密配合，张弛有度；生活上，艰苦奋斗，实行平均主义、互帮互助。陕北苏区正以一种崭新的社会面貌迎接着广大爱国青年。1937 年初，蒋介石智囊团成员涂思宗来延安考察，经考察后反馈的结论是“延安几乎没有一样东西算得上是正规的，不过它呈现的精神状态却不能轻估”。此时的陕北延安，正是一个自由、民主、温暖而明朗、蓬勃而富有生机的圣地，是许多人梦寐以求的地方。正如丁玲在《七月的延安》里所写的那样：“这里是乐园。街衢清洁，植满槐桑；没有乞丐，也没有卖笑的女郎；不见烟馆，找不到赌场。百事乐业，耕者有田。八小时工作，有各种保险。”这是什么地方？这里，就是乐园。当然，这也是一处对比。

4. 红色经典，革命传统教育的重要载体

习近平总书记指出：“要通过在全社会开展党史、新中国史、改革开放史、社会主义发展史宣传教育，普及党史知识，引导广大人民群众特别是青少年弄清楚中国共产党为什么‘能’、马克思主义为什么‘行’、中国特色社会主义为什么‘好’等基本道理，坚定不移听党话、跟党走，自觉做中国特色社会主义的坚定信仰者、忠实实践者，在全面建设社会主义现代化国家伟大实践中建功立业。”《红星照耀中国》正是极好的革命传统文化教育的重要载体和绝佳范本。

统编教材主编温儒敏如是说：“《红星照耀中国》现在收进了新编的初中语文统编教材八年级上册，是作为纪实类作品收录的，主要想引导学生通过对这本书的阅读去感受中国共产党人的理想信念与胸襟气度，以传承与弘扬革命传统；还希望学生们通过对这本书的学习，掌握新闻类纪实作品阅读的方法，学会如何观察事物，抓住特点，锻炼眼力和提升表达能力；也让学生了解，新闻报道是纪实，但也有立场态度，有作者的关怀与选择。在当今信息爆炸的时代，让学生学会观察、思考和选择，是非常必要的。”

阅读《红星照耀中国》时，在综合运用基本阅读策略外，基于文本的特质，特别建议突出以下阅读策略——情境式。

三、典型阅读策略——情境式

（一）理论基础

1. 感觉知觉理论

从心理学意义上说，感觉是人脑对直接作用于感觉器官的客观事物的各种属性和各个部分的总和的反映。人对各种事物的认识活动是从感觉开始的，感觉是最初级的认识活动。同时，感觉是知觉、记忆、思维等复杂的认识活动的基础，也是人的全部心理现象的基础，是最简单、最基本的心理活动。而知觉是通过系统化的处理，进而对外界客观因素产生的信息状态进行分析和处理，最后使个体获取信息的过程。知觉具备以下几个特性，分别是选择性、意义性、恒常性以及整体性。

2. 建构主义理论

建构主义是一种关于知识和学习的理论，强调学习者的主动性，认为学习是学习者基于原有的知识经验生成意义、建构理解的过程，而这一过程常常是在社会文化互动中完成的。建构主义的提出有着深刻的思想渊源，它有异于传统学习理论和教学思想，对教学设计具有重要指导价值。

建构主义的提出最早可追溯至瑞士的皮亚杰。皮亚杰坚持从内因和外因相互作用的观点来研究儿童的认知发展。他认为，儿童是在与周围环境相互作用的过程中，逐步建构起关于外部世界的知识，从而使自身认知结构得到发展。儿童与环境的相互作用涉及两个基本过程：“同化”与“顺应”。建构主义认为，“学习是意义建构的过程，而不是知识传授的过程”；“意义建构是活动参与者之间的社会协商过程”“学习就是对话”；意义建构与环境有关，人们“关于世界的信念和知识受到共同体及其信念和价值观的影响”。以建构主义为基础，催生出诸如探究性学习、情境学习、对话理论、学习共同体等探索热点。

3. 情境理论

在中国，情境理论源于中华文明，源于《易》，源自儒家文化。伏羲氏观天文人文，在情境中一画开天。伏羲开天，不是创世界，而是用“阴、阳”开创出文明的种子，让中华文化由蛮荒走向文明、从无序走向有序。伏羲的阴阳之道，提供人类最早认识自然、理解自然的理论。仓颉造字，见鸟兽蹄迒之迹，知分理之可相别异也，在情境中始制文字。中国古代思想家在情境中对主客体关系进行思考，提出了“天人合一”的思想。《毛诗大序》说：“诗者，志之所之也。在心为志，发言为诗。”《礼记·经解》也记载：“孔子曰：入其国，其教可知也；其为人也，温柔敦厚，诗教也。”刘勰《文心雕龙》中有“情以物迁，辞以情发”，王国维《人间词话》中有“以境界为最上，有境界自成高格”。叶嘉莹先生继承了儒家诗教中“兴”的功能，将“兴发感动”的诗教方法引入课堂，提出：“不该只是简单地把韵文化为散文，把文言变为白话，或者只做一些对于典故的诠释……更应该透过自己的感受把诗歌中这种兴发感动的生命传达出来，使读者得到生生不已的感动，如此才是诗歌中这种兴发感动之创作生命的真正完成。”李吉林老师提出情境教育理论，从解决课堂实际问题入手，由语文到其他各科，最终形成了既有共性又有个性的学科情境教学的完整操作体系。在外国，夸美纽斯所强调的语言的教学要从“熟悉的”“吸引人的”的题材或材料入手，其实质正是强调教学的情境性。桑代克认为，在生命形成之初，人的头脑中各神经元就形成了许多“原本联结”。这是“人的本性”，它决定了后天联结的趋向。所谓“学习”就是在一定情境的影响下，唤起“原本联结”中的一种联结倾向并使之加强的过程。皮亚杰基于长期的生物学、心理学研究，致力于在真实情境下以科学的实证方法探索人的学习和思维规律，使关于学习的本质和人的发展规律的认识达到了一个新高度。

（二）课标依据

《普通高中语文课程标准（2017 版，2020 年修订）》指出：“真实、富有意义的语文实践活动情境是学生语文学科核心素养形成、发展和表现的载体。语文实践活动情境主要包括个人体验情境、社会生活情境和学科认知情境。个人体验情境指向学生个体独自开展的语文实践活动，如在文学作品阅读过程中体验丰富的情感，尝试不同的阅读方法以及创作文学作品等。社会生活情境指向校内外具体的社会生活，强调学生在具体生活场域中开展的语文实践活动，强调语言交际活动的对象、目的和表述方式等。学科认知情境指向学生探究语文学科本体相关的问题，并在此过程中发展语文学科认知能力。”《义务教育语文课程标准（2022 版）》要求，“增强课程实施的情境性和实践性，促进学习方式变革”“义务教育语文课程实施从学生语文生活实际出发，创设丰富多样的学习情境，设计富有挑战性的学习任务，激发学生的好奇心、想象力、求知欲，促进学生自主、合作、探究学习；引导学生注重积累，勤于思考，乐于实践，勇于探索，养成良好的学习习惯；关注个体差异和不同的学习需求，鼓励自主阅读、自由表达；倡导少做题、多读书、好读书、读好书、读整本书，注重阅读引导，培养读书兴趣，提高读书品位；充分发挥现代信息技术的支持作用，拓展语文学习空间，提高语文学习能力”“义务教育语文课程培养的核心素养，是学生在积极的语文实践活动中积累、建构并在真实的语言运用情境中表现出来的，是文化自信和语言运用、思维能力、审美创造的综合体现”。

语文课程是一门学习语言文字运用的综合性、实践性课程。语言文字的运用，包括生活、工作和学习中的听说读写活动以及文学活动，存在于人类生活的各个领域。因此学生的语文学习情境是具有复杂多样性的。基于整本书阅读体系的构建，创设活泼、真实、富有意义的阅读情境，引导学生围绕名著课程进行阅读与研讨，激发阅读兴趣，提升阅读素养，丰富精神世界，从而提供语文课程设置的整本书阅读问题的教学方案。在实际教学中，科学创设典型情境，是判断教师教学智慧高低的一个因素，也是驱动学生走向深度阅读，提升核心素养的关键所在。

（三）策略诠释

情境式阅读策略，是指阅读者在真实开放的阅读活动中，将情境的丰富性、知识的系统性、阅读活动的操作性、审美教育的愉悦性、文化传承的多元性融为一体，既有“情以物迁，辞以情发”的横向体验，又有“择美构境，以境生情”的纵向衔接，通过“情境离散—情境聚合—情境生成”的情境式深度阅读路径，形成相互联系、相互迁移的整本书深度阅读策略。情境式阅读策略让阅读者在真实的语言文字运用情境中，主动阅读，主动思考，主动建构，突破了传统封闭式阅读，解决单纯符号化认知使阅读者处于被动、应付状态，发展受到压抑，潜能被压制的问题。

（四）教学应用

1. 情境感知

阅读感知是阅读者对书面文字符号与情境的识别和辨认，是阅读心理过程的初级阶段。阅读中所要感知的材料不仅是单字、词语，而且包括句子、段落、情境以及由它们组成的完整的意义篇章。名著阅读的课堂应是引导学生向情境意义、未知方向挺进的旅程，随时都有可能发现意外的通道和美丽的图景。

对于《红星照耀中国》，粗略统计，多数学生有较高的阅读兴趣，但也有少数学生反映有一些阅读困难，原因主要有：一是，本书作为纪实作品，忠实于写作者的观察，是写作者的客观记录，不像小说有一个完整、系统的故事情节让学生魂牵梦萦，也不像散文那样字斟句酌，让学生沉醉于优美意境；二是，八年级学生虽然在小学阶段接受过党史学习教育，但是对近代中国革命历史还未进行系统的学习，对书中描述的历史事件、政治逻辑缺少一定的认知，所以政治、历史知识的缺乏也是学生产生阅读障碍的原因。因此，教师需要和学生一起进行情境感知，了解当时斯诺的疑问，厘清阅读的思路和重点，明确阅读的策略和规划。

例如教师可以引用《走近毛泽东（增订版）》中的片段——

情境一：1936 年 10 月底，斯诺完成了他为时四个多月的探险旅程，回到北平的家中。斯诺的妻子尼姆·韦尔斯是这样描述斯诺刚回到家时的情形的：“他胡子拉碴，又累又饿，香烟、咖啡、鸡蛋、牛奶没一样不馋，但是却得意扬扬——酷似一只在吞咽金丝雀的猫。”“他写自己的采访纪实，我誊抄他的笔记，写图片说明。在打下那篇经典性的《毛泽东自传》后，我就想：‘我要不惜一切代价把埃德遗漏的地方补齐，这是无价之宝。’我们谈了又谈，一连几个钟头地谈，连着谈了好几天。他发现了一个全新的世界——完全崭新的文明世界。”

情境二：斯诺回到北平家中的第三天，收到了来自朋友的电话——他接到来自西安的消息，说斯诺被共产党处死了，美联社已在美国发了电讯，现在社会上的议论已经沸沸扬扬。接着，美国、英国许多家报纸的编辑都打来电话，询问斯诺是否被处死了。斯诺只好停下写作，驱车去美国使馆，举行记者招待会，发布了他苏区之行的重要消息。北平的新闻界震动了，中国的新闻界震惊了，世界的新闻界轰动了。要知道这是近十年来第一个亲身入红区探险者带回的消息啊！斯诺成了舆论界最关注的人物。

此外，师生还可以阅读《红星照耀中国》中的几个片段，让学生根据情境猜读“这是哪里呢”。

情境一：我们随着一条弯曲的小溪一连走了四个钟头，不曾见着一个人影子。我们所走的其实并不是路，只不过是夹于两面高山之间的一条小溪的溪床……末了，我们两侧的山壁突然消失，而展开了一个狭窄的山谷来，里面铺了青青的嫩麦。

情境二：这真是一个美丽的夜。清朗的天空闪跃着许多北方的星，在我下面的小瀑布低声奏着和平与宁静的歌曲。

情境三：我们躺在一块长长的平平的石头上，浅水的波纹漾过我们的身体。仰视天空，清朗碧澄。这里充满了和平与美丽的空气。

情境四：这些山丘的角度陡峭的阴影和着色随着太阳的转动奇迹般地变化着，黄昏时，这些山丘宛如一片宏阔的紫色海洋，暗色的天鹅绒般的褶皱自上而下铺展开来，就像是中式服装中的百褶裙，一直延伸到似乎深不可测的峡谷中。

情境五：猎犬们紧紧连在一起奔跑着，在平原上来回奔驰，追逐一只偶然发现的远远的羚羊或草原上的野猪。它们愉快地吠着，怪有趣地互相斗殴……

这是一个美丽多林的村庄。其实，这是1936年的陕北，是斯诺笔下1936年秋天的陕北。

2. 情境建构

建构性阅读教学的内容包括：学生是阅读意义建构的主体，阅读教学的开展应以学生为中心，教师在学生的阅读意义建构的过程中起帮助和促进作用。通过创设情境，深度体验，指导方法，引导探究，倡导优质学习环境的建立和合作学习的开展，使学生的自主建构朝着丰富、正确和全面的方向发展，以实现学生阅读能力的提高和人格的健全发展。

《红星照耀中国》记录的年代与学生生活距离遥远，教师不妨通过情境建构来增强学生的感性认识，深化原著内容，让学生多情境、多角度地了解历史。例如，书中第五章《长征》中的第三节《大渡河上的英雄》，可以进行如下情境建构：

情境一：借助小学语文课文《飞夺泸定桥》、八上历史教材中关于长征的内容、歌舞剧《长征组歌》片段、电视剧《长征》片段、电影《大渡河》和《飞夺泸定桥》、油画插图《飞夺泸定桥》等，多种情境、多角度地了解历史。感兴趣的学生也可以拓展阅读《四川省志·人物志·石达开》《飞夺泸定桥：一首凝固在大渡河上的英雄史诗》。

图 3.7　《飞夺泸定桥》插图

情境二：借助不同角色，讲解故事，比如模拟斯诺、红军战士、守桥敌人（白军）等。

情境三：借助网络资源，登录“中国工农红军强渡大渡河纪念馆”网站，依托“互联网＋长征”数字化情境，利用“强渡天险”App（5G＋AR技术），实现红军强渡大渡河的历史场景再现。学生用手机对准遗址，即可360度观看与现实场景叠加的3D虚拟影像，提升强渡大渡河遗址展示的直观性和吸引力，让强渡大渡河的历史故事更加生动立体，同时也能更直观、清晰地了解这段峥嵘岁月。此外，学校语文组也可以利用“校本课程”情境，建构红色研学课程项目化学习情境，精心选择生动有趣的教学内容，结合AR体验点设置了若干互动环节，采用现场教学、重走长征路的30千米远足、知识竞答、朗读者等方式，让学生了解强渡大渡河的英勇历史，体验行军艰苦，感悟长征精神。这有利于实现革命文化广泛传播，对传承红色基因、培育家国情怀具有十分重要的意义。

情境建构策略，可以是离散的单一情境，也可以是通过单一情境聚合而成的多维情境，还可以是遵循“情境离散—情境聚合—情境生成”路径的大情境。这个大主体情境，是情境与内容、学生互相渗透，重叠组合，使整本书的章节序列与学生的情绪序列互为影响，贯穿始终、深度体验的大时空场域。这就要求教师以整本书为单位整体设计大教学情境，将若干个课堂情境演变为统一的大课堂情境域。

3. 情境对话

情境对话，就是在阅读的过程中，阅读者可以以“X”任意视角进入文本情境，与作品、作者、世界对话，产生生命力量的感发。阅读教学要源于生活中对于语言文字运用的真实需求，服务于解决现实生活中的真实问题，贴近学生的既有经验，符合学生的认知水平，激活整本书阅读与学生真实生活、经验世界之间的联系，让学生个体或群体与名著、作者、书中人物对话，要体现运用语文解决整本书阅读的典型问题的过程和方法。各教学环节要设计不同类型的学习任务，整合学习情境、学习内容、学习方法和学习资源，安排连贯的语文实践活动。设计要体现明显的学习进阶，要有与目标相对应的学习进程，要有过程性评价，课堂监测安排合理，能较好地促进目标实现。

情境一：“中国的共产党究竟是什么样子的呢?”“有什么不可动摇的力量在逼迫着他们去维持这种自杀的政见的呢?”“他们的运动的革命根据是什么呢？究竟是怎样的希望，怎样的目标，怎样的梦想，使他们成为顽强到难以置信地步的战士的呢?”“红军怎样穿衣？怎样吃食？怎样游戏？怎样恋爱？怎样工作?”

在斯诺心头，盘旋着太多的疑问和谜团——“在地球上人口最多的一个国度的正中心，那些中华天朝的红军在那里战斗，九年以来，被新闻封锁，和外界完全隔断，其封锁之紧，正同一座石头的要塞一般”。苏区和红军的存在成了一个难解的谜，他很想弄清这样一些问题。为了解开这些谜，给萦绕在心头的问题找到答案，斯诺冒着生命危险，穿越重重封锁，深入保安。他用不停的行走与采访，解开了心中一个又一个谜团。斯诺的答案有没有解答他的疑问？这种作者自问与自答之间的情境对话，“谣言”与“事实”的情境对话，便引发了学生探究名著的好奇心。

情境二：在陕北，斯诺采访了众多共产党领袖和红军将领，如毛泽东、周恩来、彭德怀、林伯渠、邓发、徐海东、徐特立等。斯诺描述他们的言谈举止，追溯他们的家庭环境和青少年时代，试图从其出身和成长经历中，找寻他们成为共产党人的原因。

斯诺对不同人物的多个采访情境，建构起了共产党领袖和红军将领的成长史。那么，这些人物的不同革命道路，通过口述历史的形式，呈现出了中国共产党人“为人民谋幸福，为民族谋复兴，为世界谋大同”的初心与使命的一致性。学生可以通过设计人物特写卡、采访提纲卡的形式，分层次展示学习成果，最终有感可发，在情境当中起到促思考、生成的作用。这一情境使学生阅读深入，思路开阔，思维缜密。学生能言之有物，生成许多虽简单却富有情感和价值的作品。

总之，情境式阅读策略意味着在整本书阅读教学中要重视情境教学，创设深度参与的情境任务，增强与学生生活、社会实际的联系，引领学生走向深度阅读，驱动学生综合运用所学知识去分析问题和解决问题。笔者认为，进行情境式设计需要注意三个角度。

第一，营造典型情境要紧扣文本、学科，找准契合点。情境教学所创设的情境，是教师有意识创设、优化了的。语文课标中明确，语文实践活动情境主要包括日常生活情境、文学体验情境和跨学科学习情境。由于语文学科情境内涵的多重性，在具体实践中，不免会出现为情境而情境的教学设计，情境与文本的内涵关联不密切，甚至没有关联的情况。因此，寻找情境与文本特质及学科素养的紧密契合点，是开展情境教学的第一要素。

第二，创设典型情境要配合教材、课堂，找准节奏点。语文课程标准建议关注学生学习方式的转变，做好学生语文学习活动的设计、引导和组织，注重学习的效果。根据学生的发展需求，围绕学习任务群创设能够引导学生广泛、深度参与的学习情境。那么，怎样引导学生在创设的典型情境中广泛、深度参与，走向深度阅读？这就需要创设典型情境时不要一味求大求全，要讲求适切，和教材体系、课堂推进环节相搭配，多维度设计找准节奏点。具体可以从三点切入：宏观维度设计关照大单元情境；中观维度设计基于整个文本情境；微观维度设计聚焦文本某一环节。

第三，设计典型情境要有亲和度，找准借力点。宽阔、亲和、保证主体活动的学习情境是最佳的学生学习环境。情境式阅读设计，贴近学生的生活体验和情感体验，抓住生活中常见但又值得深思的场景，创设具有亲和度又有挑战性的典型情境任务，从而激发学生内在的学习动机。情境式设计的源头或者活水取自哪里呢？笔者认为可以从教材和整合资源两个角度入手：借助源头——结合教材进行情境设计；借助活水——整合资源进行情境设计。

四、案例展示

（一）整本书阅读规划表

表 3.12　《红星照耀中国》阅读规划表

时间	阅读内容	阅读任务
第 1 天	阅读卡 1： 作者序	读序言，了解相关背景信息，将以下问题的答案记录在卡上：《红星照耀中国》的作者是谁？是在怎样的背景下完成的？作品有什么影响？
	阅读卡 2： 译者序	阅读译者序，记录以下信息在卡上：作者简介、时代背景、作品影响、题目含义。
第 2 天	阅读卡 3： 第一章：探寻红色的中国	1. 作者是带着哪些问题出发的？请分点列出。 2. 用线形图标注作者一路遇到的人和事，了解作者进入红区的方式和路线。
	阅读卡 4： 第二章：到红色首都去的路上	1. 画出周恩来的人生轨迹图，了解周恩来的成长史。 2. 分点概括与贺龙相关的事件和人物性格。
第 3 天	阅读卡 5： 第三章：在保安	1. 用“毛泽东，一个……的人”作为基本句式，用一组排比句概括毛泽东的特点，并从文中摘抄或概括文本依据。 2. 简要整理作者和毛泽东的问答，了解毛泽东关于抗日战争的基本观点。
	阅读卡 6： 第四章：一个共产党员的来历	1. 选择毛泽东成长过程中具有重要意义的事件，绘制其成长轨迹图。 2. 从红军的成长史、红军的组成、红军的纪律、红军的战术等角度中任选一个角度，结合文本进行专题探究，用文字或图表呈现。

（续表）

<table>
<tr><th>时间</th><th>阅读内容</th><th>阅读任务</th></tr>
<tr><td rowspan="2">第 4 天</td><td>阅读卡 7：
第五章：长征</td><td>1. 红军遇到了哪些困难，是如何应对的？列表呈现。
2. 根据长征的具体数据，绘制一张数据图，简要谈谈感受。
3. 摘录作者的相关评价，明确作者的态度。</td></tr>
<tr><td>阅读卡 8：
第六章：西北的红星</td><td>1. 根据原著内容，以“志丹其人”为题，简要介绍一下刘志丹。
2. 结合原著内容，谈谈你对“朱门酒肉臭，路有冻死骨”的理解。
3. 结合当时大的背景，说说红军“土地的再分配，高利贷的废除，苛捐杂税的取消，特权阶级的清除”的经济改革措施的意义。</td></tr>
<tr><td rowspan="2">第 5 天</td><td>阅读卡 9：
第七章：到前线去的路上</td><td>1. 根据当地百姓的描述，对白军和红军进行对比，写出你的结论，列表呈现。
2. 完成表格，对比吴起镇工人和上海工人的生活状况，写出你的结论。
<table>
<tr><th>生活状况</th><th>吴起镇工人</th><th>上海工人</th></tr>
<tr><td>工资</td><td></td><td></td></tr>
<tr><td>工作时间</td><td></td><td></td></tr>
<tr><td>住宿和伙食</td><td></td><td></td></tr>
<tr><td>医疗</td><td></td><td></td></tr>
<tr><td>假期</td><td></td><td></td></tr>
<tr><td>对孩子的照顾</td><td></td><td></td></tr>
<tr><td>文化生活</td><td></td><td></td></tr>
</table></td></tr>
<tr><td>阅读卡 10：
第八章：在红军中（上）</td><td>1. 红军到底是支怎样的军队？请用 100 字简要概括说明。
2. 绘制彭德怀的人生轨迹图。
3. 简要说说游击战的原因、取胜要素和主要原则。</td></tr>
</table>

（续表）

时间	阅读内容	阅读任务
第6天	阅读卡11： 第九章：在红军中（下）	作者评价徐海东是他“所遇到的红军领袖中，有最强的阶级感的人”，请根据原著谈谈他这么说的依据。
	阅读卡12： 第十章：战争与和平	1. 根据原著内容，归纳“红小鬼”的共同点。 2. 以朱德的行踪为线索，梳理朱德的生平。
第7天	阅读卡13： 第十一章：回到保安去	1. 从两位红军战士的语言入手，分析红军在他们心目中的地位。 2. 在作者笔下，保安的生活是一种怎样的生活？请用两三个词语概括。
	阅读卡14： 第十二章：回到白色区域	用思维导图呈现“西安事变”的前因、经过和结果。

（二）整本书阅读教学设计案例

红星闪闪

——《红星照耀中国》整本书阅读教学设计

【学习目标】

1. 通过情境化设计，激发学生阅读红色文学的热情。

2. 通过进阶式情境任务驱动，使学生逐步感受长征精神，提高思维能力。（重点）

3. 通过汲取革命精神力量，增强学生报效祖国的责任感，提高文化自信。（难点）

【学习策略】

采用情境式阅读教学策略：

1. 情境建构“红军不怕远征难”：在长征胜利86周年之际，长征纪念馆举行了一场“追寻英雄史诗，致敬不朽丰碑”主题活动，开展“致敬国家丰碑——《红星照耀中国》红色故事讲解员大赛”。

2. 情境聚合“万水千山只等闲”：绘制长征路线图，认识书中人物，讲解长征故事等。

3. 情境对话“跨越时空的对话”：情景剧表演，致敬新长征路上的“红星”等。

【学习过程】

一 创设情境导入

在长征胜利86周年之际，长征革命纪念馆举行了一场名为“追寻英雄史诗　致敬不朽丰碑”主题活动。为更好地调动学生阅读红色文学的热情，更好地感悟革命精神，现开展“致敬国家丰碑——《红星照耀中国》红色故事讲解员大赛”，把丰富多彩、感人肺腑的红色故事传递给千家万户。

设计意图：新课程标准指出，增强课程实施的情境性和实践性，促进学习方式变革。本环节通过创设真实情境，激发学生阅读红色文学的兴趣，完成本节课的主题探究活动。

二 任务群一：绘图取迹，寻“万水千山”

各位参赛选手，“致敬国家丰碑——《红星照耀中国》红色故事讲解员大赛”即将拉开序幕，正式比赛之前，先按照要求完成以下两个赛前活动。

任务一：绘一幅长征图

活动要求：请重读《红星照耀中国》经典篇章《长征》，绘制一幅长征路线图。

明确要求：标识出红军长征经过的省份名称，红军长征中诸如“重渡乌江”“强渡大渡河”“飞夺泸定桥”“爬雪山”“过草地”等具有重大意义的事件及地点。

设计意图：根据新课程标准要求，本环节旨在引导学生在语文学习实践活动中，联结课堂内外、学校内外，拓宽语文学习和运用领域。本环节通过跨学科学习，将地理学科与语文学科相结合，让学生直观感受长征之长。

任务二：寻“万水千山”

活动1：解说长征路线图，感知长征之长

艰难的长征路，记忆深处的人和事，就像一颗颗闪闪的红星，照耀征途。

接下来，我们沿着这条路线图，一起去寻找感动我们的“闪闪的红星”。

设计意图： 新课程标准指出，整本书阅读教学应以学生自主阅读活动为主。本环节通过让学生解说长征路线，反馈学生的自主阅读成果。

活动 2： 请结合绘制的长征路线图以及《红星照耀中国》中关于长征的评论性文字，提取关键性数据，初步感受长征之难。

预设： 在路上的 368 天，有 235 天花费在白日行军上，有 18 天花费在夜间行军中。在停留的 100 天（有许多是花费在作战上）之中，有 56 天是在四川西北部度过的，其余的 44 天，走了 5000 英里路。平均所走的里数，每隔 114 英里停歇一下，平均每天走 24 英里。如此大军以此平均速度走过许多世界上最危险的地带，这真是一种惊人的行走速度。

红军一共过了 18 座大山岭，有 5 座是全年被雪笼罩着的，他们渡过了 24 条河流。他们经过了 12 个省的地方，占领了 62 个县，除了打败、逃避或包围了中央政府所派遣去攻打他们的各种军队以外，他们还冲破了 10 个省不同的地方军阀。他们走入并且成功地通过了六种不同的土著民族的区域，深入了几十年中国军队从没到过的地方。

没有人能够拒绝承认，红军这次长征，是军事史上最伟大的事业。

设计意图： 新课程标准要求，引导学生在语文实践活动中，通过整体的情境感知，感受文学语言和形象的独特魅力，获得个性化的审美体验。本环节旨在通过对红军长征中关键性数据的提取，让学生初步感受长征之难。

三 任务群二：融情入境，颂“远征精神”

各位参赛选手，“致敬国家丰碑——《红星照耀中国》红色故事讲解员大赛”正式拉开序幕，本活动将通过 4 个环节的比赛最终决出红色故事讲解员，把丰富多彩、感人肺腑的红色故事传递给千家万户。

任务一：诵一首壮词，唤远征之忆

活动： 通过诵读毛泽东的《七律·长征》，完成“红色故事讲解员”第一关活动，获得比赛资格。

七律·长征

毛泽东

红军不怕远征难，万水千山只等闲。
五岭逶迤腾细浪，乌蒙磅礴走泥丸。
金沙水拍云崖暖，大渡桥横铁索寒。
更喜岷山千里雪，三军过后尽开颜。

设计意图：新课程标准要求，分类整理、欣赏、交流所积累的词语、名句、诗文等，并在日常读写活动中积极运用，提升自身的中华文化素养。本环节设置通过诵读诗词的真实情境，让学生获得活动资格，既调动了学生参与的积极性，又重温了红军长征的重要阶段。

任务二：识一个人物，感精神之美

活动：选择作品中令你印象深刻的一个人物，向同学简要介绍他的故事。

预设：以毛泽东为例，制作人物形象特写卡。

1. 他的外貌

他是一位瘦弱的如同林肯般的人物，身材高出一般的中国人，背有些弯曲，披着一头很长的浓厚的乌发，睁着一双巨大而敏锐的眼睛，还有高鼻梁和突出的颧骨。

2. 他的出身

我父亲是一个贫农，在年轻的时候，就因为负债过多被逼迫着投入军队。他当了很多年的兵。后来回到了我所出生的乡村里，做小买卖和一些别的事业，克勤克俭，攒积下一点小款子，买回了他自己的土地。

这时我家有十五亩田地，成了中农。在这田上我们每年可以收六十担谷……到后来又买了七亩田，这样我家就归到“富农”一类了。那时候我家每年可以收到八十四担谷。

3. 他人眼中的毛泽东

生活简朴：毛泽东吃的东西，也同每个普通人一样，但因为是湖南人，他有着南方人“爱辣”的食性。他甚至用辣椒夹着馒头吃。除了这种嗜好之外，他对于吃的东西就很随便。

毛泽东和他的夫人住在两间窑房里，四壁简陋，空无所有，只挂了一些地图。他们可以夸耀的主要奢侈品，只是一顶蚊帐。此外，毛泽东的生活，便和红军一般战士没有什么两样。做了十年红军领袖，甚至千百次地没收了地主、官员和税吏的财产，他所有的却依然是一条毛毯，几件个人的用品——包括两套棉制的制服。

精力过人，身体健康：毛泽东每天做着十三四个小时的工作，常常直到深夜二三点钟才休息。他似乎有着铁一般的体质。检查全部的健康，结果据报告是非常之良好。他从来不曾生过肺病或其他“不治之症”。

平易近人（温和亲民），关心部下：傍晚时候，毛泽东光着头在街上散步，一边和两个年轻的农民谈着，一边热切地做着手势。他幼年和青年时代的情形，他怎样成为国民党和国民革命的一个领袖，怎样成为共产主义者以及红军怎样扩展起来的经过，他统统告诉了我。他纵谈长征西北的情形，并且写了一首长征的旧诗给我。

他有着中国农民质朴的率真的性格，并且富有生动的幽默风趣，爱好质朴的笑。

我曾几次同毛泽东去参观村民和红军的群众大会，也曾同去参观过红色剧院。他毫不惹目地坐在观众的中间，非常之自得其乐。

他是一个诚恳、笃实而忠于言行的人。无论我写什么文章，或拍什么照片，他从来不加以干涉，这样的善意，使我非常感激。

有一两次当讲到已死的同志或回忆到少年时代不幸事件的时候，我看见他的眼睛是润湿的。所谓不幸事件，就是湖南的饥荒和谷米暴动，那时有几个饥饿的农民因到衙门要求粮食而被砍了头。有一个士兵告诉我，他曾亲眼看见毛泽东把自己的短衫脱给一位在前线受伤的弟兄。他们又说当红军战士没有鞋穿的时候，他也不愿意穿鞋。

博览群书，熟悉政治：他是一个非常机智的知识分子的面孔。我很惊异他对于目前世界政治的熟悉。毛泽东对于世界史极有研究，而于欧洲社会和政治的情形，也有一个实质的概念。他对于罗斯福总统的意见，是颇有趣味的。他对于印度问题也有一些确切的意见。

毛泽东是哲学的热心研究者。有一次，我正在晚上和他谈着共产党的党史，一个客人带了几本哲学新书来给他，于是毛泽东就要求我改期再谈。他读书的范围不仅限于马克思派的哲学，而且也读些古希腊的、斯宾诺莎、康德、歌德、黑格尔、卢梭以及其他各家的著作。

富有军事智慧：他虽身经数十次的战役，还曾被敌军俘获却逃脱，他虽有世界上最高的赏格缉拿他的首级，可是在这许多年头，他并不曾受过一次伤。

极具威信，幽默风趣：现今，毛泽东在中国共产党方面的影响，也许比什么人都要大。他几乎是所有各种委员会的委员。每个人都知道他而且尊重他。

他常泰然地笑着自己和苏维埃的缺点——这种天真的笑是丝毫不会损害他内心的忠诚的。

具有反抗精神：早年反抗父亲，读“非法的书籍”，剪辫子，组织农民协会，组织秋收起义等。

坦荡洒脱，不拘小节：我记得有一天和毛泽东谈话的时候，看见他心不在焉地松下了裤袋，搜寻着什么寄生动物……

（说明：这些描写，不仅毫无取笑之意，还以俗显雅，真实记录了当时条件的艰苦，也反映出领袖不拘小节、与民同苦的本色，也表现出领袖朴实自然和坦荡洒脱的性情。）

任务三：品一段细节，敬远征之壮

活动：选择长征中具有重大意义的一个事件，如“强渡大渡河”“飞夺泸定桥”“翻雪山”“过草地”，运用圈点勾画的批注阅读方法进行细读，注意突出最让你感动且印象深刻的细节，设身处地演绎英雄，讲述英雄那“惊人的勇敢”。

预设1：名著原文

十六条很粗的铁链，长有六七百尺，横过河的两岸，两头都钉在两岸的岩石之下。很厚的木板，捆在铁链上面，做成了桥的道路。当红军来到这里的时候，他们发现这些木板，一半已经被损坏了，只剩下光光的铁链子，伸到河中。在桥的北头，敌人们的机关枪巢正对着他们，在这桥头的后面，有一师的敌人军队，布置了阵地……谁能想到红军会用几条光光的铁链子就过河，这不是发疯吗？可是他们做的却正是这类的事！

一分一秒钟都是不容许浪费的。在敌人的增援部队没有来到之前，这座桥必须要占领下来。这时又一次征求敢死队了。红军战士们一个个地都站上前来，请求拿他们的生命来冒险。在这些自告奋勇的人中，选择了三十个人。在他们的背上捆上了手榴弹和毛瑟枪。很快他们就爬到奔腾的河流上去了，双手握着铁链往前推进。红色的机关枪对着敌人的设防地带开火，子弹像雨一般地洒在桥头。敌人用他们自己的机关枪扫射做出回应，从埋伏的地点对着水浪中颠簸着的慢慢前进的红军扫射。第一个红军战士被击中了，掉到下面的水流中。接着第二个、第三个……可是当他们来到离链子的近处，那些没有被毁去的桥板，多少保护了这些敢死的人，许多的子弹都飞过了，或者打到对岸的悬崖上。

预设2：情景剧《跨越时空的对话》

【转变角色的演绎】

学生：红军哥哥，红军哥哥，你醒醒！

红军：你是？

学生：我是从2022年来的，长征胜利86周年了。

红军：我们胜利了？我们成功渡过大渡河了吗？

学生：是啊，我们胜利了！我们现在都在听长征的故事，讲长征的故事。你能给我们讲讲渡河的故事吗？渡河难吗？

红军：难啊……在敌军增援部队到达之前，我们必须占领这座桥。但那桥上的木板只剩下孤零零的几块，没有桥板，我们只能依靠那几根光溜溜的铁链渡河。“只靠铁链，我们也能渡河！”我和战友们一把抓起手榴弹和毛瑟枪，往后背上一捆，顾不得已经流血的胳膊，赤着脚便爬到那河流汹涌的桥上去了。这时候正是五月，水从山上倾泻下来，如血盆大口般地吞噬着河床。那一根根盘虬如树根一般的铁链啊，我们用双手紧紧地抓住铁链。布满一道道血口的手背上，青筋嶙峋地凸起着，抓住铁链就是抓住我们的生命线！鲜血一滴滴地跌进水浪里，我们爬过的地方，留下一片片红色印迹。敌人用机关枪从埋伏的地点向我们扫射，铁链因为我们的爬行而摇晃着，但是我们不能放弃！冲在最前面的战友不幸被敌人击中，跌入奔腾的水流中，我们来不及看他一眼，一瞬间他就被河水吞没了……接着第二个、第三个……我们顾不上伤心流泪，只能冒着雨点一般的子弹往前行进。战友一个接一个地倒下去，又一个接一个地爬起来……终于有一个战友爬上了桥板，迅速地解下捆在背上的手榴弹，拼尽全力朝敌人扔去……

学生：渡河如此艰难，你们这么年轻，为什么明知可能会牺牲也要渡河啊？

红军：因为我们都是穷人，红军是“穷人们的军队”，他们保护穷人，把我们的地契都毁了，把捐税都废除了，教我们识字读书，训练我们武装战斗，我们的红军就是人民。虽然难，但是我们能同艰难顽强抗争；虽然难，但是我们对革命仍旧非常乐观；虽然难，但是我们都是为了后代，为了中国而战斗；虽然难，但是这种冒险、探索、发现的勇气和牺牲斗争精神，却像火光一样照耀着我们以及成千上万的青年人的热情、希望，战斗到底！

学生：我该用怎样的语言来表达此刻心中翻涌的感情？我仿佛看到了你们在大渡河上那“惊人的勇敢”。（播放《飞夺泸定桥》影片片段后，朗读《红星照耀中国》选段）

学生：你们是我的同龄人，你们的青春选择是在国家民族生死存亡之际走上战场、英勇作战。我们生在新时代，学在党旗下，我们的青春应向你们看齐，牢记使命，砥砺前行。你的青春我来继续，新的长征我们走！

设计意图：新课程标准要求，开展多样的读书活动，丰富、拓展名著阅读，尝试改编名著中的精彩片段。本环节旨在引导学生通过情境对话整合本书相关情节内容，对精彩片段进行文本细读与改编，加深对长征中具有重大意义的事件的理解，学习和感受长征精神，为下一环节用不朽的长征精神指引自己的人生之路做准备。全新的演绎形式、真挚的情感表达、精彩的舞台呈现，让流淌在名著里的文字“活”了起来。情景剧充分展现了斯诺的文字里蕴含的革命传统文化、进取精神和时代价值，对立德树人的作用是不言而喻的。

任务四：感一种精神，悟历久之新

活动：通过新的情境生成，探究新长征路上英雄们身上所体现的民族灵魂，感悟“长征精神”的历久弥新。

预设：伟大长征精神，就是把全国人民和中华民族的根本利益看得高于一切，坚定革命的理想和信念，坚信正义事业必然胜利的精神；就是为了救国救民，不怕任何艰难险阻，不惜付出一切的精神；就是坚持独立自主、实事求是，一切从实际出发的精神；就是顾全大局、严守纪律、紧密团结的精神；就是紧紧依靠人民群众，同人民群众生死相依、患难与共、艰苦奋斗的精神。

中国共产党人和红军是最英勇无畏的中国英雄，在民族最紧要的关头，为抵抗外敌入侵，抛头颅，洒热血。在新长征路上，中华民族也涌现了无数的英雄，如“两弹一星”元勋邓稼先、改变山区女童命运的公益校长张桂梅、主动请缨扶贫的黄文秀、赤心贯苍穹的航天追梦人、诺贝尔奖获奖者屠呦呦……中华民族不可征服，坚贞不屈的精神一直在传承。“这些红星，这些成千上万的英雄”，是指中华民族的英雄，他们是民族的灵魂。

长征，是由一群年轻人走出来的壮举。他们成就了不可征服的那种精神、那种力量、那种欲望、那种热情。这就是中国的脊梁，长征精神就是中国民族的脊梁精神。这些是人类历史丰富而灿烂的精华。

强国有我！“红星”，永远照耀中国！

设计意图：新课程标准指出，阅读反映中国革命各个时期的重大事件、伟大成就，要求学生感悟革命英雄的理想信念和奋斗精神，运用多种方式交流自己的阅读感受。本环节旨在引导学生由课内走向课外，由书本走向实际，用不朽的长征精神指引自己的人生之路。

四 任务群三：寓文留思，书“时代新篇”

任务：请你给红军战士写一封信，向他介绍中国共产党领导下的新中国。（可以谈谈祖国的新面貌、我们的新生活、我们的新时代、新长征路上的新“红星”等）

（三）学习成果

1.《读书会》报告

红星为什么能够照耀中国？

美国记者埃德加·斯诺的纪实作品《红星照耀中国》于 1937 年一经问

世，便以毋庸置疑的事实向全世界宣告：中国共产党及其领导的红色革命犹如一颗闪亮的红星，不仅照耀着中国西北，而且必将照耀全中国。

因为这颗红星指引了中国革命的正确道路。第一次国共合作破裂后，红军四次击败国民党对革命根据地的“围剿”；在第五次反“围剿”失败后，红军又完成了被毛泽东喻为“宣言书”“宣传队”“播种机”的伟大的二万五千里长征迁移；四渡赤水河、勇夺泸定桥、飞渡金沙江等战役表现出红军通过各种巧妙的战术突破敌军的重重包围。1936 年 12 月 12 日，张学良、杨虎城将军为挽救民族危亡发动了“西安事变”。为停止内战，全国统一抗日，中国共产党委派周恩来等同志赴西安促成事变和平解决，在多次努力下，国民党接受了“停止内战、一致抗日”的主张。中国共产党与国民党开始了第二次合作，并促成抗日民族统一战线的建立。

因为这颗红星召集了许多伟大的共产党领袖和红军领袖。有爱吃红辣椒的毛泽东，有在田埂走过时把胳膊爱护地搭在“红小鬼”身上的周恩来，有四处寻找并最终加入中国共产党的朱德，有下令保存国民党悬赏缉拿传单来印红军宣传品的彭德怀……他们身上无一不具有为民族解放而艰苦奋斗、牺牲奉献的崇高精神。

因为这颗红星还得到了中国工农大众的衷心拥护。农民把自己的孩子送去参加红军，为战士们送粮送衣。他们把中国共产党看作亲人，把红军看作为穷人打仗的自己的军队。

《红星照耀中国》一经出版，向全世界人民呈现了一个真实的中国革命。成千上万的中国青年读完本书后纷纷走上了革命的道路。中国共产党及其领导的革命事业犹如一颗闪亮的红星，不仅照耀着中国西北，还照耀全中国，甚至照耀全世界。80 年后，正如书中所言，革命事业已经照耀了全中国，而中国也在共产党的坚强领导下走上了繁荣富强的道路。

感谢埃德加·斯诺，他以公正客观的角度，把自己在红色区域的所见所闻都一点一滴地记录下来，汇编成《红星照耀中国》。这本书，也宣告了红星照耀中国的必然结果。

2. 采访记录卡

表 3.13 《红星照耀中国》采访记录卡

采访对象	红军战士“老狗”“老表”等；村民
人物主要经历和体验	红军教他们读书写字、操纵无线电、使用兵器、帮助穷人等；红军对百姓很好，不抢不打。 村民认为共产党员是帮助百姓打白匪和国民党的人，还帮助百姓打地主和资本家，他们很自然地说“我们的红军”。 ……
得出的结论	共产党实行“打土豪、分田地”的政策，将田地分给真正有需要的老百姓，切实保障了百姓的生活和利益，在群众中有着深厚的基础，为其最后的胜利奠定了基础。这次采访也是斯诺预测“红星照耀中国”的原因之一。

3. 思维导图

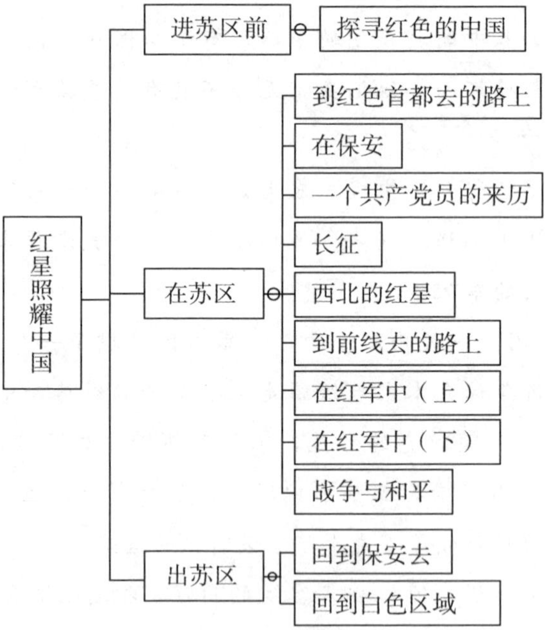

图 3.8 《红星照耀中国》思维导图一

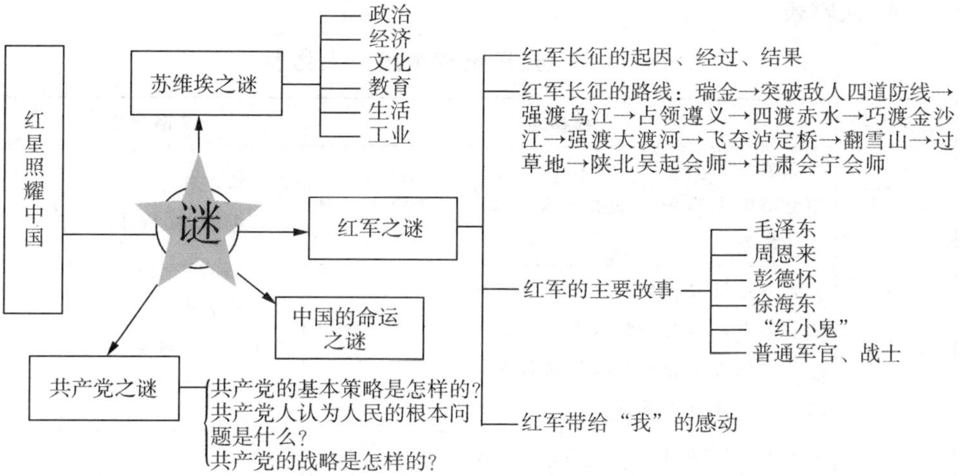

图 3.9　《红星照耀中国》思维导图二

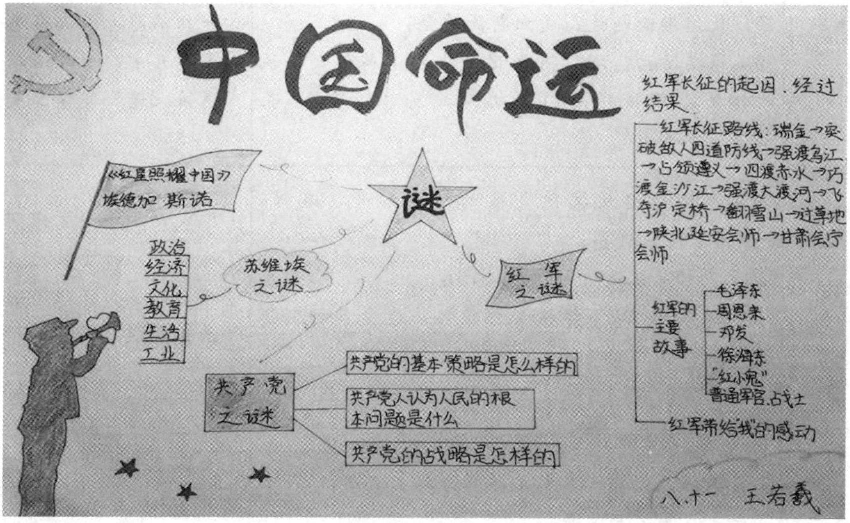

图 3.10　《红星照耀中国》思维导图三

4. 人物表

表 3.14 《红星照耀中国》人物表

经典人物	人物事迹	性格分析
周恩来	①求学，参加学生运动，留学； ②发动国民革命，组织工人罢工、广州公社，地下活动等。	①头脑冷静，信念坚定； ②平易近人，充满活力。
贺　龙	①凭一把菜刀在湖南建立一个苏区； ②参加南昌起义并加入共产党； ③多次把哥老会成员收编进红军； ④行军作战神出鬼没。	①英勇善战； ②口才好、威望高； ③急躁却谦虚。
毛泽东	①童年：8 岁上学，逃课，阅读书籍，上新式学堂； ②在长沙：剪辫子，参加起义军，报名进学，自修，就读湖南师范，成立新民学会； ③苏维埃运动：1927 年失败，发动南昌起义、秋收起义，开辟井冈山根据地，反“围剿”，长征等。	①质朴纯真，说话平易； ②生活简朴，博览群书； ③一丝不苟，果决有魅力； ④军事天才，有政治眼光； ⑤感情深邃，爱军爱民。
彭德怀	①童年时奋起反抗欺负他的地主孩子、老师，9 岁离家闯荡世界； ②17 岁领导饥民攻打囤粮大地主； ③参加革命、从事谍报工作被抓，遭受各种刑罚坚决不招供； ④加入共产党，巧妙运用游击战术取得胜利。	①乐观爱笑，率直爽朗； ②有才智，善于驰骋； ③精力旺盛，顽强不屈； ④性格刚烈，有强烈的反抗意识。
徐海东	①童年被人欺负，当窑工并参与罢工活动； ②参军，加入共产党； ③组织窑工成立湖北省第一支“工农军队”。	①大胆无畏； ②革命意志坚定，阶级意识强； ③有点孩子气。
朱　德	①出身佃农，6 岁进学，被过继给伯父，求学； ②参军打仗大大小小几百次，其中有几十次大仗，经历过五次围剿； ③制订自习读书计划，熟读政治、经济书籍； ④坚持寻找并加入共产党，寻找新的革命道路； ⑤积极主动戒掉鸦片烟瘾。	①沉默谦虚，爱惜部下，温和朴实，爱民； ②喜欢运动和读书，大智大勇； ③忠于党的事业，为革命甘愿丢弃个人享受、财富和地位。

参考文献：

1. 刘健．《红星照耀中国》译名的由来［N］．光明日报，2018-07-29（05）.

2. 温儒敏．《红星照耀中国》魅力何在——写在《红星照耀中国》中文版出版80周年之际［N］．人民日报，2018-05-08（24）.

3. 习近平．学好“四史”，永葆初心、永担使命［J］．求是，2021（11）：4-10.

4. 戴维·H．乔纳森，苏珊·M．兰德．学习环境的理论基础［M］．徐世猛，李洁，周小勇，译．上海：华东师范大学出版社，2015：前言7-8.

5. 蒋建农，曹志为，王本前．走近毛泽东（增订版）［M］．北京：中共党史出版社，2003.

6. 齐好芝．典型情境任务驱动下的深度阅读［J］．中学语文教学参考，2021（32）：20-22.

第五节 融合式阅读

——以科普作品《昆虫记》为例

一、整本书概要

（一）作家介绍

让·亨利·卡西米尔·法布尔（1823～1915），法国著名昆虫学家、博物学家、文学家，被世人称为“昆虫界的荷马”“昆虫界的维吉尔”。

他半生自学，12年间先后取得了业士学位、数学学士学位、自然科学学士学位和自然科学博士学位，精通拉丁语和希腊语。作为博物学家，他留下了许多动植物学术论著，拥有三项有关茜素（一种典型的媒介染料）的专利权；作为教师，他曾编写过多册化学、物理课本；作为绘画爱好者，他用水彩绘制了700多幅真菌图；作为诗人，他用法国南部的普罗旺斯语写下了许多诗歌。但他的作品中最为世人所熟知的仍然是《昆虫记》，这里面有他对科学的痴迷、对生命的热爱、对人生的追思。

1823 年，法布尔出生在法国南部的农民家庭，乡间生活让他有了充裕的时间与大自然中的花草虫鸟亲密接触。儿时的法布尔找鸟巢、挖野菌、偷鸟蛋，在大自然中自得其乐。因家境贫困，法布尔 7 岁才入学接受教育，但中学未正常读完便辍学了。后坚持自学，19 岁在师范学校毕业后他成为一名教师，而后又凭借个人的勤奋与努力，自学获得了学士、博士学位。法布尔对知识充满好奇与敬畏，他曾说："做了十五个月的解析几何练习之后，我们一起去参加蒙彼利埃大学的考试。于是，在文学学位之外，我又得了一个数学学位。文凭是我同伴学习的终点，他精疲力竭，再也不想继续学解析几何这些劳什子了。而那张文凭却只是我的开始。"

法布尔对自然界中那些可爱的昆虫一直念念不忘，求学或工作期间，他始终如一地观察和记录各种昆虫的行为和生活习惯。1857 年，他发表了处女作《节腹泥蜂习性观察记》，修正了当时昆虫学祖师列翁·杜福尔的错误观点，赢得了法兰西研究院的赞誉，达尔文亦给予了他很高的评价，称他为"无与伦比的观察家"。

1879 年，法布尔将自己积累 20 余年的观察材料整理为《昆虫记》第一卷，引起了不小的轰动。第二年，他用辛苦积攒的积蓄，在普罗旺斯小镇上购买了一所废弃的宅院，因其乱石丛生，故自命雅号"荒石园"。"我经过了四十年的艰苦努力，顽强奋斗，最终才获得了这块宝地。"他终身居住于此，荒石园成了他工作和生活的乐园。在那里，法布尔与昆虫为伴，一方面倾心观察他所钟爱的蜜蜂、蜣螂等昆虫，将它们的本能、习性、劳作、争斗、繁衍生息等客观细致地记录下来，一方面整理研究昆虫的观察日记、实验记录、科学札记等资料。

1910 年《昆虫记》第十卷出版，前后历时 30 年，可谓是呕心沥血的鸿篇巨制。法布尔用质朴、生动的语言为我们揭开了昆虫世界的"秘密"。1915 年，法布尔在他所爱的昆虫的陪伴下与世长辞，享年 92 岁。

除《昆虫记》外，法布尔亦有其他方面的科普著作，如《家常科学谈》《科学的故事》《化学奇谈》等；亦有博物学文章，如《块菰》《橄榄树上的伞菌》《阿维尼翁的动物》等。这些著作都是法布尔观察实验研究成果的集中总结与展示，从中可见他严谨的科学精神以及平实通俗又不失趣味性的文学表达。

（二）作品介绍

异彩多姿的昆虫世界：《昆虫记》真实地记录了百余种昆虫的体态、习性、本能、劳作、生存繁衍等信息，其中不乏我们日常生活中常见的蝉、蚂蚁、螳螂、蟋蟀、萤火虫、蜘蛛、蚱蜢、蝗虫等——对于昆虫的习性及生活，我们往往日见而不知，读后会让我们有恍然大悟之感；又有鲜为人知的象态橡栗象、西班牙蜣螂、米诺多蒂菲以及南美潘帕斯草原的食粪虫、朗格多克蝎等昆虫，能够满足我们对未知知识的渴求和猎奇心理；还有矢车菊等野花、多彩的池塘、幽深的森林、淳朴的乡人等；一幅异彩多姿的昆虫世界在我们面前徐徐拉开帷幕。

固有认知的矫正与回击：在多次观察与实验的基础上，法布尔对当时世人固有的传统的错误认知给予了矫正与回击。如《蝉和蚂蚁的语言》一文就用了近三分之二的篇幅纠正人们“以讹传讹”的谬识，起到了去伪存真的作用。法布尔对当时自然科学聚焦海洋生物而忽略陆地生物、注重研究标本而不是生命的现象予以否定，自言“你们探究死亡，而我却探究生命”，表明了他对生命的关注与热爱。

章节长短不一、独立成篇：结构方面，《昆虫记》每卷由不同的章节组成，有的章节着重描写一类昆虫，有的章节描绘一种或几种昆虫，还有的多章节描绘同一种昆虫。各章节篇幅长短不一，相互之间并无密不可分的联系。即使是多章节介绍同一种昆虫，每章侧重点也会有所不同，各章节基本可以看作是独立成篇的。这就使得我们可以充分利用碎片时间来开展阅读，同时也为整本书阅读的推进提供了便利。

虫性与人性的相互关照：书中所记昆虫自然而又真实、生动而又不失灵性。有科学性的内涵，同时又不乏文学性的表达。在揭示昆虫界面目的同时透射了作者对人世、社会、自然、哲学、生命等命题的洞察与思考。作者以人性去关照虫性，用人类的眼光和道德标准去审视、衡量昆虫世界，用拟人化的笔触去描绘昆虫多姿多彩的生活；同时又以虫性来关照人性，从昆虫的种种表现中得到生活的智慧、生命的启发。这使得《昆虫记》的内容超脱于昆虫世界，而走向更高更远的境地。

（三）相关评论

《昆虫记》融作者毕生的研究成果和人生感悟于一炉，以人性观察虫性，将昆虫世界化作供人类获取知识、趣味、美感和思想的美文。

——巴金

他的大著作《昆虫记》十卷，读起来也还是一部很有趣，也很有益的书。

——鲁迅

《昆虫记》不愧为“昆虫的史诗”。

——维克多·雨果

在这些天才式的观察中，融合热情与毅力，简直就是艺术品的杰作，令人感动不已。

——罗曼·罗兰

这个大学者像哲学家一般地去思考，像艺术家一般地去观察，像诗人一般地去感受和表达。

——埃德蒙·罗斯丹

二、作品特质

从文体角度来看，《昆虫记》是说明文，具体来说是科普类说明文。科普，顾名思义即普及科学文化知识，它是通过浅显的、大众易接受的方式方法将自然、社会科学领域相对专业的知识、方法及精神推广出去。说明文是指以说明为主要表达方式，以说明事物和阐明事例为主要内容的文章。

科普类说明文是一种以科学技术知识为题材，用文艺性笔调写成的文章，兼有说明文和散文的特征和性质。它方便、灵活、适应面广，可在各学科之间纵横驰骋，甚至将自然科学、现实生活合为一体，融说理、抒情于一体，兼有杂文的犀利、论文的深刻、散文的情致、随笔的轻松。

其文体特点可概括为：短小性——它篇幅小，然而就其知识容量、主题意义、现实作用而言又可以很大；它旁征博引，尺幅千里，能及时反映科学上新的事物、思想、方法和动态。知识性——它普及科学知识，把科学的最新信息传递给读者；它常常把握住现实生活中的某一事物或现象，用正确的理论进行科学的解释，纠正常识错误，从而使读者了解世界万物变化、运动的规律。文学性——它以优美文字、形象手法来表达科学内容，常采用比喻、拟人等修辞手法和对话、散文等形式及通俗、形象、幽默等语言，生动活泼、情趣盎然地介绍科学知识。思想性——它往往以具体细小的事物，阐发耐人寻味的哲学道理，给人以启示，发人深省。

这些文体特点体现在《昆虫记》这部作品中，又具有了不同于其他科普文的特质。

1.《昆虫记》饱含科学的理性

在法布尔所生活的时代，人们倾向于研究海洋生物，花大量的资金钱财，建造各种各样的实验室，购置精密的显微镜等仪器，去了解生物某方面的生理构造。研究昆虫的人则将昆虫放在器皿中或浸泡在酒精中来观察昆虫的形体及器官，或运用解剖的方法来了解昆虫的构造，研究对象为死的昆虫。

法布尔对此颇为不解，为什么对陆地上与我们生活息息相关的小昆虫置之不理？为什么不去研究自然状态下的昆虫，以了解它们的本能、习性、生息繁衍等？法布尔坚信研究身边活蹦乱跳的活昆虫远比解剖海洋小动物或实验室中各种昆虫的标本要有意义得多。

首先，科学的理性表现在他高度的科学敏感和探究欲望。他于观察中追问，于平奇中发问，一步步将探究引向深处。例如，在得知象态橡栗象将卵产在橡栗底部时，作者不禁发问“它是如何做到的呢”，继而他“大胆地假设，小心地求证”，用解剖学的方法剖开了象态橡栗象产妇，从而得知它有一根与身体一样长的僵硬的棕红色尖头桩，这个内喙可随着钻孔喙一起，钻到哪，卵就产在哪。如果没有这种科学敏感性，没有这种打破砂锅问到底的精神，他是无法找到答案的。在阅读书目的过程中，读者会不时地被法布尔敏锐的科学敏感和严谨的科学探究所折服。

其次，科学的理性体现在字里行间背后严谨的科学探究方法。观察法是人类最早认识自然所使用的方法，是一种有目的有计划地用感官去观察研究对象，进而获取资料达成研究目的的一种研究方法。为了解身边昆虫的真实生活，法布尔坚持不懈地对这些昆虫开展了长年的观察，并将观察所得随时记录下来。他每去观察一种昆虫都会花大量的时间，例如观察土蜂 20 年、隧蜂30年、蜣螂40年。法布尔自己一贯的作风是“准确记述观察得到的事实，既不添加什么，也不忽略什么”。跟随他的目光，我们看到了可爱的萤火虫以蜗牛为食、漂亮的螳螂以气势震慑猎物、小巧玲珑的圣甲虫有着慈母般的心思、夜间欢快歌唱的绿蝈蝈却是凶猛凌厉的猎手……

观察有不及时，实验的重要性便凸显了出来。科学实验是有目的地观察和研究对象在一定条件下的表现及规律的一种研究方法，它和观察法往往相互参照，是获取科学实践和验证假说的重要途径。例如在《蝉出地洞》一文中，作者观察所见：当蝉爬出地洞时，身上都或多或少会带上点或干或湿的泥土。进一步观察得知，湿土来源于蝉尾部的“尿泉”，“尿泉”之水则来源于植物根须。万一没有根须，蝉体内的水又用完了，那会怎样？为了弄清楚这疑问，作者将蝉的幼虫放在试管的底部并用干土埋起来做实验。通过对比实验得知，若幼虫体内储水充足，结果可能会大不一样。

通过科学的实验来研究昆虫行为，进而“来划分清楚智力与本能的界限，通过比较动物系列的各种事实，以揭示人的理性是不是一种可以改变的特性等”（《荒石园》），有助于读者思考真理、科学、人性、生命等命题，将阅读引向深处。

最后，科学的理性体现在文本来自每日客观而理性的记录。法布尔的创作素材均来自他的观察与实验记录所得，真实客观的“源头活水”铸就了本书内涵的科学性。在荒石园——一个长满了刺茎菊科植物和聚集着膜翅目昆虫的地方，法布尔夜以继日地同各种昆虫打交道，试图了解小昆虫生活的点点滴滴，将它们的本能、习性、劳作、争斗、繁衍生息等客观细致地记录下来。将螳螂饲养在他的大玻璃实验室中，在记录螳螂面对无知无畏的蝗虫时，他记录道：“一看见罩壁上傻乎乎靠近的大蝗虫，螳螂痉挛似的一颤，突然摆出吓人的姿态……腹端蜷成曲棍状，先翘起来，然后放下，再突然一抖，放松下来，随即发出噗噗的声响，宛如火鸡展屏时发出的声音一般，也像是突然受惊的游蛇吐芯儿时的声响。”用客观真实的记录，再现了螳螂面对蝗虫时的反应。在记录母螳螂产卵时，他写道：“雌螳螂一边制造泡沫，一边产卵，它的腹部从左到右地摆动，每铺一层泡沫，就在其中产下一层卵，就这样层层叠加，留下了一条条横向的纹路。两分钟后，泡沫渐渐凝固了，变得越来越坚硬。”客观而理性的细致记录让场景如在眼前。

2.《昆虫记》兼具文学的感性

神秘而和谐的池塘、美丽而凶猛的萤火虫、优雅而残忍的螳螂、勤劳而从容的蟋蟀、光鲜而细腻的圣甲虫、细心而周全的象态橡栗象……他将昆虫世界的种种娓娓道来，让身在都市的读者们仿佛置身于草虫奏乐的乡野之间，给人带来心灵的喜悦与宁静。

全书语言质朴无华、生动形象、准确严谨而又不失诙谐幽默，极大地吸引读者的阅读兴趣。在介绍西班牙蜣螂的体态时，写道：“（它的）身子矮胖，缩成一团，又圆又厚，行动迟缓……爪子极短，稍有一点动静，爪子就缩回肚腹下面，与粪球制作工们的长腿简直无法相比。只要看看它那五短身材、笨拙的样子，就很容易猜想得到它是根本不喜欢推着一个大粪球去长途跋涉的。”在介绍萤火虫时，作者写道：“这种人见人爱的小东西，为了表达生活的欢乐，竟然在屁股上面挂了一只小小的灯笼。”对于萤火虫我们并不陌生，但是作者的叙述却充满了趣味，从“人见人爱”“欢乐”“灯笼”这些关键词中不难看出法布尔对小昆虫饱含的深情。文学化的表达极大地增添了《昆虫记》的文学色彩，使本书在饱含科学理性的同时满溢着文学的感性。

在表达上，法布尔多用拟人的手法，用艺术化的笔触将相对枯燥的昆虫学知识展示给读者，行文生动形象，增添了学术著作的可读性和趣味性。在两只蟋蟀情敌为求偶而打斗时，作者写道：“两个情敌相互头顶着头，互相咬脑袋……只见它俩你顶我拱，扭在一起，然后复又挺立，随即各自离去。战败者逃之夭夭；得胜者放开歌喉羞辱对方。”结局虽不严重，但蟋蟀情敌的战斗不可谓不精彩，自古以来成王败寇，人类社会如是，昆虫界亦如此。法布尔这样的写法使得昆虫世界充满了人世的影子，虫性与人性的相互关照，使本书的主题得以彰显并深化。

3.《昆虫记》流淌着生命意识及人文主义精神

法布尔具有高度的人文主义精神，在他看来，每一个生命个体都应该得到尊重，世间万物都是平等的。《昆虫记》处处彰显着对生命的尊重与高歌，正如《荒石园》中所说：“我长期以来一直魂牵梦萦着的那块计划之中的土地，我一心想着把它变成一座活的昆虫实验室。”这种对生命的热爱熔铸在了全书中。

如记录象态橡栗象关爱幼虫的时候写道："妈妈在喂婴儿喝粥之前，也都先用嘴唇去试试粥的凉热。雌性象态橡栗象也是以同样的慈母心这么去对待自己的幼虫。它把长鼻尖端伸到井底深处，看看里面的食物情况，然后再留下给自己的孩子。"他将昆虫对待孩子的方式与人类母亲对待孩子相类比，生怕读者体会不到象态橡栗象的爱子之心。这样，读者们就会发现昆虫原来和我们一样可爱，就会用审美的眼光来看待昆虫，进而意识到原来生命如此美妙，尊重生命的意识就始于此。再比如，在写到螳螂面对强大的敌人时"（它的）鞘翅随即张开，斜掩在两侧；双翼整个儿展开来，似两张平行的船帆立着，宛如脊背上竖起阔大的鸡冠"，用它愤怒的表情、专注的神情、磅礴的气势来恐吓、震慑对手，最终达到"不战而屈人之兵"的效果。螳螂的这种非凡气势和战斗方法会带给我们很多启示，像参与各种体育赛事、文艺展示活动等，不管技术、水平如何，只要把我们应有的气势、精气神展示出来，就会给对手施加无形的压力。以虫性来关照人性，将人性与虫性相互参照，用细腻的笔触抒写一篇篇对生命的赞歌，使得本书兼具科学性与文学性的同时，又流淌着生命意识及人文主义精神。

阅读《昆虫记》时，在综合运用基本阅读策略外，基于文本的特质，特别建议突出以下阅读策略——融合式。

三、典型阅读策略——融合式

（一）理论基础

1. 多元智能理论

美国心理学与教育学家霍华德·加德纳在他的《心智的架构》这本书里提出，每个人至少拥有七种智能：言语——语言智能、逻辑——数理智能、视觉——空间智能、身体——动觉智能、节奏——音乐智能、交流——人际交往智能、自知——自省智能。在20世纪90年代，加德纳又增加了两种智能——自然探索和存在。

多元智能理论认为：智能是人在特定情境中解决问题并有所创造的能力；人的智力不是单一的能力，而是由多种能力构成，因此应注重对不同人不同智能的综合培养。多元智能理论本身就是多学科交叉产物，其发展也需要跨学科的知识和方法来支撑，与当下追求“全面发展的人”相契合，也为语文课程跨学科整合提供了导向。

科普作品的整本书阅读需要在充分调动学生多元智能的基础上，注重学生言语能力、逻辑思维能力、视听能力、交流自知能力的综合培养和运用，在跨学科学习中更好地理解文本内容。

2. 课程统整理论

课程统整理论发端于19世纪末赫尔巴特提出的“统觉论”，20世纪后期由詹姆斯·比恩提出：课程统整乃是在不受制于学科界限的情况下，由教育者和年轻人合作认定重要的问题或议题，进而围绕这些主题来形成课程组织，以增强人和社会的统整可能性。21世纪以来，杜政荣教授同样主张课程整合打破各学科界限，将不同学科的知识、经验重新整合，形成新的、有意义的、综合性的学习内容。

科普作品的整本书阅读尤其需要将课程建立在“统整”的基础上，该理论在教学内容、教学过程、教学策略等方面都能够为科普作品整本书阅读的跨学科整合教学提供一定的指引。

（二）课标依据

《普通高中语文课程标准（2017版，2020年修订）》中倡导“学科融合”：“注意在生活和跨学科的学习中学语文、用语文，在学习和运用的过程中提高表达、交流能力。能综合运用在语文与其他学科中获得的知识、能力和方法，运用多种方式展开交流和讨论。”

新课程标准中专门设计了“跨学科学习任务群”，要求“引导学生在语文实践活动中，联结课堂内外、学校内外，拓宽语文学习和运用领域。在综合运用多学科知识发现问题、分析问题、解决问题的过程中，提高语言文字运用能力”，并提出“设立跨学科主题学习活动，加强学科间相互关联，带动课程综合化实施，强化实践性要求”。科普说明文兼具工具性和人文性、科学性和文学性，在弘扬科学精神、提高学生科学素养的同时，又以严谨而不失生动的语言风格、关照生命的人文主义精神著称，为跨学科融合课程的实施与落地提供了丰厚的土壤。

（三）策略诠释

科普作品的跨学科融合式阅读指向跨学科知识、跨学科经验的获得，意在建立起学生对整本书与不同学科知识乃至社会现实的联系，形成学生能力发展所需具备的核心素养。

跨学科融合式阅读是指通过两门及两门以上学科的知识和方法的整合，在达到对复杂问题的全局性思考的基础上进行思考。它不仅需要多门学科知识的融入，更重要的是，在提出、分析和解决问题过程中实现了多门学科思维方式的碰撞和交融。

在融合式阅读策略引领下的科普作品整本书阅读，可以为学习者建构更为宽阔的知识及经验世界，建立跨学科的知识和经验格局，融会贯通，使个体的知识经验与社会生活、自我生命成长建立起有效的联系。

（四）教学应用

1. 从生物学角度切入阅读

在生物学的学习中，要求学生能够在较好地理解生物学概念的基础上形成生命观念，如结构与功能观、进化与适应观、稳态与平衡观、局部与整体观、物质与能量观等。能够用生命观念认识生物的多样性、统一性、独特性和复杂性，形成科学的自然观和世界观，指导探究生命活动规律，解决实际问题。

在法布尔对昆虫的观察和描写刻画中，我们能从文字背后读出生物的独特性和复杂性。例如写萤火虫："它有六只短小的脚。它有略为坚韧的外皮，而且它还有斑斓的色彩，身体呈棕色，胸部呈粉红色，环形服饰的边缘还点缀着两个红红的小斑点……它的后腿末端有一个白色的点，上面约有十二个很短小的肉刺，它们有时收拢起来，缩成一团，有时却又伸展开来，好似玫瑰花瓣。这就是它的吸附并移动的器官，也可进行全身擦拭。"包含了生物学中昆虫的形态、行为、生理、生态等方面。因此，在实施融合式阅读策略时，学生在思想上要紧随法布尔的目光及行事轨迹，通过文字去了解昆虫的习性及生活，在脑海中呈现昆虫活蹦乱跳的样子，从耳际聆听虫鸣蛙叫的乐章……要透过描述去明确实验目的，紧跟法布尔实验的步骤，品味其实验结论，有身临其境之感才有可能对昆虫有一个较为全面的认识。

在操作的过程中，可以借助以下手段达成阅读目的：

一是制订阅读规划。根据《昆虫记》章节长短不一、独立成篇的结构特点，将阅读时间化整为零。一般情况下，每天2—3篇的阅读量较为适中，阅读速度快点的学生可在此基础上多阅读1—2篇。过多则泛，持续连贯的阅读比集中且长时间的阅读效果更好。

二是充分利用生物学工具书。利用《生物学大辞典》《生物学名词术语》《现代汉语词典》等工具书跨越字、词、句、专业概念或术语的障碍。

三是注重跨界阅读。用跨界阅读的方式，根据法布尔的描写，为昆虫做素描，从生物学角度认识昆虫，制作昆虫卡片，建立昆虫档案等。

四是进行科学探究实验。小组共同设计针对喜爱昆虫的科学探究活动，可涉及昆虫的本能习性、形态、劳作、捕食、婚嫁、繁衍生息、死亡，以及观察实验的流程方法等方面。

2. 品味科学与文学的共鸣

这部由法布尔消耗30年光阴撰写的鸿篇巨著，是一部描写昆虫习性的科普书籍，也是歌颂人文人性的文学巨著，书中有严谨、翔实的科学观察与记录，有诙谐、生动的描述和评价，也有对生活的感悟和对生命的热爱与尊重。

如果把《昆虫记》的科学性比作一首歌的优美华丽的乐谱，那么它的文学性则是这首歌灵动凝练的歌词，二者珠璧交辉，谱写出《昆虫记》这部绝世交响。所以在融合式阅读中要引导学生品味科学与文学的共鸣。在写螳螂时，法布尔说："一只仪态万方的昆虫半昂着身子庄严地立着。只见它那宽阔薄透的绿翼像亚麻长裙似的掩在身后，两只前腿，可以说是两只胳膊，伸向天空，一副祈祷的架势。"凶恶的螳螂安静状态下优美的姿态跃然纸上，真是一位不折不扣的"好姑娘"，而这则得益于法布尔精妙的描写和比喻、拟人手法的运用。不仅如此，他还用拟人的手法巧妙地赋予昆虫人性，将昆虫的生活与人类社会不自觉地联系在一起，比如写蟋蟀建造巢穴："天气日渐转凉，自己的身体在渐渐长大，巢穴得逐渐加深加宽。即使到了大冬天，只要天气暖和，洞口有太阳，也能常常看见蟋蟀在往外弄土，说明它在修整扩建巢穴。到了春光明媚时，巢穴仍在继续维修，不停地修复，直至屋主去世为止。"法布尔用文字搭建了一个不一样的"昆虫世界"，在这个世界里我们能从文字背后感受到昆虫的“生命智慧”。

读者在阅读过程中，可以根据个人的喜好和阅读体验，有意识地去关注科普作品背后所体现出来的科学精神与人文关怀，在操作过程中可以参照以下几种小技巧。

批注赏析：借助圈画、点评、批注等方式，赏析精彩的语言描写，获得生活生命的启迪等。

制作昆虫百态图谱：从“百态人间”的角度出发总结昆虫的形象。例如，昆虫世界的杀手——螳螂、为爱而生的朝圣者——大孔雀蝶、歌舞小达人——蟋蟀，品析描写昆虫性格的文字中比喻、拟人等手法的运用。

主题式阅读：寻找文字背后体现出的人文精神的主题，以主题探究的方式深度阅读。例如，昆虫世界里母性的温情、昆虫那些令人敬畏的品质、昆虫是否有爱情……

3. 建立整本书阅读与学生生命成长的关联

科普作品的融合式整本书阅读要融会贯通，使个体的知识经验与社会生活、自我生命成长建立起有效的关联。打破学科壁垒，构建起知识、经验与个体能力培养的自由空间。让学生能够学以致用，在读《昆虫记》文本的同时对身边的自然生物进行观察记录和实验。

一草一木皆有生命，在阅读本书的同时，学生可借助观察与实验的方法，对身边的花花草草、鸟兽虫鱼进行一番细致的探究。观察时应仔细，实验时要严谨，描写时需细腻，力争将昆虫的种种刻画展示出来。白岩松曾说：“名著之伟大从来不在于它所谓的‘中心思想’，而在于围绕这个‘中心思想’，它拥有太多人人心中有而个个笔下无的动人细节，正是这些细节，诠释了种种亘古不变的真理。”有了动人的细节，昆虫便有了活力，作品便有了生命力。

当褪去人世的浮华，一心一意关注昆虫的体态、举动、饮食等时，相信你就会体会到生命的活泼可爱，也会感受到自然与生命的伟大。这一部分的实施可以充分发挥学生的智慧，力求丰富多彩，不拘泥于文字，不拘泥于固有思路。例如，可以办一期昆虫风采展的板报、写一篇身边昆虫的观察日记、绘一套昆虫题的明信片、拍一部法布尔所记昆虫的微视频等。

四、案例展示

（一）整本书阅读规划表

表 3.15　《昆虫记》阅读规划表

时间安排	阅读进度	重点关注	阅读提示
第一天	《蝉和蚂蚁的寓言》	寓言故事的内容	寓言故事符合科学原理吗？
第二天	《蝉出地洞》	蝉出地洞的特点	融合生物中的实验法，想一想：法布尔通过什么实验找到了“幼虫挖洞成功的关键点”？
第三天	《螳螂捕食》	螳螂的外貌和习性	在描绘螳螂的外貌时，作者运用了哪些手法？分析人们对螳螂产生错误“美誉”的原因。
第四天	《灰蝗虫》	灰蝗虫蜕皮的情景	分析这几篇文章中生物学的“观察法”对法布尔科学研究的启示。 走进自然，用生物学中的“观察法”记录身边的昆虫，并完成昆虫观察记录表。
第五天	《绿蝈蝈》	绿蝈蝈的生活习性	
第六天	《大孔雀蝶》	大孔雀蝶夜间婚礼的秘密	
第七天	回顾本周阅读内容，整理批注与读书笔记，走近自然，观察你身边的昆虫。	整理读书笔记，走进自然观察昆虫	
第八天	《小阔条纹蝶》	小阔条纹蝶与大孔雀蝶习性的不同	运用“对比法”分析小阔条纹蝶与大孔雀蝶习性的不同；运用“分析法”总结法布尔本章中的实验分别证明了什么。

（续表）

时间安排	阅读进度	重点关注	阅读提示
第九天	《豌豆象》	豌豆象母亲的特点	融合生物学知识与文学知识，想一想： 1. 对比《生物百科全书》中对文中昆虫的介绍，分析作者的语言特点。 2. 法布尔是如何从昆虫的属性出发，赋予它们人格特征的？这样的写法有什么好处？
第十天	《金步甲的婚俗》	金步甲的婚俗特点	
第十一天	《田野地头的蟋蟀》	蟋蟀的生物特征与其所承载的文化内涵的关系	
第十二天	《圣甲虫》	圣甲虫制作“梨形”粪球的原因	
第十三天	回顾本周阅读内容，继续完善读书笔记，试着对你观察的昆虫进行描写。	完善读书笔记，撰写昆虫观察报告	
第十四天	《隧蜂》	隧蜂“愚蠢的宽厚”体现在哪些方面	用人物形象分析法，分析隧蜂母亲的形象。
第十五天	《朗格多克蝎》	朗格多克蝎的特点	我们对雌性朗格多克蝎的印象是对的吗？
备注：《昆虫记》作为科普文，既有它的文学性，又有它的科学性。因此在阅读之前可以查阅相关资料，在进行第一遍阅读的时候，可以以快速浏览的方式进行，掌握文章的大致内容之后，结合自己的圈点批注，找出比较感兴趣的篇目，进行第二遍精读。精读的时候需要带着问题去阅读，并在阅读的过程中解决问题。			

（二）整本书阅读教学设计案例

推进课　精妙富哲思，微物托深情

【学习目标】

1. 了解昆虫的习性，并对选读篇目中提及的昆虫的个性、品质进行归纳。

2. 引导学生体会《昆虫记》的语言特色，体会作者对昆虫的不同情感。

3. 体会科学精神，试着运用法布尔的实验方法走进自然，进行实际的实验研究。

【学习策略】

采用融合式阅读教学策略：

1. 融合语文与生物学科知识，体会科普作品蕴含的科学思维、科学理念和科学精神。

2. 关注科普作品的文学趣味，品味作者结构严谨，逻辑严密，语言幽默，兼有理趣和情趣的语言风格。

3. 融合科普作品整本书文本阅读与生活经验，以语文学习为基础，联结课堂内外、学校内外，开展跨学科学习，拓展语文学习和运用领域；去实际生活中观察自然，感受真切的生命活动。

【学习过程】

一 导入

本年度“元气满满昆虫奖”评选活动正在如火如荼地进行中，本次评选的主题是“寻找最美的你”。本次评选以选手提交材料、评委审核的方式进行。众多选手经过层层选拔，最终“蝉”获得了本届“元气满满昆虫奖”，蝉1号、蝉2号、蝉3号、蝉4号进入最终现场评选，决出“出类拔萃昆虫”。现场评选需要进行自我介绍，现在他们希望得到你的帮助，撰写自我介绍文稿。

请你仔细阅读名著原文《蝉出地洞》帮助四位选手完成任务。你可以这样做：

1. 仔细阅读文章，参考批注。在文章的第3—7段（蝉1号）、第9—11段（蝉2号）、第12—15段（蝉3号）、第19—23段（蝉4号）中任选一部分，在课文内容的基础上进行改写，可以在恰当的地方引用名著的原句。

2. 根据你所选部分“蝉的特征”，取一个名字，以第一人称（即蝉的视角）展开介绍。你可以这样开头：我是蝉________号，我叫______，我的特点是____________________。

二 活动过程

环节一：选手自我介绍

选手：以第一人称介绍，并取一个符合其特点的名字。

评委：边听边记录，自选角度，结合名著原文《蝉出地洞》进行点评。

参考角度：说明语言、说明顺序、说明方法、写作手法、用词句式……

评价标准：

1. 介绍清晰

①说明方法：其实，它的动作简直像矿工或铁路工程师。矿工用支柱和横梁支撑隧道，铁路工程师用砖墙使地道坚固。

②说明顺序：于是它外层的皮开始由背上裂开，里面露出淡绿色的蝉体。头先出来，接着是吸管和前腿，最后是后腿与折着的翅膀。这时候，除掉尾部，身体全都出来了。

2. 用词精准生动

我有很好的环境可以研究蝉的习性。一到七月初，蝉就占据了我家门前的树。我是屋里的主人，它却是门外的统治者。有了它的统治，无论怎样总是不很安静的。除了吵闹的歌声，它还会表演一种奇怪的体操。在空中腾跃、翻转，使头部倒悬，折皱的翼向外伸直，竭力张开。然后用一种几乎看不清的动作，尽力翻上来，并用前爪钩住它的空皮。这个动作使它的尾端从壳中脱出。

3. 手法多样

①拟人手法，饶有情趣：假使它估量到外面有雨或风暴——纤弱的幼虫蜕皮的时候，这是一件顶重要的事情——它就小心谨慎地溜到温暖严紧的隧道底下。如果气候看来很温暖，它就用爪击碎天花板，爬到地面上来。

②排比：只要一点风就能把它吹到坚硬的岩石上，或车辙的污水中，或不毛的黄沙上，或坚韧得无法钻进去的黏土上。

③衬托（正衬）：蝉同它们一样聪明，在隧道的墙上涂上灰泥。它身子里藏有一种极黏的液体，可以用来做灰泥。地穴常常建筑在含有汁液的植物根须上，为了可以从根须取得汁液。

学生1：我是蝉1号，我叫蓝翔。身为一只幼蝉，我的挖掘技术超级棒。我挖的洞口非常干净，不像其他昆虫。这是因为我的技术好，从地下向上挖，动作干净利索。我的洞穴内部是“精装修”，使用年限长达4年之久，这是因为我会抹灰。同时，我还有很好的墙，因为我会用很长的时间建造坚固的墙来方便上下活动。天花板有人类的一指厚，也是为了抵御外界气候。我重视保养我的挖掘机，挖掘时会分泌汁液抵御尘土。

学生2：我是蝉2号，我叫匠人。作为一只蝉的幼虫，我已经具备了一定的生存技能。路面上约一英寸口径的小孔便是我幼虫时期的住所。对于住所的建造，我有一套自己独特的办法：为了建造我这深15英寸、底部完全封闭的隧道，修建坚固的墙体是极为重要的。我从植物的根系中汲取汁液，喷洒在松散的泥土上，再用我的身体将泥土挤入干土的罅隙中，便可以使墙体更加坚固，不仅利于上下爬行，还可以成为我强大的庇护所。由此，我拥有着无限的憧憬与希望，等待着最后破土而出的一刹那。这一切巧妙的建筑技巧都是我生存下来的保障，足以见证我生命的伟大、精巧。

学生3：我是蝉3号，我叫小奇。我擅长法布尔所谓的"奇怪的体操"，我是周遭群蝉中体态最为优美、动作最为敏捷的蝉，相信我也会是所有蝉中的佼佼者，毕竟我曾破过我们那一区域的记录——在最短的时间内身体由绿色转变为棕色并展翅离去，而且蜕下的空壳保留了整整两个月。这在蝉界是少有的，于是我就拥有了"奇"这个名字。希望各位能够记住我这只"奇"蝉，评选我为"出类拔萃昆虫"，谢谢。

学生4：我是蝉4号，我叫特工007。我在躲过了蚋的重重追击之后，终于迎来了我的"破壳日"。在蜕皮之后，我依附着"线"，在那儿进行日光浴，踢踢腿，试试脚力。有时累了，我就懒洋洋地在绳端摇摆着。没有了卵的束缚，我这才发现外面的世界原来这么有趣！随着时间的推移，我落到了地上开始了严酷的生活，尽管身边的黄沙、黏土、岩石、污水都是我的致命危险，但我还是克服了恐惧，因为现在重中之重是找一处藏身之处。这件事刻不容缓，因为只要天气一变冷，我就面临死亡的危胁。

环节二：推荐优秀昆虫

情境过渡：经过一番努力，蝉成功地被评为了年度"元气满满昆虫"。崭新的一年就要开始了，大自然中的昆虫们也是活力满满。请你推荐一种最喜欢的昆虫参加下一年度"元气满满昆虫奖"。

要求：细读《昆虫记》精彩章节，选择最喜欢的昆虫，写一个小剧本，表演一个小短剧。

1. 精读《昆虫记》四个章节。

2. 选择你最喜欢的一种昆虫介绍其习性，陈述喜欢的理由，写出主观感受，完成200字左右的片段。

3. 写小剧本，演小短剧。从蝉、螳螂、蟋蟀、蝗虫中选择一种昆虫，根据法布尔的相关记叙和描写，写一个500字以内的小剧本，并将昆虫的生活习性和特点表演出来。

评价标准：

1. 精读《蝉的歌唱》《螳螂的捕食》《蟋蟀的洞穴和卵》《蝗虫的角色和发声器》四个章节，从观察角度摘抄精彩的语言片段并进行鉴赏，总结其语言特点。

2. 阅读《活泼而伟大的人文精神——法布尔与〈昆虫记〉》和《法布尔和他的昆虫共和国》，摘抄作者的观点。

3. 从精读的四个章节中找出相关语段予以佐证，感受法布尔笔下昆虫的“人性”，体会其对生命的尊重。

4. 从蝉、螳螂、蟋蟀、蝗虫中选择你最喜欢的一种昆虫，完成片段。

5. 完成小剧本写作小贴士。

6. 写作小剧本并拍摄小视频，将内容表演出来。根据自己的表演需要准备相关道具，完成后将视频上传到短视频平台，按点赞数量评选出表现最佳的小组。

环节三：跟法布尔学写作

以第二环节中观察的昆虫为写作对象，写一篇600字以上的动物观察日记。

评价标准：

1. 精读《蟋蟀的歌声和交尾》一章，梳理本章的写作框架。

2. 以第二环节中观察的昆虫为写作对象，确定写作框架。

3. 完成昆虫观察日记，600字以上。

《昆虫观察日记》写作评价量表：

结构：1. 结构清晰，层次分明。（10分）2. 过渡自然、不突兀。（10分）

思维：1. 能清晰地呈现提出问题、探究实验、总结思考的逻辑。（20分）2. 能联系自己的生活经验，总结出从观察实验中收获的道理。（20分）

语言：1. 描写细致、遵循客观事实。（20 分）2. 用词形象，能体现动物的特点。（10 分）3. 能使用多种修辞和描写方法，使语言更加生动。（10 分）

环节四：制作《少年观察日记》

开展“我身边的生命”观察日记交流分享会，将文章编辑成册——《少年观察日记：我身边的生命》。

1. 举办“我身边的生命”观察日记交流分享会，根据同学、老师的建议进行修改。

2. 将修改后的文章编辑成册，补充插图，绘制封面，制作《少年观察日记：我身边的生命》。

评价标准：

1. 分享会前期，先在小组内推选主持人，每个组员用 3 分钟左右的时间在小组内进行分享，之后小组给出修改建议并推选出 2—3 篇优秀观察日记在班级分享。

2. 推选班级分享会主持人，统筹班级观察日记，根据篇目特色，撰写主持人的串场词，合理安排分享顺序。班级分享者可以视情况制作自己的 PPT 或者其他多媒体材料，争取使分享内容图文并茂。

3. 确定合适的时间举办班级分享交流会。分享者按照预先排好的顺序上场，每人分享时间不超过 4 分钟。分享结束后，设置交流环节，老师和同学对分享内容进行评价，主要有以下评价点：①内容是否真实且有吸引力。②内容是否采用了修辞手法或其他表达方式。③分享者的语气、语调及其外在行为表现是否大方、得体。④拓展多媒体材料是否与分享内容紧密贴合。评价结束后，由老师对分享会进行总结，并提出后续修改意见。

4. 修改润色观察日记，并补充插图。

5. 在全班范围内征集《少年观察日记：我身边的生命》封面设计。

6. 成立编辑小组，编辑排版，集结制作《少年观察日记：我身边的生命》，全班范围内传阅、学习。

7. 阅读完班级制作的《少年观察日记：我身边的生命》后，哪些同学的观察日记给你留下了深刻的印象？请每位同学将自己的鼓励性或评价性话语写在便利贴上，贴在《少年观察日记：我身边的生命》一书的相应篇目里。

三 课堂小结

《昆虫记》能成为经典名著，不仅因为法布尔对昆虫的热爱和独特的观察研究方式，还因为他用一生陪伴这些“朋友”的真情实感。如果说法布尔是一位执着的昆虫研究者，那么作品中以荒石园为舞台上演的这一系列精彩大戏，更体现了他的导演才能，这种独特的才能使他成为一位用人生真实体验来表达个人真实情感的大师。《昆虫记》一书的价值在于，通过科普昆虫知识以及作者人性化的叙述（语言、情感），唤起人们对万物的关注和热爱，体现了万物的生命智慧。

展示课　荒石园博物馆构建

【学习目标】

1. 深化理解《昆虫记》的根本特征。

2. 培养创新能力和实践能力。

【学习过程】

一 导入

同学们，《昆虫记》这本书我们已经全部读完了，在这本书中我们认识了多种多样有趣的昆虫，从某种意义上来说，荒石园就是法布尔的昆虫博物馆。现在请你们在《昆虫记》中提取昆虫信息并搜集相关资料，策划一个尊重法布尔意愿的昆虫博物馆主题展览。只需在书中选取你最喜欢或者印象最深刻的10种昆虫参览即可。作为策展人，我们需要设计什么？

预设：

学生根据已有的认知经验，在全班进行头脑风暴：昆虫博物馆主题展览策划书应包含哪些内容？接下来，学生自由组建学习小组，以昆虫博物馆策展人的身份，结合《昆虫记》中的相关内容，利用节假日去博物馆实地考察，上网搜索博物馆主题策划书范本，总结其特点，从而明确昆虫博物馆主题展览策划书的关键组成部分，并最终确定本次展览的主题名、前言、展厅名、参展昆虫、结束语等具体内容。

二 策划书设计

本次学习中重要任务是：确定昆虫博物馆展览主题名、参展昆虫、展厅名以及设计理由，其中设计理由应包括本组创意的准确性和思想性，只写关键词即可。时间：10 分钟。

预设：

在这一环节中，学生根据自己的兴趣选择昆虫的习性、成长历程等角度，筛选《昆虫记》中自己感兴趣的昆虫，组成各个展厅。有学生根据书中昆虫不同的翅羽形态进行分类；有学生根据法布尔有趣的拟人化视角，将昆虫展厅分为情圣厅、杀手厅等。通过交流发现，各展厅命名主要从科学和文学两个角度出发，并整合《昆虫记》中自己感兴趣的昆虫进行分类。

三 创意方式之我见

哪一类展厅命名更尊重法布尔意愿呢？

预设：

通过小组讨论分析得出，有两种命名方式尊重了法布尔的意愿：第一种方式是遵循《昆虫记》作为科普读物的科学性原则进行命名；第二种方式体现了作者特有的视角——用人性观察虫性，体现了法布尔众生平等的哲学观，同时其关于昆虫生活的细腻描写也体现了他高超的文学表达技巧。

四 公开成果评价反思

这一环节是完成展厅的前言和结束语，从而成为一个完整的展览。主要分两个活动步骤进行：

1. 自觉组成 6 人小组，组内 3 个人写前言，另外 3 个人写结束语，写完后选出本组最优秀的前言和结束语在班级分享；分享时，其他小组填写《昆虫博物馆主题展览策划书小组评价表》进行打分，得分最高的小组获得“最具创意策划人”称号。

2. 本组成员填写《实践部分个人评价量规》，完成自我评估。

预设：

大部分学生在平时的生活中没有仔细分析过展厅的前言与结束语，因此，教师可以适时出示具有典型特点的展览的前言和结束语，让学生分析总结其特点。这个环节，学生根据自己小组选定的昆虫和特展主题撰写前言和结束语，展开与作品、作者的深入对话，并通过量规和量表的形式完成自己和团队在整个项目化学习过程中的评价与反思。这一过程会使法布尔的《昆虫记》中的科学精神和哲学思考内化在学生的心中。

五 荒石园博物馆展示

1. 准备活动

（1）组建微信沟通群，选拔最美解说员

小组内组建微信沟通群，每位组员选择一种昆虫，用这种昆虫的身份更改个人信息，例如微信头像、个性签名等。选择三个不同主题作为本沟通群的话题，以“我就是什么昆虫”的身份在群内发言。小组成员逐一发言完毕后，共同评选出“最美解说员”，为博物馆开馆解说做准备。

（2）绘制思维导图，感受科学精神

法布尔认为：“观察提出问题，实验解决问题。”选择书中某种主要昆虫的习性，在厘清法布尔的研究思路的基础上，制作出自己的思维导图。

（3）“科学与诗的完美结合”——关于《昆虫记》的语言美、评论及读后感

①跟法布尔学写作：相信你有一双发现美的眼睛！请你品析作品中的语言。

②收集名家评价：请你收集名家对《昆虫记》的评价。

例如：

鲁迅曾把《昆虫记》奉为“讲昆虫故事”“讲昆虫生活”的楷模，希望“科学家肯放低手眼，再看看文艺书”。

周作人说，读这本讲昆虫生活的书，“比看那些无聊的小说戏剧更有趣味，更有意义”。

巴金说：“《昆虫记》熔作者毕生的研究成果和人生感悟于一炉，以人性

观察虫性，将昆虫世界化作供人类获取知识、趣味、美感和思想的美文。”

2. 荒石园博物馆落成

（1）制订博物馆展示方案。“最美解说员”就位。

（2）博物馆主要展示的内容包括：

①博物馆的前言介绍；

②博物馆的展厅分布（每个小组负责），布置3个主要的展厅，展厅中放置推进课中学生完成的实验研究报告。

③每个展厅的布置，由小组成员分工合作，制作展厅内的昆虫文字介绍、标本（或者活物）、照片、思维导图等；

④“读后感”“评价语”“结束语”。

3. 昆虫博物馆展厅设计附表

（1）主题展览策划书

昆虫博物馆主题展览策划书

班级：________　　姓名：________

在法布尔的心目中，荒石园就是他的昆虫实验室，更是他的昆虫博物馆。现在我们读完了《昆虫记》，请你在《昆虫记》中采集昆虫信息，并根据自己的创意设计一个尊重法布尔意愿的昆虫博物馆主题展览。

为了更好地引导普通民众了解法布尔笔下的昆虫，请为本次昆虫展览设计主题名、展厅名，并撰写展览的前言和结束语。

一、确定本次昆虫展览的主题名、参展昆虫、展厅名，并说明设计理由。

展览主题：________

参展昆虫：________

展厅名称：________

设计理由：________

____

____

二、撰写本次昆虫展览的前言和结束语。

前　言：

结束语：

（2）个人评价量规

实践部分个人评价量规

你作为策展人，在完成昆虫博物馆主题展览策划书过程中是否进行了认真的调研？请在下列维度上给自己打分并作简要陈述。（5分，代表你在这方面对自己很满意；1分，代表你认为在这方面还需完善自己）

①在规定的时间里，我充分研究了一般博物馆主题展览和策划书的相关内容。

②我的研究步骤清晰并形成了思维导图。

③我和我的伙伴合作确定了昆虫博物馆主题展览策划书的组成部分。

④我能够寻找多种途径解决问题，形成方案。

⑤我们小组现在呈现的《昆虫博物馆主题展览策划书》是基于《昆虫记》这本书以及其他信息来源设计的。

⑥我们小组设计的《昆虫博物馆主题展览策划书》中的主题内容符合生物学基本事实、概念、原理和规律。

____

____

⑦我对小组收集的信息内容和质量进行了筛选。

____

____

⑧总体来说，我给我自己的成果打分是________分。

____

____

学生签名：__________

教师签名：__________

（3）小组评价表

表 3.16　昆虫博物馆主题展览策划书小组评价表

标准	3 分（高于标准）	2 分（达到标准）	1 分（接近标准）	评价与反馈
展厅主题和展厅名新颖				
设计理由部分有说服力				
前言和结束语符合要求且具有感染力				
主题内容符合生物学基本事实、概念、原理和规律				
总分________				
学生签名：______________　教师签名：______________				

（三）学习成果

1. 整本书阅读思维导图

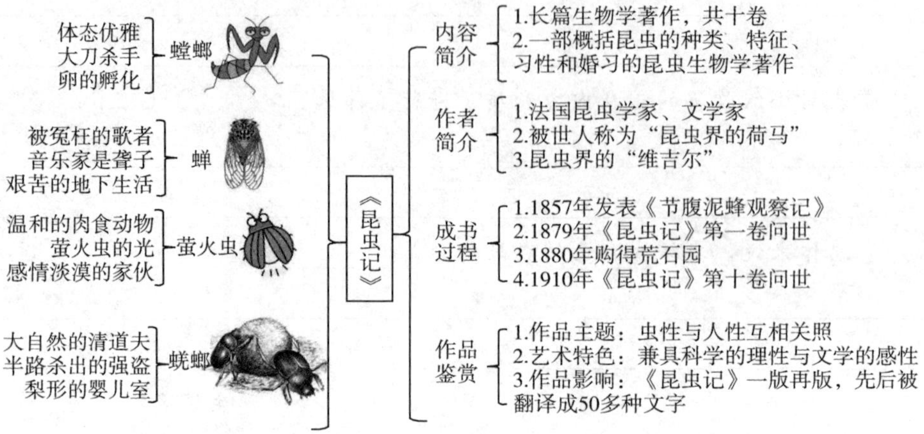

图 3.11　《昆虫记》概览与部分昆虫形象思维导图

2. 昆虫阅读卡

表 3.17　昆虫信息表

昆虫	外形特点	生活习性	阅读启示
象态橡栗象	长相滑稽，嘴上叼着一只长烟斗！烟斗细如马鬃，棕红色，笔直且长；大颚是两个钻石尖，构成钻头尖端的高强度齿甲。雌象态橡栗象比雄的体形更壮实。	工作时，态度谨慎小心，有着惊人的毅力；钻头先是啃咬，然后轮番向着一个方向和另一个方向磨蚀。对待幼虫细心、细致入微，近乎挑剔。生存法则要求它们重视家族的利益，因而选择橡栗、钻探橡栗时慎之又慎。	“驽马十驾，功在不舍”，它教会我们坚持的毅力以及对细节细心的重要性。
萤火虫	有六只短小的腿，全身黑棕色，胸前一点微红，身体每一节的边缘有粉红色的斑点，接近尾巴的地方有短小的细管；尾巴上有灯，发光是氧化作用的结果；后腿末端有一项特殊的工具，有黏附身体、辅助爬行及清洁卫生之用。	雄虫发育完全时会长出翅盖，雌虫终生处于幼虫状态。主要俘虏蜗牛，是凶猛的肉食动物。捕食时先给猎物打上麻药，使其失去知觉和反抗能力。吃蜗牛时会先将蜗牛化成粥，然后喝下去。四处肆意产卵，产后任卵自生自灭。	美好的外表下可能未必有美好的心灵，我们应该辩证地看待事物。

（续表）

昆虫	外形特点	生活习性	阅读启示
绿蝈蝈	陆地上最古老的动物之一，身着淡绿色衣服，体型优美，身轻体健，有一对罗纱大翅膀，是蝗虫科昆虫中最优雅美丽的，拥有强有力的下颚和利爪。	喜吃肉食，钟爱蝉、鳃角金龟等昆虫，亦爱梨片、葡萄、甜瓜片等，又有同类相食的癖好。性格中有自私自利的一面，争抢食物饱食后便会悠然自得地消食。白天大多用来睡觉，晚上上蹿下跳，闹腾得最欢。	夜晚捕蝉时，作者写到“欢歌曼舞之后，竟是杀戮”，告诫我们千万不要被事物的表面现象所蒙蔽。
圣甲虫	一身墨黑，是食粪虫中个头儿最大的；触角呈棕红色；头部边缘有宽大扁平、带六个细尖齿的“帽子”；前腿扁平，上有粗壮的纹脉，外侧配备五个硬齿。	圣甲虫以粪为食。它们用头部边缘的“子”挑选食物，再联合两条前腿归拢，归拢后用后面四只足爪摇动、挤压、拍打，使之变成一个粪球，最后把粪球运到合适的地方。	与腐臭打交道的圣甲虫，虽“各怀鬼胎”，但却有着一定程度的团队意识。圣甲虫胃口虽好，却能给自己孩子预留食物，充满了温情。

3. 校园昆虫志调研报告

（1）调研地点：学校校园及其周边。

（2）调研目的：通过实地调研认识校园中的昆虫，观察昆虫的特征并运用从《昆虫记》中学到的写作方法完成校园昆虫观察日记。

（3）调研方法：

①资料搜集法：去图书馆查阅资料，阅读《昆虫图鉴》《昆虫博物馆》《常见野外昆虫识别手册》等；上网搜集相关资料，浏览昆虫论坛网站、昆虫网等。

②实地调研法：组成调研小分队，根据阅读《昆虫记》中学到的昆虫观察方法，去校园及其周边进行实地调查。

（4）调研结果

表 3.18　昆虫实地调查表

昆虫名称	目	形态	体色	体长	栖息环境	习性
椿象	半翅目	身体呈扁平的叶片状，身体腹面有许多黄色斑点。	黑褐色	1.7 厘米～2.5 厘米	成虫全年可见，出没于树叶草丛中。	当受到攻击时，“放屁虫”可以从腹部的顶端释放出大量的毒雾喷向攻击者。
蛾	鳞翅目	形状略似蝴蝶，但腹部短粗，触角呈羽状，静止时双翅平伸。	褐色	3 厘米～8 厘米	出没于植物叶片中。	有趋光性，能在夜间生活。
蜜蜂	膜翅目	头部和胸部几乎是一样宽，触角呈膝状，复眼是椭圆形的，嘴是嚼吸式的。	棕黄色	1 厘米～2 厘米	在温带山区、半山区树林草丛中。	蜜蜂是一种群居动物，每一蜂群都是相对独立的，主要以花粉和花蜜为生。
蝴蝶	鳞翅目	体躯长圆柱形，分为头、胸、腹三部分。体及翅膜上覆有鳞片及毛，形成各种色彩斑纹。	多种色彩	1.5 厘米～2.6 厘米	树林花丛中。	多在白天活动，水是蝴蝶必需的养分，它们比较喜欢稍带咸味的水。
……						

（5）调研发现

通过调研，发现校园中主要出现的昆虫为鳞翅目昆虫（主要是蛾类居多），其次为双翅目昆虫（苍蝇和蚊子），还有少量的直翅目昆虫（主要为蟋蟀）、半翅目昆虫（主要为蝉）和鞘翅目昆虫（主要为金龟子）。校园不同区域昆虫数量每日发生变化，通过调研证实了校园中昆虫的多样性和丰富性。

4. 我身边的昆虫观察日记

在融合式阅读策略引领下，学生对身边的小昆虫进行了细致的观察，从独特的视角发现了不一样的世界，展示出了极大的学习兴趣。学生在校园和周边环境的观察中对“熟悉的校园环境”充满了新奇感，结合阅读《昆虫记》的体验，对新环境中的事物展开了一番调研观察。现选取其中优秀片段，进行如下展示：

踩高跷伸“触角”——盲蜘蛛

走在天子山的石路上，我突然看见旁边一块长满青苔的石头上有一个小红点在移动。仔细看，原来是一只蜘蛛！再仔细看，这只“蜘蛛”并不织网，只是把前面两足当成触角，边“探”边走路——原来是只盲蜘蛛。盲蜘蛛并不是蜘蛛，只是蜘蛛的近亲，它和蜘蛛还是有区别的：盲蜘蛛的身体看上去只是一个“球”，而蜘蛛有明显的头、胸、腹。盲蜘蛛也没有蜘蛛的纺织器，所以无法结网。这只盲蜘蛛有橘红色的身体和八根又细又长的足，就像八根黑线中央缠了一颗红豆。眼下它正快速地移动，可能要去找食物。

黄蜂上身——原来是吃饭

走在凤凰古城的石板路上，我欣赏着两旁的古建筑。正悠然自得时，突然耳旁传来一阵嗡嗡声——一只黄蜂突然袭来。按理说，黄蜂不会无缘无故“伤人”啊！这只黄蜂此刻正“端坐”在我衣服上，我正要将它赶走，突然发现它好像叼着一只虫子。我顿时明白了，原来我穿的衣服是黄色的，这只黄蜂抓到虫子正想饱餐一顿，将我的黄衣服认成了大黄花，于是便落在上面。

它先将虫子“大卸八块”，将虫子的翅和足全部拆解下来，只剩下一个“肉球”，吃完“肉球”的大部分后，将剩下的“打包”带走，回去给它的孩子们吃。还挺有母爱！不过，这只蜂不太文明，吃饱后也不收拾下卫生，把残羹剩饭都留在了我身上！

参考文献

1. 霍华德·加德纳．智能的结构［M］．杭州：浙江人民出版社，2013.

2. 张帆，郭菲．基于主题的统整项目课程的设计理念［J］．广西教育，2016（5）：42—44.

第六节　选择式阅读

——以学术作品《经典常谈》为例

一、整本书概要

（一）作家介绍

朱自清（1898～1948），原名自华，字佩弦，号秋实，后改名自清。著名的散文家、诗人、教育家，杰出的民主战士。朱自清毕业于北京大学哲学系，曾留学英国，专攻语言学和英国文学；后任清华大学教授、西南联大中文系主任。

朱自清最为人知的是散文的艺术成就，其散文曾被誉为“白话美文的模范”。他在诗歌理论、古典文学、新文学史和语文教育等领域，也都有很高的成就。代表作有散文集《背影》、诗集《踪迹》等，学术论著有《新诗杂话》《诗言志辨》《经典常谈》等。

（二）作品介绍

《经典常谈》写于1942年，出版于1946年，是朱自清先生专门为中学生撰写的，是介绍中国古代文学、历史、哲学经典的启蒙读物，学习传统文化典籍的入门书。

朱自清写《经典常谈》时，“新文学”与“新文化”已经站稳脚跟，开始担负起参与“抗战救国”的历史责任。因此曾经对于传统经典持有激烈批判态度的“新文化人”也转向表彰其间的积极因素，肯定其在“国民教育”中作为“文化训练”载体的重要作用。但态度调整并非简单的立场反复，“新文化人”依旧是在当初“新文化运动”的延长线上完成对于传统的接纳。

《经典常谈》虽是一本小书，但昭示的却是“新文化人”自我演进的大道。朱自清凭借其站在思想史、学术史、文学史与教育史的多重背景的交汇处，为“新文化人”应当如何回应这一问题成功地“发凡起例”。

《经典常谈》全书共13篇，梳理了包括《说文解字》、《周易》、《尚书》、《诗经》、“三礼”、“春秋三传”、“四书”、《战国策》、《史记》、《汉书》、诸子、诗、文等经典内容，系统地介绍了中国古代文学的发展与历史脉络，是传统文化经典入门必读之书，更是普及中华优秀传统文化的典范之作。

《经典常谈》以现代的、科学的学术观点研究传统典籍，见解精辟，文笔优美，通俗流畅，深入浅出，是读者了解中国古代文化典籍的经典指南，也是国学入门书。朱自清先生的初衷，是希望这本书成为一艘把读者载入经典的航船。

（三）相关评论

朱先生的《经典常谈》是一些古书的“切实而浅明的白话文导言”。……古书的来历，其中的大要，历来对于该书有什么问题，直到现在为止，对于该书已经研究到什么程度，都可以有个简明的概念。……因这本书的导引，去接触古书，就像预先看熟了地图跟地理志，虽然到的是个新地方，却能头头是道。

——叶圣陶

先生一向在发扬、介绍、修正、推进我国传统文化上做功夫，虽说一点一滴、一瓶一钵，却朴实无夸，极其切实。再加上一副冲淡夷旷的笔墨，往往能把顶笨重的事实或最繁复的理论，处分得异常轻盈生动，使人读了先生的文章，不惟忘倦，且可不费力地心领神会。这本《经典常谈》就是我这话一个确切的明证。

——吴小如

著名学者、文学家朱自清这本《经典常谈》，介绍讲解中国传统文化的基本知识，是学习传统文化典籍（也叫国学）的入门书，打基础书，又是极有学术分量的书。

书中随处可见那一时代学者共有的严谨的治学方法，并不时闪现真知灼见。他的文化观、历史观，不拘守一家之说，新旧兼容，通达平和，足以给后学者有益的启示。

——钱伯城

二、作品特质

我国古代将非韵、非骈的文字统称为“散文”，根据散文的历史概念，又可以分为广义散文与狭义散文。有人说：“散文是有文字能力的人的一种最基本的技能。”

《经典常谈》是既有学术性又通俗化的学术散文著作。所谓学术散文，大都具有两重属性：一是学术属性，二是文学属性。这类散文大多以作者自己真实的治学经历为基础，把学术研究中感悟到的生命体验通过文学化的语言表达出来，真实、细致、内敛、耐读是其基本特征。

《经典常谈》是朱自清在西南联大多年中文教学的心血之作，其主要目的就是普及国学。为使更多人，尤其是更多青少年有兴趣阅读古代经典，朱自清把晦涩难懂的国学经典用白话文的方式进行表达解说，通俗易懂地娓娓道来，让中学生也能一看就懂。作者运用自己倡导的“活的口语”，采用了类似谈话的所谓“谈话风”的语言风格，使读者在阅读《经典常谈》时仿佛在听一位智者用很通俗的语言讲述古老的故事。在这里，古与今之间的通道打开了。也可以说，这是作者送给青年读者的一份礼物，饱含了他对青年一代的期望。

《经典常谈》的写作特色：

1. 生动有趣，通俗易懂

我国的古代经典浩繁艰深，不仅知识含量极高，而且有文言文与白话文转换上的阅读障碍，读起来十分困难，往往令人望而生畏，结果便是敬而远之。

而朱自清作为文学大师，自身的文学修养能让人更好地领会国学的美妙。

作品中的13篇文字通俗流畅，深入浅出地介绍了中国传统文化精华。一本看似轻量化的小书，倾注了朱自清30年的研究、教育心血。朱自清通过讲故事的方式，用清晰的思维逻辑，让那些枯燥难懂的历史和文学知识都变得生动有趣。

朱自清对经典的梳理与讲解，不仅知识上简洁精辟，文字上更是白话文通俗流畅的典范，有助于中学生概览中国古典文学，为中学生了解传统文化经典指明路径。

朱自清的作品，有一种朴实无华、充满人间烟火气的感动，其简洁不加修饰的文字又有慰藉人心的力量。《经典常谈》的每一篇文章基本上都有一个引人入胜的开场白，如《〈三礼〉第五》：“许多人家的中堂里，供奉着‘天地君亲师’的大牌位。天地代表生命的本源。亲是祖先的意思，祖先是家族的本源。君师是政教的本源。人情不能忘本，所以供奉着这些。荀子只称这些为礼的三本；大概是到了后世才宗教化了的。”这是从当时人们习以为常的习俗或风俗入手的。这类现象或许人们每天都经历着，但不一定清楚其来源及变化，更不一定清楚其出现的理论依据。听了作者的介绍，了解到这类现象原来还有经典作为理论依据，读者自然能够被吸引去了解经典。从读者身边的事情说起，使读者产生亲近感，这正是朱自清善于调动语言技巧，捕捉读者心灵的高超手法的具体应用。

2. 结构严谨，脉络分明

本书以中华文化发展为顺序，章节完整清晰，体系浑然而成。叙述时脉络分明是《经典常谈》的一个显著的特点，产生这样的效果，既是作者写作手法上的特长，更重要的是作者对所述对象深入透彻地了解，作者是带着读者在参观欣赏。

作者在介绍一部经典的时候，就像一位导游向游客介绍一座城市、一处景点一样，去叙述它的源头、发展与特点。娓娓道来的讲述使读者油然产生了解经典的欲望，就像游客听完介绍，产生急切地去领略这一景点的喜悦与追求。这样的叙述特点非常普遍，如对《周易》的介绍：首先从伏羲氏画八卦的传说、卜法和筮法、《周易》书名的由来进行介绍；再论述《周易》如何逐步演变成儒家的经典，以及在民间的流传和影响（即医卜、星相等种种迷信和花样的传播）；最后得出“儒家的《周易》是哲学化了的；民众的《周易》倒是巫术的本来面目”的结论；整篇介绍自然流畅，使读者对《周易》有了总体上的了解。又如对《尚书》的介绍：作者首先从“《尚书》是中国最古的记言的历史”，说到《尚书》的主要内容及其形式，以及《尚书》的成书过程、书名的含义；着重介绍了《尚书》流传过程中的种种遭遇，特别是“今文”和“古文”之争；最后又介绍了作者所见的最新的研究成果，指出

《今文尚书》也有真伪之分。这样的叙述流畅中带着起伏，既传递给读者知识，还带给读者惊奇。

3. 旁征博引，内容丰富

旁征博引是本书的又一个特点。对经典的介绍，要让读者感到有兴趣，有新鲜感，需要增加叙述的说服力，就离不开让事实来说话。如《〈诗经〉第四》："'诗言志'是一句古话；'诗'（誌）这个字就是'言''志'两个字合成的。但古代所谓'言志'和现在所谓'抒情'并不一样；那'志'总是关联着政治或教化的。春秋时通行赋诗。在外交的宴会里，各国使臣往往得点一篇诗或几篇诗叫乐工唱。这很像现在的请客点戏，不同处是所点的诗句必加上政治的意味。这可以表示这国对那国或这人对那人的愿望、感谢、责难等等，都从诗篇里断章取义。断章取义是不管上下文的意义，只将一章中一两句拉出来，就当前的环境，作政治的暗示。"

在完成如上的叙述之后，作者接着又举了《左传》中襄公二十七年的例子来加以证明。对一个古今有所变化的概念，如何使读者理解得更确切，朱先生没有简单地下结论，而是一步步引用事实，用具体的例子让读者自然地接受自己的结论。

又如关于《春秋》作者的问题，朱自清首先把各种有关孔子行道不成、获麟有感而作《春秋》的传说叙说了一遍，犹如讲了一个很形象具体的故事，引发读者的兴趣、加强读者的注意。但很快话锋一转，作者运用事实来纠正以往的传说："这个故事虽然够感伤的，但我们从种种方面知道，它却不是真的。《春秋》只是鲁国史官的旧文，孔子不曾掺进手去。《春秋》可是一部信史，里面所记的鲁国日食，有三十次和西方科学家所推算的相合，这决不是偶然的。不过书中残缺、零乱和后人增改的地方，都很不少。"

诸如此类的叙述特点，在《经典常谈》中十分普遍，叙述的口吻温文尔雅，表现的形式为引经据典，让读者倍感亲切、真实。基于渊博灵动的学识，文学的精彩慢慢浮现。

阅读《经典常谈》时，在综合运用基本阅读策略外，基于文本的特质，特别建议突出以下阅读策略——选择式。

三、典型阅读策略——选择式

（一）理论基础及课标阐释

阅读是人的一种有选择的活动，无论是阅读的载体、阅读的方法，还是阅读的时间、阅读的地点等，都是可以选择的。我们现在处于一个信息爆炸的时代，各种知识增长、传播的速度远远超过个体接收知识的速度。对初中生来说，时间、精力、阅历有限，有选择地进行阅读，就显得尤为重要。

选择式阅读契合《义务教育语文课程标准（2022 版）》中“关注个体差异和不同的学习需求，鼓励自主阅读、自由表达”的目标，更体现了培养学生“学会运用多种阅读方法，具有独立阅读能力”的具体要求。

（二）策略诠释

选择式阅读是一种理性的、目的性很强的阅读方式，往往和阅读者的兴趣、思考、关注点密不可分。也就是说，它的目的性、主观性很强，提倡个性化阅读，追求的是个人独特的阅读体验。

关于“选择”，可以从以下四个方面进行：

1. 兴趣阅读

读整本书，特别是大部头作品时，不是所有的内容都能引起你的兴趣，但一定有特别吸引你的地方，这就存在一个取舍的问题。也就是说，在阅读文集时，可以按自己的兴趣或熟悉的领域对阅读的内容进行选择式阅读。

2. 问题选择

无论是博览群书，还是读一部书，经常会出现一个关注的焦点，围绕这个焦点（也就是要解决的问题）选择阅读内容，抛弃那些无关紧要（相对该焦点而言）的内容，这样阅读时的记忆负担就能变轻，思想却愈加深邃。

3. 目的选择

根据不同的读书目的，可以选择不同的阅读内容。例如，如果是为了与课内学习沟通衔接，就要关注与课内关联度较高的内容；如果是为了写读后感，就要关注阅读时感受最多、体会最深的内容；如果是为了质疑批判，就要关注你认为可以商讨、指瑕的内容。

4. 方法选择

阅读不同的文本，可以采取不同的方法。例如，实用文体可以采取“冷读”的方法，阅读时头脑冷静，心平气和，这样有利于把握概念，抓住要点，深入理解；文学作品则可以采取“热读”的方法，阅读时可以调动情绪，鼓舞精神，一气贯注，达到感同身受或身临其境的效果。再如，理解、记忆性阅读，可以采取默读的方法；评价、探究性阅读，可以采取评点批注的方法；消遣、娱乐性阅读，可以采取浏览、跳读的方法。

（三）教学应用

阅读《经典常谈》这部体系庞大、内容艰深、语言隔膜、思想丰富的学术散文集，选择式阅读的策略可以减轻阅读压力。

1. 选择不同的内容去读

如果不能对书中所有的内容感兴趣，就先选择自己最感兴趣的部分读。例如对古代文学感兴趣，可以先读《诗第十二》《文第十三》两篇；如果对历史感兴趣，则可以先读《〈战国策〉第八》《〈史记〉〈汉书〉第九》。阅读时可以在重点阅读自己感兴趣的部分的同时，寻找新的兴趣点，由此扩展到其他部分，进而阅读整本书。例如在读《文第十三》的过程中，对战国时期的说客产生了兴趣，那就不妨回过头去读对这个群体有更详细介绍的《〈战国策〉第八》。总之，阅读自己做主。

2. 选择不同的顺序去读

阅读本书当然可以按目录、序言、《〈说文解字〉第一》、《〈周易〉第二》这一正常的编排顺序阅读，也可以先浏览目录，对全书的内容和结构有所了解，再根据兴趣或目的先后选择不同篇目去阅读。

3. 选择不同的方法去读

圈点勾画批注的方法当然是阅读的常规方法：哪里不懂画哪里，哪里有想法写在哪里，随读随想随记，简单有效。思维导图法也是不错的选择：对每一篇介绍的典籍，用思维导图画出它的前世今生、来龙去脉，使典籍的由来、观点、价值一目了然。表格对比法也是增智开慧的好办法：设计一些图表，把《尚书》《春秋》《诗经》等费脑子的古籍，辞赋、诗、文等练脑筋的文学样式的不同特点、不同发展、不同价值归纳整理好。阅读提炼出精华，传统文化学习的营养价值就更高了。除此之外还有很多阅读方法，如读《〈尚书〉第三》时，可以选择情境式阅读，以朱自清的身份进行全班演讲；也可以选择链接式阅读，与扬州大学钱宗武教授的研究成果进行链接。阅读方法有很多，哪种有效选哪种。

学会选择式阅读就能读好《经典常谈》。正如作者在序言中所说："这样办虽然不能教一般人直接亲近经典，却能启发他们的兴趣，引他们到经典的大路上去。"

四、案例展示

（一）整本书阅读规划表

表3.19　《经典常谈》阅读规划表

<table>
<tr><th>时间安排</th><th>阅读进度</th><th>阅读提示</th></tr>
<tr><td rowspan="4">第一、二周</td><td>序、目录</td><td rowspan="4">想一想：
1. 全书一共多少章？本书的主要观点是什么？作者的写作目的是什么？
2. 汉字的“六书”是怎么回事？汉字书体经过哪些演变？
3.《周易》为什么会成为儒家经典？《易》的本质是什么？清华大学的校训“自强不息，厚德载物”与“乾、坤”两卦的彖辞、象辞、文言的联系是什么？为什么会有儒家的《周易》、民众的《周易》之分呢？
4. 东汉学者刘熙有个经典的解释——“尚者，上也”，理由何在？是不是正因为有了无数“伏生”，中华文明才能弦歌不辍？</td></tr>
<tr><td>《〈说文解字〉第一》</td></tr>
<tr><td>《〈周易〉第二》</td></tr>
<tr><td>《〈尚书〉第三》</td></tr>
</table>

（续表）

时间安排	阅读进度	阅读提示
第三、四周	《〈诗经〉第四》 《“三礼”第五》 《“春秋三传”第六》	想一想： 1. 上古时候的歌谣有哪些作用？“六义”指的是什么？学习《诗经》的意义是什么？ 2. 礼是天之经、地之仪，代表了庄严的秩序和仪则；乐是天地间的盛世和声，是文明与道德的彰显。那么，“礼”的经典价值何在？ 3.《左传》作为春秋三传之一，“情韵并美，文采照耀”，是先秦时期最具文学色彩的历史散文。朱自清是从哪些方面进行阐释的？
第五周	《“四书”第七》 《〈战国策〉第八》 《〈史记〉〈汉书〉第九》	想一想： 1.“国以民为本，社稷亦为民而立”出自宋代朱熹的《四书章句集注》。朱自清说：“朱子自己虽然说是给初学者打基础，但一大半恐怕还是为了建立道统。”那么，朱子的道统是什么呢？ 2. 朱自清说：“铺陈的伟丽，叱咤的雄豪，固然传达出来了；而那些曲折微妙的声口，也丝丝入扣，千载如生。读这部书，真是如闻其语，如见其人。”《战国策》中哪些人物给你留下了深刻印象？ 3.《史记》和《汉书》是我国史学史和文学史上两部辉煌的巨著，前者为纪体通史之鼻祖，后者为纪传体断代史之典范，两书各有所长，各有特点。《史记》与《汉书》在体例、内容、情感等方面有何异同？

（续表）

<table>
<tr><th>时间安排</th><th>阅读进度</th><th>阅读提示</th></tr>
<tr><td rowspan="4">第六、七周</td><td>《诸子第十》</td><td rowspan="4">想一想：
1. 诸子文章的特点是什么？为什么朱自清说“儒学统于一尊；春秋战国时代言论思想极端自由的空气便消灭了。这时候政治上既开了从来未有的大局面，社会和经济各方面的变动也渐渐凝成了新秩序，思想渐归于统一，也是自然的趋势”？
2. 请试着用自己的语言，说一说赋的定义。你能否用思维导图的形式简要梳理辞赋创作的发展趋向？你认为辞赋对于初中生作文有哪些帮助呢？
3. 诗歌的本质是什么？你能否用图表的形式，简要梳理中国古代诗歌创作的发展趋向？朱自清论诗，与袁行霈、钱锺书、顾随等人的观点有何异同？
4. 朱自清在文章中，说了哪些“文”体形式和流派？你认为“好文”的标准是什么？读了本文，你在写作方面有哪些心得？</td></tr>
<tr><td>《辞赋第十一》</td></tr>
<tr><td>《诗第十二》</td></tr>
<tr><td>《文第十三》</td></tr>
</table>

（二）整本书阅读教学设计案例

“变形”经典，对话古今

——《经典常谈》展示课（提升课）教学设计

【学习目标】

1. 在真实任务情境驱动下，通过思考与讨论，说出本书在内容、叙述方式、语言等方面的风格特点，并用多种形式直观呈现其特点；自主设计评价量表，并对作品进行评价。

2. 通过梳理和整合，在选择式阅读的基础上，用“一句话标题”的方式概括篇章内容与主题。

3. 结合具体章节内容，分析纪录片《典籍里的中国》与《经典常谈》在内容、呈现方式上的异同；通过“沟通古今”的方式理解经典对现实生活的意义与影响；在深入阅读的基础上，将自己感兴趣的经典用多种方式进行推荐。

【学习策略】

采用选择式阅读教学策略。

【学习过程】

1. 核心任务情境

2023 年，《经典常谈》加入八年级教材，成为初中生的必读书目。开学后，我们就学生的阅读情况做了调查，发现很多人不太喜欢阅读这本书。有的学生说这本书“很难读懂”，还有学生说“读不下去”。其实，作者朱自清期望读者能把这本书“当作一只船，航行到经典的海里去”，以典籍作舟，遍赏经典之美。基于以上阅读困境，我们作为读者，为《经典常谈》来了一场“变形记”，让更多中学生亲近这本书，为传承中华经典贡献自己的一份力量！

2. 头脑风暴

我们可以在哪些方面对这本书进行“变形”？

任务一：书封之“七十二变”——巧构思，显雅趣

“书的最要紧处是封面。”好的封面，是通过巧妙的构思和绚丽的色彩，将全书的精髓和主旨反映在一张图画上，勾人情绪，令人遐想，好像在说：“这书好呀，快来读吧。”所以，好的书籍封面总让人看一眼就有一睹为快的强烈阅读欲望。对《经典常谈》进行“变形”，让其吸引更多人阅读，首要的就是封面之“变”。《经典常谈》这本书的封面，主要有以下几种设计：

封面一

封面二

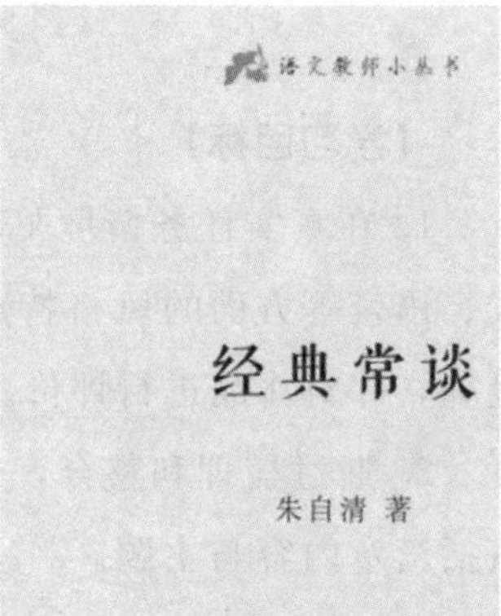

封面三

封面四　　　　　　　　封面五　　　　　　　　封面六

图 3.12　《经典常谈》部分图书封面

（1）课前驱动任务（教师导入）

请你结合对整本书的泛读和部分篇章的深入阅读，站在读者的角度，评价以上封面，选出你认为最符合本书特点的一个封面，并写出你评价的标准和理由。

或许你认为以上封面都无法呈现你对这本书的理解，你还可以自己或与小组合作设计一个封面，记得一定要附设计说明。

请大家先在小组内分享与交流，之后将自己的想法或作品，与所有同学一起分享。

（2）课堂片段（学生分享）

学生 1：老师我想点评一下封面一，这个封面选用了书页的设计，应该是想契合“经典”二字。我自己的书就是这个版本，说实话我不喜欢这个封面，虽然比较文雅，但是不吸引人，没有让人迫切想读的冲动。

学生 2：封面三和封面四也有这样的问题，设计感不强，形象很少，和我们平时阅读的书籍不一样，给人一种很庄重的感觉，我想它们的设计理念与这本书是对“经典的介绍”这一内容相关。但是感觉《经典常谈》这本书其实没有那么严肃，朱自清的语言还是挺浅显的，比如讲到有关司马迁的经历的时候是用讲故事的方式。如果让初中生读，我想这样的封面设计是不吸引人的。

学生 3：我比较喜欢封面二，这是借用了丰子恺先生的画。我觉得这个插图与我读这本书的感觉是契合的，就像是一个老者在这里讲述，我坐在旁边听，有种娓娓道来、悠闲自在的感觉。另外，讲解《说文解字》《礼记》等篇章时，我感觉作者在把经典的成书过程一点一点地呈现出来的，不急不躁。

学生4：封面二和封面五我觉得都不错。封面五选用的插画有一种古朴自然的感觉，很像一首古诗的插图，让我一下子想到了书里有关介绍《诗经》还有辞赋相关的内容。我们的经典诗词就是这种风格。

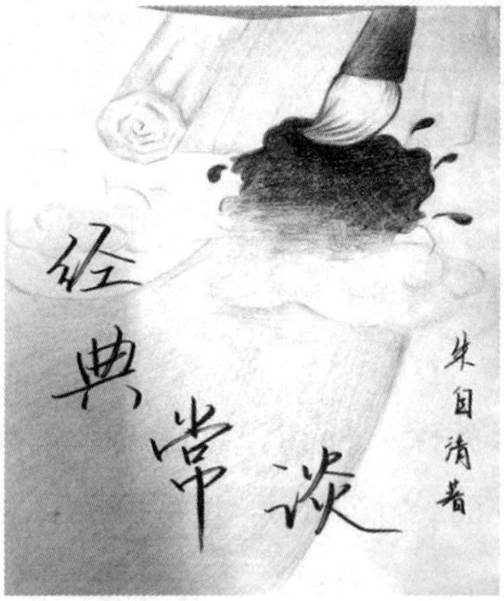

封面六

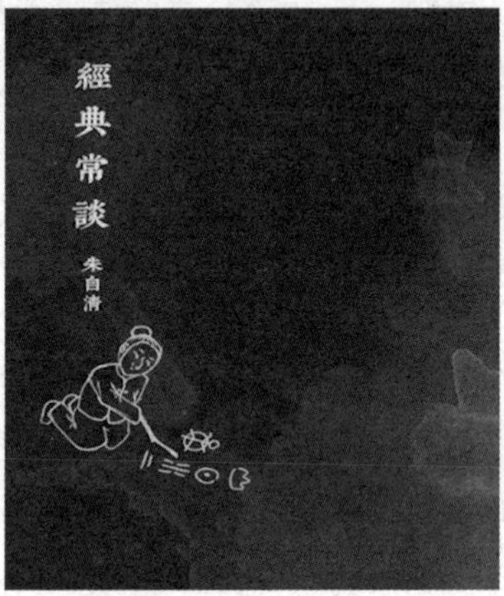

封面七

图 3.13 《经典常谈》学生设计图书封面

学生5：我们组合作设计了封面六。封面主要元素有笔墨、书卷还有水流。因为这本书里介绍的都是古代经典，而且这些经典大都是我们文化的源头活水，所以封面最上方的书卷和笔墨象征着我们的文化被一点一点记录下来，封面下方的河流象征文化被一代一代传承下来，就像流水一样，也让我们想到母亲河——我们文化的发源地。整体设计比较新颖，比较有想象力。

学生6：我们组也想展示一下我们设计的封面七。我们的想法是具象化表达文化的起源。我们认为，文化的起源是仓颉造字，所有的一切都从这里开始，所以我们设计了一个人物形象，他正在造字。这样，设计的寓意就是这本书从最开始的文化起源开始说起。整体而言，封面比较有趣，中学生应该比较喜欢吧。

（3）课后总结

封面设计是创作者对书籍的整体感知和理解的外化。我们究竟应该如何客观地评价出版社或者我们自己设计的封面呢？在刚才的讨论中，大家关于评价的标准还未达成一致，像繁星一样散落在各处。现在我们试着汇聚一下这些光亮，小组合作，形成一个大家都认同的评价标准。可以用表格的方式呈现，也可以简单罗列要点。

PPT课件呈现空白表格如表3.20所示：

表3.20　图书封面评价标准模板

自我评价内容	等级1	等级2	等级3

小组讨论交流，全班分享后，最终形成评价标准如表3.21所示：

3.21　图书封面评价标准体系

自我评价内容	0分	5分	10分
封面元素一定与本书所讲述内容相关	不相关	相关但表意不明	相关且体现经典魅力
封面设计至少体现本书一种叙述风格特点（理性客观、平易近人、自然通俗）	风格不一致	风格一致，特点不鲜明	风格一致且特点鲜明
封面设计感强，给读者以想象空间	设计感不强	设计感强，形象独特	设计感强，形象独特且给人以想象空间

请大家根据我们一起制定的评价标准，给其他组同学的作品打分。

任务二：目录小（大）变身——一句话标题

（1）课前驱动任务（教师导入）

开始阅读前，首先映入眼帘的是目录，这也是我们进行选择性阅读的起点。还记得《西游记》里每章的目录标题吗？是不是只看标题就足够吸引我们读下去了？今天，我们对《经典常谈》的目录标题进行改写，让它更吸引我们中学生阅读，大家有没有信心？请你选择一到两篇感兴趣的文章，用“一句话标题”的形式向读者展示你对某篇章的理解。

以下是我的示例：原标题是“《诗经》第四”，改写标题为“古代流行音乐的诞生与传播”。

请大家边重读边思考，然后上台分享你的创意标题。（学生到讲台黑板上书写）

（2）课堂片段（学生分享）

学生1：老师，我对《〈诸子〉第十》很感兴趣，也深入阅读过。我发现在这一章里，朱自清把儒、墨、道、阴阳等各家的思想都进行了较为详细的介绍。这些思想可以说各有不同，最后到汉代，儒家学说“一统江湖”。所以我把这一章的标题改成了“从七嘴八舌到一个声音”。

学生2：我想给《〈说文解字〉第一》起一个新的标题——“汉字的前世今生”。这一章梳理了汉字的起源和变化，我对此很感兴趣，于是查找了很多字的篆书和隶书的写法。如果篇名只是“《说文解字》第一”的话，我感觉不太能吸引学生去阅读。

学生3：我详细阅读了《〈周易〉第二》这一章的内容，介绍了古代卜法的一些知识，以前我只在电视上看到过。我们现在仍有算卦这一门学问，所以我想取一个通俗一点、现代一点的标题——“算命先生的‘秘籍’”。

学生4：关于《文第十三》这一章，我们之前梳理过思维导图，厘清了从商代一直到近代的“文”的演变，而且文中提到的都是古代经典名家和名作，这一章特别重要。考虑到吸引读者阅读的目标，标题最好独特一点，所以我想取名为——“看历代经典，谁主沉浮？”。

（3）课后总结

这样的“变形”是为了吸引同学们走进经典。我想当大家真正静心阅读之后一定会发现，这一个个书名的背后暗藏着我们民族最珍贵的文化宝藏，口耳相传，生生不息。阅读完《经典常谈》后，我们再看这些朴实的名称，《说文解字》《诗经》《礼记》……自会发现其质朴背后的力量。

任务三：让文字“活”（活）起来——有关经典的另一种述说

纪录片《典籍里的中国》与《经典常谈》一样，都讲述了典籍在五千年历史长河中源起、流转的故事。用时空对话的形式呈现，用讲故事的方式述说，这是《典籍里的中国》不同于《经典常谈》的一点。纪录片和文字是两种不同的讲述方式，但又殊途同归，都指向文化的流传，我们可由此重新回到文化长河的源头，聆听缓缓流水声逐渐清晰，最后汇成声声呼唤。

让我们在两种不同的讲述方式中，寻觅那声音，然后与它应和。

（1）课前阅读驱动任务

选择《经典常谈》中你感兴趣的篇章深入阅读，之后观看纪录片《典籍里的中国》，谈谈你的感受。可以从以下话题中寻找最有话可说的一个或几个，用你喜欢的方式，呈现你的思考。

①对比找异同：对比《经典常谈》和《典籍里的中国》，它们有关经典的讲述方式或内容有什么异同？可以结合二者共同提到的经典书目来谈。

②经典推荐员：通过阅读和观看，将你对某一部经典的整体感受、看法与其他读者交流，向他们推荐阅读你感兴趣的作品。

③解疑答惑：阅读《经典常谈》和观看《典籍里的中国》，是否帮助你解决了生活或学习中的某个困惑？如果你能将思考探究的过程与其他读者分享，那就再好不过了。

④设想与创造：除了纪录片和文字，你还想用哪种方式述说经典的故事？你想表达什么？你试图如何呈现？

（2）课堂片段（学生分享）

学生1：我选择分享“二者的异同”这个话题。我对《礼记》比较感兴趣，因为课本第六单元里就有关于《礼记》的内容，所以我重点阅读观看了《经典常谈》里的《“三礼”第五》这一章和《典籍里的中国》中的“《礼记》篇”。我感觉朱自清先生主要是从礼治的含义和意义的角度来介绍的《礼记》，而纪录片主要是从传承的角度，通过讲述郑玄的故事向观众介绍这本书的主要主张。我看纪录片的时候很感动，我觉得其中有一种精神的力量，里面有很多例如“玉不琢，不成器；人不学，不知道”这样的经典句子。阅读《经典常谈》时感觉作者很理性，启发人思考，并且语言简洁、通俗，我并没有遇到理解上的困难。

学生2：我选择“解疑答惑”这个话题。学习《关雎》的时候，老师您说有很多解读的版本，对其中的一些理解，我当时是有困惑的，我想这肯定是一首爱情诗啊，怎么可能和政治相关，和进谏相关呢？后来我读了《诗经》，我就明白了。这里说孔子根据传授学生的需要，“断章取义”地来解释这些诗歌，强调了诗歌的教化作用。《典籍里的中国》给我带来的震撼更大，里面讲了我们学过的《子衿》和《关雎》，我突然感觉这些诗句太美了。我记得节目最后“杜甫”突然出场，主持人说他沿袭了风雅的现实主义精神，令我很感动——因为这是一种文化的传承，也明白了杜甫创作反映现实的诗歌的来源原来在这里。

学生3：我想如果我能选择，我想用拍摄电影的方式呈现司马迁的一生。我读了《经典常谈》里有关《史记》的部分，觉得司马迁的一生是传奇的。特别是他发奋努力，在狱中专心致志写书的部分，很励志，也很振奋，我想重点拍摄这一部分。这也是受《典籍里的中国》的影响。不过我觉得他们拍摄得还不够，应该把他的人生经历呈现得再完整一些。此外，其中最打动人的成书的那一刻，要给特写才行。

学生4：老师，我也选择“解疑答惑”这个话题。我通过阅读《经典常谈》第一章《〈说文解字〉第一》，对《说文解字》开始感兴趣。里面提到的形声字，我感觉对我们平时默写很有用。比如说上学期经常写错的“芳草萋萋鹦鹉洲”里的“洲”字，我以前容易忘掉三点水。但是书里说这个字是一个形声字，三点水是形，“州”是声，结合内容，我就更加牢固地记住了这个字的写法。《典籍里的中国》里说到了“寒”字的小篆写法，我一下子就明白了这个字为什么这样写。后来隶书虽然让字的书写更加简洁了，但是对它的本义却呈现得不够直观了。我感觉中国的文字真是太美了，以前总觉得书写起来麻烦费劲，不如英语书写得快，现在才真正明白汉字的美。

（3）课后总结

《经典常谈》里的文字就这样“活”了。一本本文化经典的背后，是我们永远奋进、不屈不挠、智慧圆润的文化哲学。我们走近文化源头，低头听到的缓缓水流声生生不息，绵延千年。我们用阅读、观看、收听等方式了解经典，无非是要走进它，理解它，传承它。

3. 齐读

天行健，君子以自强不息；地势坤，君子以厚德载物。

——《周易》

故君子之于学也，藏焉修焉，息焉游焉。夫然，故安其学而亲其师，乐其友而信其道。是以虽离师辅而不反也。

——《学记》

凡事豫则立，不豫则废。言前定则不跲，事前定则不困，行前定则不疚，道前定则不穷。

——《礼记·中庸》

禹别九州，随山浚川，任土作贡。禹敷土，随山刊木，奠高山大川。

——《尚书·禹贡》

欲以究天人之际，通古今之变，成一家之言。

——《史记·报任安书》

4. 总结

屈原说："路漫漫其修远兮，吾将上下而求索。吾不能变心以从俗兮，固将愁苦而终穷。举世皆浊我独清，众人皆醉我独醒。"彼时"独醒"的屈原，因为总有人念起他和他的诗句，他便不再陷入孤独。朱自清说司马迁："靠了他的笔，古代许多重要人物的面形，至今还活现在纸上。"有了后人的传诵，司马迁和他笔下的世界，就仍存于今日；因为这流动的文化之水，我们得以窥见彼此来时之路。《经典常谈》就像这水中泛起的浪花，让我们经由它，看见一个更加广阔的江河文化。读经典，谈经典，最该"变"的，其实是我们自己，让我们选择走进经典，选择静心阅读，选择捧起一本经典慢慢读。

（三）学习成果

1. 整本书阅读思维导图

《说文解字》第一

- 秦以前
  - 特点：字体因国因世而异。
  - 演变："仓颉造字"的传说；造字和用字的条例："六书"。
- 秦以后
  - 特点：书体演变的时代。
  - 演变：秦始皇统一文字；汉朝时，隶书变为扁方；晋至唐朝，又称为"隶书"，宋代又改称为"真书"；唐代形成"行书"。

《周易》第二

- 起源
  - 卜辞、繇辞的定义和演变；《周易》成书过程。
- 演变
  - 战国末期，儒家受两派影响，对《周易》的卦、爻辞做了种种新解释。
  - 汉代，新发现了《说卦》《序卦》《杂卦》三种传，后来称为《逸易》。
- 地位
  - 到了汉代，《易》上升为儒家"六经"之首。

《尚书》第三

- 地位
  - 《尚书》是中国最古的记言的历史。
- 内容
  - 《尚书》包括虞、夏、商、周四代，大部分是号令，就是向大众宣布的话，小部分是君臣相告的话。
- 发展历程
  - 秦始皇焚书，伏生私藏《尚书》；汉文帝时，《尚书》流传开来；汉景帝时，孔安国整理成书《古文尚书》；张霸、王肃伪作《古文尚书》，直到清代才被证伪。

《诗经》第四

- **由来**：乐工收集天下歌谣以供贵族祭祀、宴饮等，战国时，乐谱渐渐亡失，流传下来的便是《诗经》。
- **发展历程**：①春秋时宴饮通行赋诗。②孔子时代，讨论做学问做人的道理。③权威解释是毛氏《诗传》和郑玄《诗笺》。
- **诗序**：《诗序》有《大序》和《小序》。《大序》是总论说明诗的教化作用。《小序》是毛氏二人所作。

“三礼”第五

- **三本**：“天地君亲师”，荀子称天地、祖先、君师为礼的三本。
- **礼治**：政治制度、宗教仪式、风俗习惯。
- **礼乐**：礼乐并称，乐是礼的一部分，乐包括歌和舞。
- **发展历程**：关于礼，汉代学者所传习的有三种经和无数的“记”，那三种经是《仪礼》《礼古经》《周礼》。

“春秋三传”第六

- **春秋**：“春秋”是古代记事史书的通称。《春秋》是我国现存第一部编年史。
- **三传**：“三传”为《左传》《公羊传》《穀梁传》。《公羊传》《穀梁传》两家全以解经为主，左氏却以叙事为主。《左传》传为鲁国左丘明依《春秋》而作。

“四书”第七

- **“四书”**：《礼记》里的《大学》是古代大学里教学生的方法，规模大，内容丰。《中庸》是传授心法的书。《论语》让读者学习许多做学问做人的道理。《孟子》书中说“仁”兼说“义”。
- **由来**：朱子将《中庸》和《大学》《论语》《孟子》合为“四书”。

《战国策》第八

- **发展由来**：汉代刘向在汉初著名说客蒯通整理和润饰的基础上，把众多策士的说辞，编成了《战国策》。
- **艺术特色**：文辞妙绝。把策士铺陈的伟丽、叱咤的雄豪都传达了出来。读来如闻其语，如见其人。

《史记》《汉书》第九

- **《史记》**：司马迁创作了中国第一部纪传体通史。
- **《汉书》**：班固著《汉书》未完成而卒。
- **地位**：《史记》创了“纪传体”，《汉书》采用了《史记》的体制。

诸子第十

- **社会背景**：春秋末年，封建制度开始崩坏，才智之士根据自己的见解各说各的，都“持之有故，言之有理”。
- **学派**
  - 儒家：儒家所拥护的制度、所讲所行的道德也是上层社会所讲所行的。孔子。
  - 墨家：墨家的创始者墨翟出于武士；他们反对侵略，提倡“兼爱”“非攻”。
  - 道家：道家反对一切文化和制度。老子、庄子。
  - 法家：法家出于“法术之士”，他们创一种新的政治方法帮助当时的君主整理国政，这就是法治。
  - 阴阳家：汉代所称的阴阳家出自方士，以为天道人事互相影响。
- **思想统一**：董仲舒向汉武帝谏言“罢黜百家，独尊儒术”。帝王用功名利禄提倡儒学，儒学统于一尊。

辞赋第十一

- 辞
  - 屈原因为遭排挤诽谤被流放，《楚辞》中《离骚》和《九章》的各篇，都是他放逐时候所作。
  - 《离骚》，句子由短而长，汉武帝时最盛。汉时称这种体制为“辞”，又称为“楚辞”。
- 赋
  - 荀子《赋篇》开后来赋家的风气。贾谊模拟屈原的体制，却习用了荀卿的“赋”的名字。
  - 《汉书·艺文志·诗赋略》分赋为四类。
  - 东汉班固作《两都赋》，张衡仿作《二京赋》，晋左思又作《三都赋》。此后赋体渐渐缩短，字句整炼起来，务求精巧，不再用来讽谏。

诗第十二

- 发展历程
  - 北宋太原郭茂倩收集汉乐府以下历代合乐的和不合乐的歌谣，以及模拟之作，称为《乐府诗集》。
  - 汉末五言诗最高的成就是《文选》所录的《古诗十九首》。真正奠定五言诗的基础的则是魏代的阮籍。
  - 晋代玄言诗兴盛。齐武帝永明年间，“声律说”大盛。梁简文帝时，宫体诗兴盛，诗的境界更狭窄了。
  - 唐代成立了律诗绝句；古体的五言诗也变了格调。南北朝民歌中，五言四句的谐调最多，影响了唐人。代表诗人：李白、杜甫。
  - 宋初的诗专学李商隐，王禹偁独学杜甫，开了新风气。欧阳修、梅尧臣接着发现了韩愈，起始了宋诗的散文化。
- 论诗
  - 七言歌行及近体成立于唐代。宋诗议论多。诗歌发展各朝各代均有特点和缺点。

文第十三

- 起源
  - 现存的中国最早的文是商代的卜辞，后来出了卜辞之外，还有讼辞。
- 发展历程
  - 春秋时期列国外交的言语称为“辞”或“命”。战国时代，游说之风大盛。孔子开了私人讲学的风气。汉武帝时期，盛行辞赋。唐代倡导“古文运动”，宋代称为“散文”。明代八股文盛行。民国时期，胡适之先生提倡白话文。

图 3.14 《经典常谈》思维导图

2. 成果展示

学生成果一 交流 PPT 展示

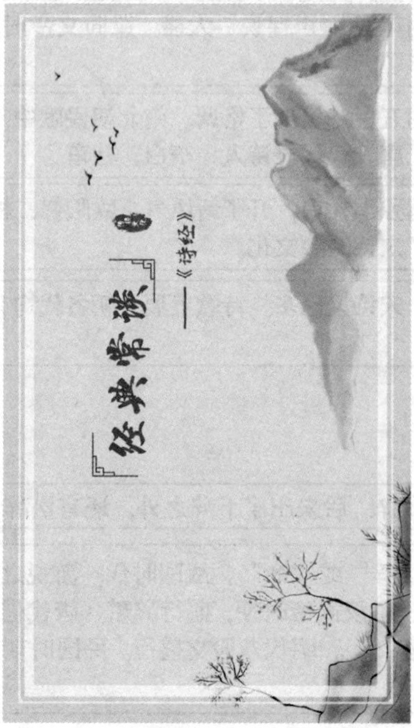

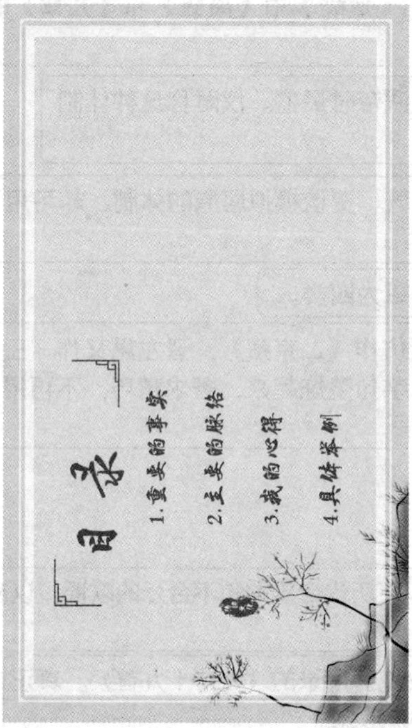

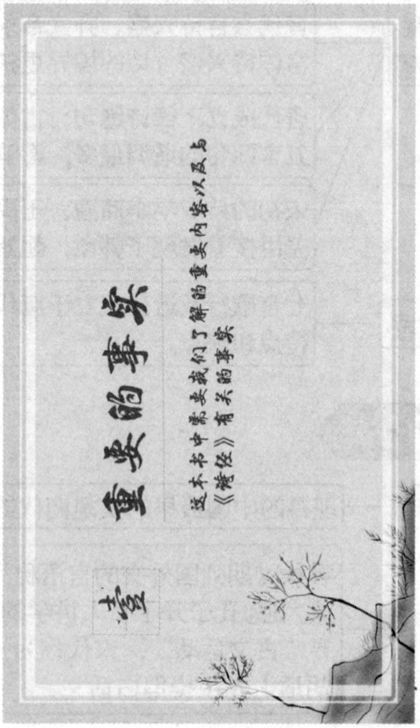

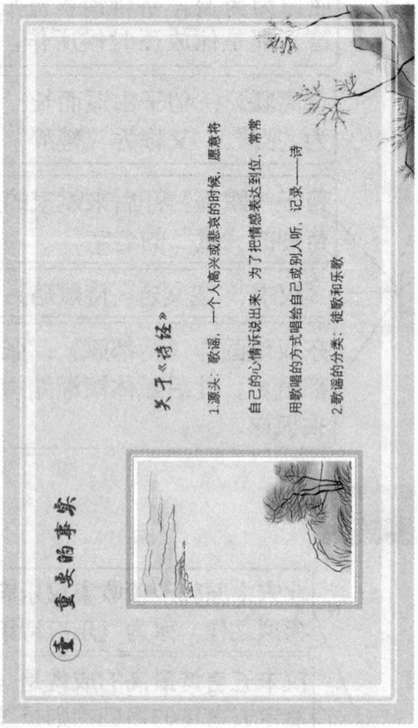

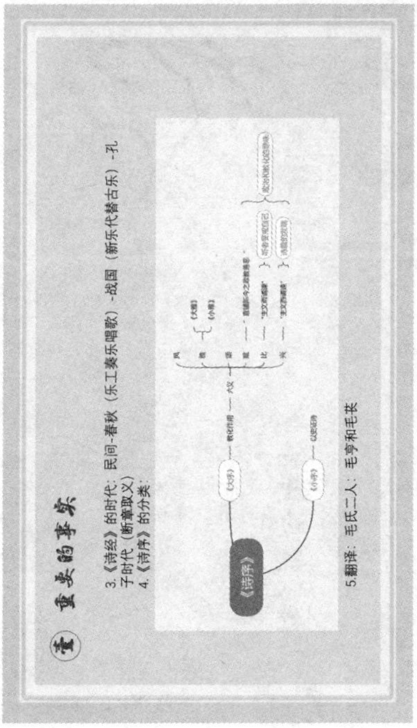
壹 重要的事实
3.《诗经》的时代：民间-春秋（乐工奏乐唱歌）-战国（新乐代替古乐）-孔子时代（断章取义）
4.《诗序》的分类：
《诗序》
《大序》
《小序》
5.翻译：毛氏二人：毛亨和毛苌

贰
主要的脉络

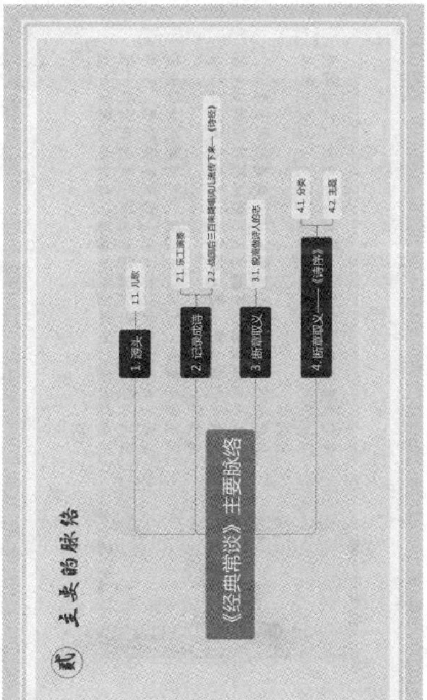
贰 主要的脉络
《经典常谈》主要脉络
1. 源头
1.1 儿歌
2. 记录成诗
2.1 乐工演奏
3. 断章取义
4. 断章取义——《诗序》
4.1 分类
4.2 主题

叁
我的心得

图 3.15　《经典常谈》学生成果展示一

学生成果二　学习汇报并进行PPT展示

《周易》学习介绍

《大海啊，故乡》中唱道："大海啊，大海，就像妈妈一样。"词曲作者的感觉和领悟真是太贴切，太到位了！是啊，大海充分体现了母爱的光辉，它是那么博大，那么温暖。你看，那天海相连，无边无涯，"日月之行，若出其中；星汉灿烂，若出其里"，而那一缕缕海风又给我们带来了清新和湿润。易学的海洋也情同此道，同样是那么博大、深邃和清新。我们学习它，研究它，只为尽力去寻找那些属于中华儿女乃至全人类的历史文化瑰宝。

或许有人会说，大海母亲也会因孩子不听话而发脾气，呈现出她刚性的一面。"坤至柔而动也刚"，这是很简单的道理，只要你尽量不违背母亲的意愿就是了。同时，你也要防止母亲的"无名之火"烧到自己的身上，要有随时"跑开"和"躲避"的预案，所以说"趋利而避害"是人类生存法则中的重要内容。

中国人有一个良好的习惯，那就是要给自己的后代、店铺、公司、著作等，起一个寓意良好的名字或字号，这也是中华民族"幸福观"的一个具体体现。我们说找寻至道，倒不如说是"易海拾珍"。此中的"珍"，其音一可谐"针"，寓意"大海捞针"之艰辛；其另一谐音取"真"，内中包含了真实、真诚之意。在六十四卦中，"中孚"一卦就主要表述了有关诚信的内容。我深知，只有真诚的东西才能打动人心，正如《易传》中所说："有孚惠我德"。

时间，就像我们从海滩上捧取的那把细沙，正从指缝中一点点滑落，让我们去珍惜它，把握它吧！

说到《周易》，几年前我与众多初学者一样，实实在在地认为它是一部"天书"。无论是它那独一无二的编排体裁和艰涩的文字表述，还是抽象的符号和深奥的寓意，都令我无所适从而又流连忘返。我曾一次次地捧起它，却又不得不一次次地将其放下。在知识海洋的畅游中，我一时失去了方向、找不到方法、感到了迷惘。当我再度拿起时，竟悟出了真谛："易海苍茫，我们的求学之心切不可浮躁，首先要做到静心在岸，然后要脚踏实地去认真寻觅它的源头所在，并循着它那曲折蜿蜒、时隐时现的流径前进，一点点地去感悟，一点点地去思索。当你对它有了亲如家人的感觉时，就可以下水畅游了。"

于是我用极短的时间仔细读完了书稿，真真切切地体会到了一种春风拂面、耳目一新的感觉。从书中，我看到了中华文化长期被割舍的那种质朴原生态，找到了文化与时间和空间的真实关系，体会到了学术研究中原始性、主动性、创造性和无限性的相融相合。它没有惊世骇俗的语言，呈现给我们的是平实通俗的解说；它没有虚无玄妙的江湖之说，而是运用典籍、贴近实际，认真解决我们在学习研究和社会实践中那些深层次的需求。它不囿于所谓学术流派的“门户之见”，而是博采众长、融合提炼，始终坚持对古今之说进行客观公正的解读和评说。给读者留下思考的空间和自我阐发的余地，使大家既像新朋初会，又似老友重逢，既透露着亲切，又洋溢着火一样的热情。

依自己浅薄的易学知识和内心的深切感受，我对易学与其他中华传统文化的旁通关系做了新的科学分析，充分体现了《周易》“大道之源”的历史地位，以及百花齐放、满园飘香的中华精神家园之绚丽多彩。例如，在对易学与传统中医药学的关系上，二者是否“同源同流”，流传数代的“医易同宗”之说又是否正确？在理论和实践应用相结合的一系列客观分析中，我看到了中华传统文化之间的和谐共融，可谓既授予“鱼”又授予“渔”。

《易传》有言：“君子学以聚之，问以辩之，宽以居之，仁以行之。”我们当取这种态度并努力实践之。

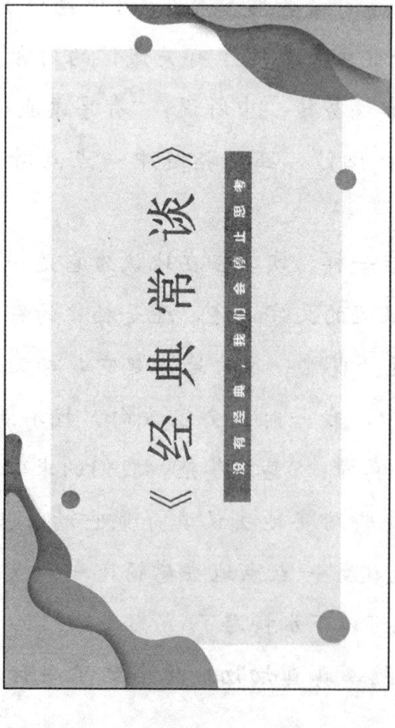

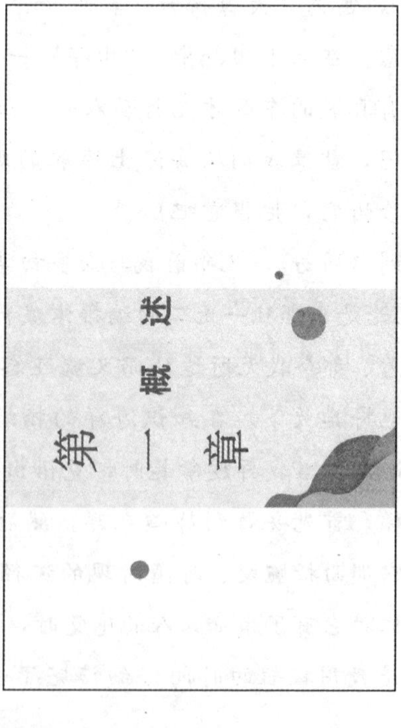

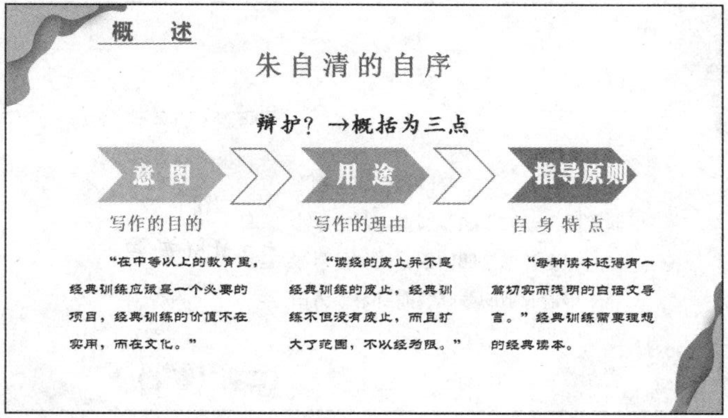

概　述
朱自清的自序
辩护？→概括为三点
意 图
用 途
指导原则
写作的目的
写作的理由
自身特点
“在中等以上的教育里，经典训练应该是一个必要的项目，经典训练的价值不在实用，而在文化。”
“读经的废止并不是经典训练的废止，经典训练不但没有废止，而且扩大了范围，不以经为限。”
“每种读本还得有一篇切实而浅明的白话文导言。”经典训练需要理想的经典读本。

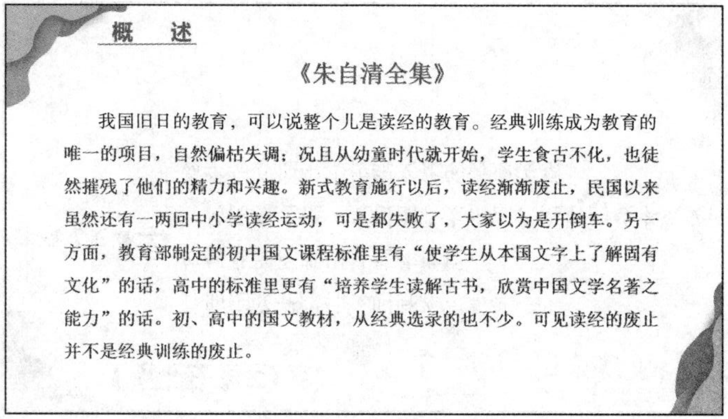

概　述
《朱自清全集》
我国旧日的教育，可以说整个儿是读经的教育。经典训练成为教育的唯一的项目，自然偏枯失调；况且从幼童时代就开始，学生食古不化，也徒然摧残了他们的精力和兴趣。新式教育施行以后，读经渐渐废止，民国以来虽然还有一两回中小学读经运动，可是都失败了，大家以为是开倒车。另一方面，教育部制定的初中国文课程标准里有“使学生从本国文字上了解固有文化”的话，高中的标准里更有“培养学生读解古书，欣赏中国文学名著之能力”的话。初、高中的国文教材，从经典选录的也不少。可见读经的废止并不是经典训练的废止。

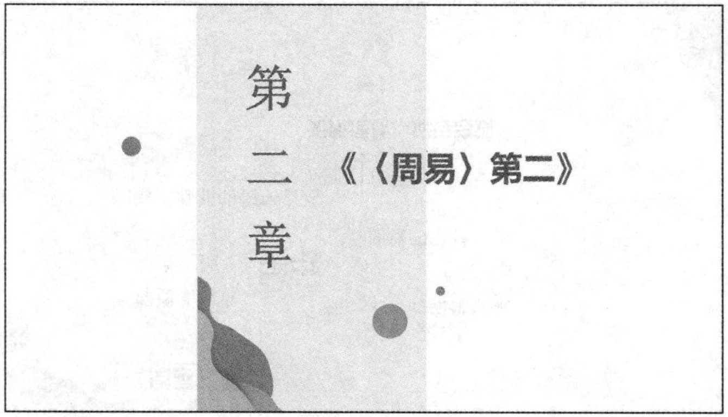

第二章
《〈周易〉第二》

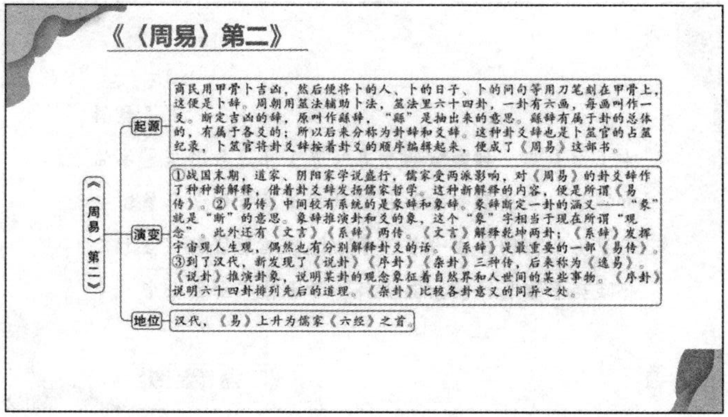

《〈周易〉第二》
《〈周易〉第二》
起源
商民用甲骨卜吉凶，然后便将卜的人、卜的日子、卜的问句等用刀笔刻在甲骨上，这便是卜辞。周朝用筮法辅助卜法，筮法里六十四卦，一卦有六画，每画叫作一爻。断定吉凶的辞，原叫作繇辞，“繇”是抽出来的意思。繇辞有属于卦的总体的，有属于各爻的；所以后来分称为卦辞和爻辞。这种卦爻辞也是卜筮官的占筮纪录，卜筮官将卦爻辞按着卦爻的顺序编辑起来，便成了《周易》这部书。
演变
①战国末期，道家、阴阳家学说盛行，儒家受两派影响，对《周易》的卦爻辞作了种种新解释，借着卦爻辞发扬儒家哲学。这种新解释的内容，便是所谓《易传》。②《易传》中间较有系统的是彖辞和象辞。彖辞断定一卦的涵义——“彖”就是“断”的意思。象辞推演卦和爻的象，这个“象”字相当于现在所谓“观念”。此外还有《文言》《系辞》两传。《文言》解释乾坤两卦；《系辞》发挥宇宙观人生观，偶然也有分别解释卦爻的话。《系辞》是最重要的一部《易传》。③到了汉代，新发现了《说卦》《序卦》《杂卦》三种传，后来称为《逸易》。《说卦》推演卦象，说明某卦的观念象征着自然界和人世间的某些事物。《序卦》说明六十四卦排列先后的道理。《杂卦》比较各卦意义的同异之处。
地位
汉代，《易》上升为儒家《六经》之首。

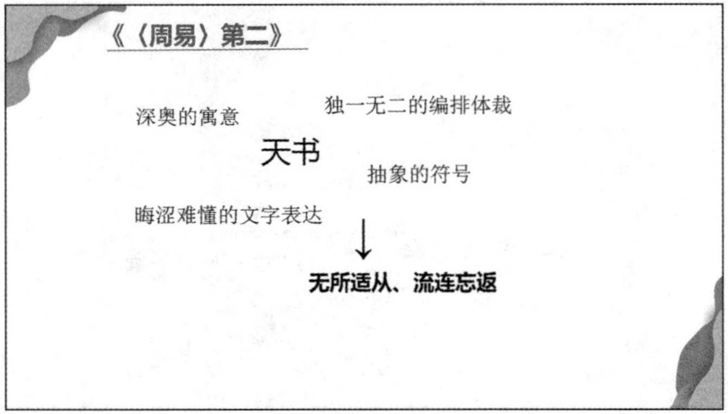
《〈周易〉第二》
深奥的寓意
独一无二的编排体裁
天书
抽象的符号
晦涩难懂的文字表达
无所适从、流连忘返

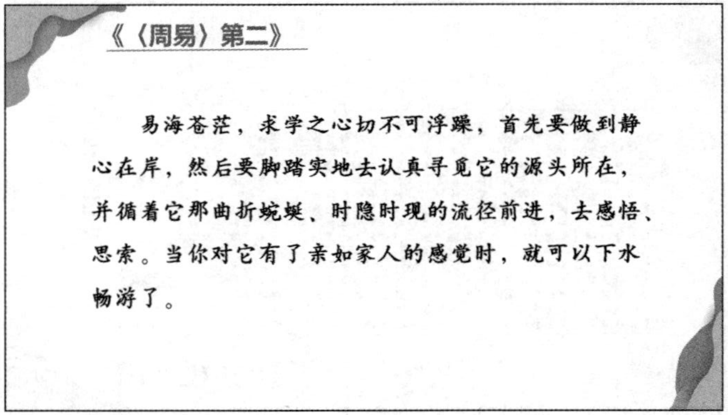
《〈周易〉第二》
易海苍茫，求学之心切不可浮躁，首先要做到静心在岸，然后要脚踏实地去认真寻觅它的源头所在，并循着它那曲折蜿蜒、时隐时现的流径前进，去感悟、思索。当你对它有了亲如家人的感觉时，就可以下水畅游了。

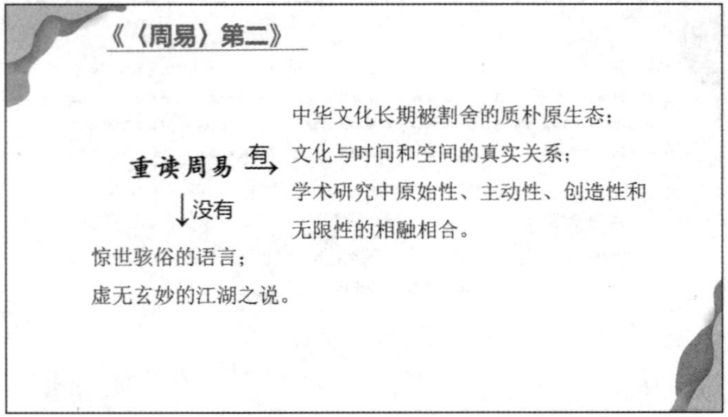
《〈周易〉第二》
重读周易
有
中华文化长期被割舍的质朴原生态；
文化与时间和空间的真实关系；
学术研究中原始性、主动性、创造性和无限性的相融相合。
没有
惊世骇俗的语言；
虚无玄妙的江湖之说。

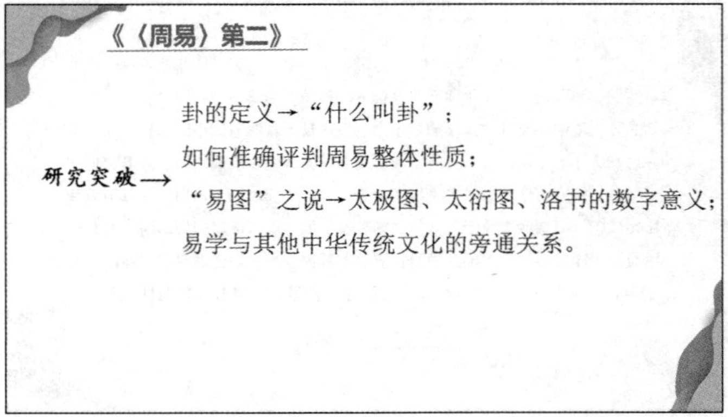
《〈周易〉第二》
研究突破
卦的定义→“什么叫卦”；
如何准确评判周易整体性质；
“易图”之说→太极图、太衍图、洛书的数字意义；
易学与其他中华传统文化的旁通关系。

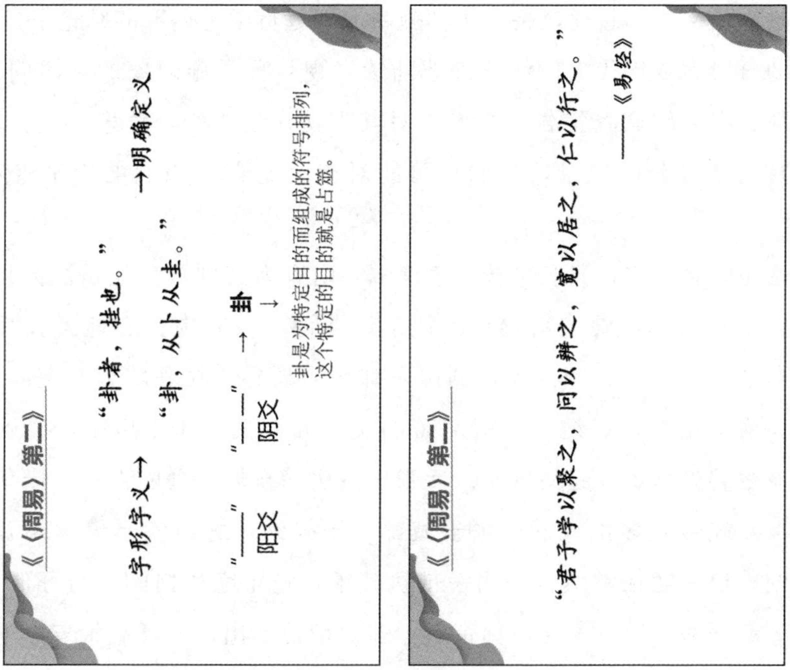

图 3.16　《经典常谈》学生成果展示二

第七节　思辨式阅读

——以古典小说《水浒传》为例

一、整本书概要

（一）作家介绍

关于《水浒传》的作者，其实明代人的记载是不一致的，比较著名的说法有施耐庵作、罗贯中作和施、罗二公共作论，这几种说法至今争论不休。

其中最著名的是"施耐庵作"论。据说施耐庵是元末明初小说家，生卒年及生平均不详，只是在清代及近代某些野史杂说的资料能查到些许相关的文字，比如吴梅曾说写《幽闺记》的施惠（施君美）就是《水浒传》的作者耐庵居士，《传奇汇考标目》也说施耐庵名惠，但表字不是"君美"，而是"君承"，是杭州人。但是在正史上，这位金圣叹眼中的"第五才子"，却查无此人。也无怪后世流传"施耐庵"是"是乃俺"之意的谐音化名，甚至有研究者通过作品文法和叙述风格得出“施耐庵即罗贯中笔名”的结论了。

自20世纪20年代起，江苏等地陆续发现号称是施耐庵的资料问世，但这些史料和有关的调查报告，学术界对其真伪众说纷纭，莫衷一是。依据这些零碎且真伪难分的记录，我们尽可能对施耐庵真真假假的生平进行一次还原：

施耐庵，名子安，又名肇瑞，字彦端，耐庵为其别号。他是江苏兴化人，后迁徙大丰县白驹，曾流寓钱塘。他学识渊博，曾充满信心地去大都应试，结果却名落孙山，因无颜回乡，到山东郓城当训导。在郓城为官期间，他倡导学习，廉洁正直，好结交一般穷苦的文人和侠义之士。后来，回到家乡，应张士诚之聘为幕宾，起义抗元。后张士诚居功自傲，独断专行，亲信佞臣，疏远忠良，施耐庵多次谏劝，张士诚都不予采纳，施耐庵乃愤然离开平江，退隐江湖。他一度在常熟、江阴一带执教鞭，晚年隐居白驹，与拜他为师的罗贯中一起著书立说。朱元璋称帝后，多次请他不出。又迁到淮安，殁于此，其孙迁其骨归白驹。

这里面仍然存在极多的矛盾甚至不实之处，研究者争论的焦点集中在：

首先，彦端、耐庵、施惠（君美）究竟是不是同一个人？

其次，他的籍贯究竟是钱塘、兴化还是姑苏？

其三，袁吉人的《耐庵小史》和王道生的《施耐庵墓志》都说他“征聘不至”，更多的资料则不曾记录此事，那他是否参加过张士诚起义呢？

其四，《施耐庵传》里记载他为“元至顺辛未进士”，但是遍查相关科考资料都寻不到此人踪影。

最后，明代王道生的《施耐庵墓志》里面说：“（施耐庵）每成一稿，必与门人校对，以正亥鱼，其得力于罗贯中者尤多。”宣称罗贯中是他的门人弟子，但其余资料对此只字不提，自相矛盾，缺漏百出，真可谓神龙见首不见尾，疑点重重。因此，施耐庵其人究竟如何，尚待学者们进一步深入考究。

（二）作品介绍

《水浒传》又名《忠义水浒传》，是一部写英雄的小说，讲的是北宋末年宋江等人起义的故事。在好汉们上梁山之前，讲的是个体好汉闯荡江湖的故事，遵循江湖规则，行使好汉做派；上梁山之后，他们聚而形成一个群体，义结金兰，福祸与共，不分贵贱，无问亲疏。在宋江的领导下，他们组织严密，杀富济贫，攻城略地，取得了与朝廷对抗的连续胜利。他们的实力也在不断壮大，排定座次，正偏头领合计一百零八人，后全伙接受招安，先后征辽、征田虎、王庆、方腊，建功立业。然而，在征方腊的过程中，梁山英雄死伤大半；平安归来的宋江、卢俊义等，又被高俅等人设计谋害。所谓“煞曜罡星今已矣，谗臣贼子尚依然”。上应星宿的天罡地煞都早已消逝，乱臣贼子却依旧在兴风作浪，这不能不说是时代的悲哀。结尾的悲剧，更加引发我们对于作品背景与其主题的反思。

我们也应该看到，虽然由于时代的局限，梁山起义最终失败了，但好汉们身上淡然生死、爱憎分明、崇侠尚义、桀骜不驯的抗争精神却形成了特定的时代文化，具有永恒的价值，余韵悠远，千年流传。

《水浒传》这部作品有其独特的结构特点，即前四十回的“链式结构”与后文的“百川汇海”。在后面介绍作品特质的环节，会做更详细的讲述。

作为一部英雄传奇，《水浒传》的人物描写是非常成功的。正如金圣叹所说：“人有其性情，人有其气质，人有其形状，人有其声口。”“《水浒传》写一百八个人性格，真是一百八样”，都写得形神毕肖，人物形象充满艺术魅力。《水浒传》在中国古代小说史上开创了英雄传奇一派，并影响了世情、侠义等小说类型的发展。作者具有高超的语言驾驭能力，全书用生动活泼的白话写作，流畅易懂而又韵味十足。

（三）相关评论

别一部书，看过一遍即休。独有《水浒传》，只是看不厌，无非为他把一百八个人性格都写出来。《水浒传》写一百八个人性格，真是一百八样。若别一部书，任他写一千个人，也只是一样；便只写得两个人，也只是一样。

——［清］金圣叹

施耐庵之《水浒》，王实甫之《西厢》，世人尽作戏文、小说看，金圣叹特摽其名曰“五才子书”“六才子书”者，其意何居？盖愤天下之小视其道，不知为古今来绝大文章，故作此等惊人语以标其目。

——［清］李渔

“侠”字渐消，强盗起了，但也是侠之流，他们的旗帜是“替天行道”。

他们所反对的是奸臣，不是天子，他们所打劫的是平民，不是将相。李逵劫法场时，抡起板斧来排头砍去，而所砍的是看客。一部《水浒》，说得很分明：因为不反对天子，所以大军一到，便受招安，替国家打别的强盗——不“替天行道”的强盗去了。终于是奴才。

——鲁迅

二、作品特质

《水浒传》这部作品是有一定难度的，无论从文学研究的角度还是艺术审美来看，它都无愧四大名著之一。它丰富地再现了北宋独特的民俗风貌以及官逼民反的社会现实，人物塑造更是活灵活现，同中有别。在导读的过程中既要注意引导学生掌握古典小说整本书阅读鉴赏的方法，在充分开展原生态阅读的基础上，强调对小说内容和主旨的深度解读和思辨，从而达成“培养学生阅读和赏析古典小说的能力”与“理解作品深厚的主题”的教学目标。

《水浒传》作为英雄传奇类早期长篇小说的代表，也是从国家政治与社会批判的角度来构思和立意的，展现了北宋末年宏大的历史背景和社会面貌。《水浒传》极富英雄传奇色彩，有浓重的说书人的痕迹。小说采取全知全能的叙事视角，善于设置悬念和巧合，在矛盾冲突中推进故事情节，引人入胜，因此在民间广为流传。

读《水浒传》，要注意它独特的结构特点，即“链式结构”：在前四十回里，其故事发展前后勾连，一人引出另一人，另一人又引出下一人，主人公似乎一直在换，每个重点人物的形象却又越来越明晰；随后的三十回，百川汇海，群雄梁山聚义，一下子从个体列传转化为好汉群像，写出一派盛景；最后的三十回，则是写招安、战争和政治，梁山聚义走向失败。阅读思路是环环相扣却又值得思考和玩味的。

从人物塑造的角度来看，梁山人物众多，但其主要人物都颇具个性，行为同中有异。如何在相似的情节和做法中读出每个人的不同，是对学生阅读能力提出的要求，也是对教师导读能力提出的要求：虽然有类似的情节，但武松的“豪”不同于石秀的“狠”，林冲的“忍”不同于卢俊义的“昏”，鲁智深的“直”不能读成李逵的“莽”。这只有依靠深度阅读和学习才能实现，教师要组织研究型阅读教学活动，帮助学生在区别人物性格的细读中，加深对古典小说的深度理解。

对《水浒传》这部作品，历来也是有很大争议的。自古有“少不读水浒，老不读三国”之说。在中国传统经典小说“四大名著”中，《水浒传》这一名扬天下跨越时空的经典作品，却在其数百年的流传史上屡遭禁毁，除了它给统治阶层带来的独特恐惧之外，与其文本所存在的“诲匪”导向与血腥暴力的阴郁特质也是分不开的。这是一个我们常人很难以常情常理去揣摩的世界，它逸出了我们的思维常轨。书中含有大量触碰社会道德和文明底线的内容，是与现实社会所倡导的核心价值格格不入的，更是为广大青少年所不适宜接触到的。所以，当以当代的价值观念去评判它，以现代人的眼光去审视这部作品的时候，会更多感受到一种来自文化价值纵向的逆冲击与对抗。这就给教师提出了更高的要求，必须以审慎思辨的方式来引领这部作品的阅读。这种阅读和解读态度的确定，一方面源自《水浒传》兼容了大量精华与糟粕的复杂性，另一方面源自初中这一阶段学生身心发育的特殊性。青少年时期血气方刚的孩子们思维没有成熟，正确的价值观还没完全形成，如果没有受到正确引导，很容易受作品影响桀骜叛逆甚至漠视生命。因此对于这部作品，作为教师的我们更应谨慎甄别与理性辨析，不可一棒打翻，亦不可全盘囫囵接受；开展《水浒传》的教学，必须要先审查其文本价值，加以辨清，取其精华，将践踏人类底线的糟粕与之分剥开来，抛弃“名著”光环覆盖下的思维压迫，以思辨的眼光和“消毒”的态度对待这部充满争议的名著，帮助学生在阅读时运用更高阶的思辨思维去分析和解决问题。

在《水浒传》的教学中，要强化对其文本内容善恶的辨析与价值观指向的思考。究其原因，有以下三点：

第一，《水浒传》中的价值观存在着对是非善恶严重的混淆，对法律和传统道德近乎漠视的表现。

在《水浒传》的世界里，北宋王朝已经呈现出风雨飘摇状态，产生诸多问题：皇帝昏庸无能，闭目塞听，宠信奸佞；奸臣擅权，把持朝政，构陷忠良；官吏知法犯法，滥用职权，贪赃腐败；市井山匪恶霸横行，乱象不断，民不聊生。在这样的环境下，法律已经失去其至高无上的控制力，道德的底线也是一降再降，许许多多明明不合理也不合法的行为在《水浒传》的世界中却成了道德允准范畴内的行为。

以官员选拔和任命为例，来看看这委任随意且毫无公信力的官员选拔方式。比如高俅因踢得两脚好球，便被“球友”宋徽宗在枢密院给他入了名，后来没到半年，就抬举高俅做到殿帅府太尉职事。殿帅府太尉是什么职位，相当于中央警备部队司令，专门负责皇帝安全的。这高俅本不过是一个市井泼皮无赖，没有什么正经本事，因为机缘巧合，结交爱踢球的徽宗皇帝，竟然就当上了中央大官，权势滔天了。所以再看蔡京、高俅、童贯等人朋比为奸，结党营私，一门心思地构陷忠良，谋财害命，排除异己，也就不足为怪了！

反过头来仔细琢磨一下就会发现，整个北宋官场，建立在任人唯亲的基础上的掌握中央和地方核心权力的官府大员们，全都是昏君奸臣的亲戚势力，有一大批这些人的亲戚则更是倚仗各自的势力，欺男霸女，无恶不作，成了百姓之祸。

在《水浒传》的世界里，官权是凌驾于法律之上的。以高俅为例，甫一上任，便以权谋私，寻衅王进，公报私仇，定了王进“抗拒官府”之罪，逼得王进只得逃走。为了帮高衙内算计林冲，他又假借法律的幌子，给林冲罗织罪名，欺骗林冲持刃进入白虎节堂，想要置林冲于死地。最可怕的是，像高太尉一样喜欢给人罗织罪名的官员并非个例。比如武松一度视之为恩相的张都监，他明着一套：“我闻知你是个大丈夫，男子汉，英雄无敌，敢与人同死同生。我帐前见缺恁地一个人，不知你肯与我做亲随梯己人么?”又是劝酒，又是做秋衣，甚至要给武松说和亲事，“把做亲人一般看待”，做足了表面功夫；暗地里竟然设下大圈套，诬陷武松为贼，还安排了杀手要取武松的性命。如此邪恶、狠毒、为人不齿的赃官比比皆是。

在“水浒”世界里，除了贪官横行，我们还看到很多谋财害命的“恶吏”。先有林冲刺配沧州途中，遭遇收受高太尉贿赂的押送公人董超、薛霸的多重折磨，在野猪林更是几乎被二人害死，幸得鲁智深解救才得脱大难；后有卢俊义被刺配沙门岛，途中又逢董超、薛霸二人押送，遭遇与林冲几无二致，幸得燕青救出。《水浒传》中，太多好汉都曾在“刺配”的路上和防送公人、管营、节级、差拨打过交道，这些小吏虽然没有大权，却有着无比恶毒的心肠和害人手段，只要有权势压迫和金银贿赂，他们便没有底线，肆意作恶。

除却权势和金钱的腐蚀作用，“人情”也在左右着法律的公正。《水浒传》中，许多执法者最擅长做的却是知法犯法，“做活文案”，所谓“吏道纯熟”，黑白二道无所不精，也就使得庙堂与江湖之间淡化了界限。武松被流放孟州，受到有求于他的施恩万般照顾，与其他犯人大不相同；宋江怒杀阎婆惜，朱仝明明可以拿他，却要偷放，称为“义释”，还为之上下打点；卢俊义遭捕下狱，管家李固去打点蔡福，想让他死，梁山柴进也来打点，保他性命。金钱和人情形成的合力，很容易决定一个人的生死。而法律则被置诸一边，失去了应有的效力。“打点”“做活文案”“通关节”等行径成了所谓忠义的“智慧”。这样的“人情社会”，能够维护公平与正义吗？从私德而言，通过人情救人似乎比通过人情害人要高尚一些，但是二者对法律的公信力的破坏并无区别。这样的大环境，不知有多少没被“打点”和“做活”的好汉会遭到这些底层小吏的毒手。聂绀弩先生有一首诗是这样写的：“解罢林冲又解卢，天下英雄尽归吾。谁家旅店无开水，何处山林不野猪？鲁达慈悲齐幸免，燕青义愤乃骈诛。佶京俅贯江山里，超霸二公可少乎？”董超、薛霸死在了燕青的弩箭之下，然而无数像他们一样处于庙堂底层的恶吏们却仍然横行无忌。这是法律被玩弄的明证，也是庙堂失序的悲歌。

第二，《水浒传》本名《忠义水浒传》，其忠义观却与正能量的家国情怀相远甚至相悖。

关于小说的题旨，历来都认可“忠义”之说。所谓“忠”，就是忠君之心；所谓“义”，一层意思是兄弟之谊，生死与共，两肋插刀，而另一层意思，则是侠义。关于侠义，常见的解释是：指抱有强烈的社会责任感，惩恶扬善，扶贫济困；为人仗义，乐于助人；路见不平，替天行道。“惩恶扬善，扶贫济困”这一项极其重要，也就是好汉们最喜欢标榜的“劫富济贫”。

“劫富济贫”这词很好理解，这是属于江湖侠士对穷苦百姓的承诺：打劫富有的恶人，用劫掠的钱财来赈济穷苦的百姓。这样的社会理想非常高尚，最终目的有点像实现共同富裕，然而细究其不同之处，则是它要依靠暴力手段来完成。

那么好汉们是否真的在“劫富”，又是否真的在“济贫”呢？如果我们列个清单，为英雄好汉们算一笔账，可能得出不同结论。因为老百姓口耳相传的水浒英雄，并不是个个都符合“劫富济贫”的英雄标准。

梁山事业创立伊始，领袖是个不第秀才，就是那个被林冲一怒之下火并的白衣秀士王伦，此人虽然嫉贤妒能，甚为江湖好汉所不齿，但他能够创立水泊梁山这样一座大山寨，想必也不是个简单人物。不过在他管理下的水泊梁山，却并没有什么好名声。王伦占着水泊就是为了当强盗的，不但劫富，连当地渔民的衣饭一发都给劫了，还要下山来打家劫舍，抢掳来往的客人，虽然没说杀人，也是作孽深重了。但是我们从林冲被王伦逼着交纳投名状的情节也可以看出，此时的梁山不但劫财，也会伤人性命，不过是气候稍大一点儿的山匪水寇而已，与一般的强盗并没有什么分别。但是，对这样并没有什么道义的行为，阮氏三雄表现出来的是一种羡慕：“吴用道：‘恁地时，那厮们倒快活。’阮小五道：‘他们不怕天，不怕地，不怕官司，论秤分金银，异样穿绸锦，成瓮吃酒，大块吃肉，如何不快活！我们弟兄三个空有一身本事，怎地学得他们。’阮小七又道：‘人生一世，草生一秋。我们只管打鱼营生，学得他们过一日也好。’”

这样脱口而出的两句真言，确是实实在在地揭开了这三个直肠“好汉”的心头所想：如果能像梁山盗匪那样过日子，死了都值。过什么样的日子呢？大块吃肉，成瓮吃酒，大称分金银，只是求得个人“快活”，哪里又会去管什么老百姓的死活呢！所谓阮氏三雄者，何来赈济贫民之念，这个“雄”字，恐怕难以当得。所以吴用也是看上他们三人这一点，很轻松地用“不义之财，取而何碍”八个字，鼓动阮氏三兄弟入了劫生辰纲的伙。书上将智取生辰纲的好汉聚头称之为“七星聚义”，这个“义”就很牵强。

这套生辰纲，是梁中书给老丈人蔡京做寿的。蔡京是个大奸臣，梁中书自然也不会是什么好官，十万贯如此巨额的生日贺礼，不可能是任上的俸禄收入，那自然是压榨大名府的民众而来，说是不义之财也没什么问题。关键在于，这套财富劫夺了之后如何使用，才是鉴别这“聚义”的七星是什么成色的标准。至于钱财去向，书里做了明明白白的交代：“晁盖正和吴用、公孙胜、刘唐在后园葡萄树下吃酒。此时三阮已得了钱财，自回石碣村去了。”也就是说，钱财已经被七人分好了，人人变作富翁，预备下半辈子的快活了。就连那个来帮忙的白胜，也已经分得了一大包金银埋在地里，等风头过去受用了。“劫富”是已经劫了，可是“济贫”的事却一点儿影子也没有。这“七星聚义”里的“义”，又到哪里去了呢？

在评价宋江的时候，如果说他的“侠义”还有很多人认可的话，那么他所谓的“忠义”——招安的选择，就有很多人反对了。那么，宋江真的只是一个愚忠于宋廷，甘心屈居人下的人物吗？恐怕不尽然。

宋江将胸中抱负透露得最明显的一次是在第三十九回，孤身一人在浔阳楼酒醉之后，笔下写出真言：“心在山东身在吴，飘蓬江海谩嗟吁。他时若遂凌云志，敢笑黄巢不丈夫。”

黄巢是何许人？是唐朝扰乱天下的造反者。黄文炳对这首诗的解读并没有什么问题：“这厮无礼！他却要赛过黄巢，不谋反待怎地！”这正是宋江内心的潜意识，遭人看破，故此引出一场大灾难。或许大家要问，如果宋江不甘庸碌，心存反意，为什么上梁山后一切所作所为都要打“忠义”的旗号呢？我们仔细观察宋江上山之后梁山人员的构成变化，或许会发现这一现象的根源。在宋江上山之前，梁山人员构成可以说是三教九流，什么出身的都有。但是当宋江“顺天护国”的“忠义”旗号树立之后，从朝廷归顺而来的将领骤然增多，甚至有朝廷的高级将领。而且像关胜、呼延灼、徐宁、索超等人都得到了不错的待遇，在群雄中排位也都很高。关胜更是排到了梁山元老林冲之上，这就得益于宋江“忠义”这块招牌的作用了，它不但给宋江带来了更多精英人才，还有效地将这些朝廷旧将和水泊元老区别开来。这些朝廷旧将并不甘心终生落草为寇，“招安派”便渐渐占据了山寨主导，也就可以逐渐实现宋江“先造反，后招安”的想法，借此要挟朝廷，达成目的。试想，既然宋江的“侠义”有伪，“忠君”又何尝真呢？

一部号称“忠义”的作品，没见到“忠义”之本真，倒显出了它的悖谬与冲突，足以见出《水浒传》之“忠”与我们所倡导爱家爱国之忠，是大相径庭的。读名著《水浒传》，不是为了效仿宋江那充满了利己虚伪、阴谋阳谋的“忠义”。教师必须引导学生以批判的眼光、思辨的态度，审慎辩证地看待本书的“忠”与“义”，以帮助学生在阅读与思辨中更好地形成正确价值观，拥有健康积极的家国情怀，在整本书阅读的过程中潜移默化地对标立德树人的教育目标。

第三，小说过分尊崇暴力、渲染仇恨，以至践踏人性尊严。

作为一个组织，“梁山”的一切活动都是为了维持其非法的存在。其目标，等而下之的就是“快活”，所谓“大碗喝酒，大口吃肉”，说白了就是追逐口腹之欲；上层头领的理想，也不过是谋个功名身份，以求光宗耀祖，封妻荫子。总之，多停留在生理与心理的本能层面，缺乏精神上的超越。他们信奉的是弱肉强食，依仗的是强力权谋，这样的组织及其运行，天然具有反人性、反人道的基因。因此，梁山好汉们中行侠仗义的少，为非作歹的多；官逼民反的少，作奸犯科的多。

《水浒传》中，有一大批这样的将领，本人不愿意落草为寇，却被宋江、吴用等人设计陷害，用阴谋诡计断绝了后路，只得上梁山保命。我们耳熟能详的玉麒麟卢俊义、大刀关胜、霹雳火秦明、美髯公朱仝、金枪手徐宁等人都是如此。比如，先后私放了晁盖、宋江和雷横的朱仝，不愿意上山落草，宋江、吴用、雷横等人却认定了朱仝“在人之下，伏侍他人，非大丈夫男子汉的勾当”，强人所难设计“赚”他：故意让李逵将小衙内偷走后用板斧把这个才四岁的无辜孩童的头“劈做两半个”。如此暴行，只是为了“先绝了足下归路”，视人命如草芥，这是何等的变态和残忍？

通过杀人嫁祸的方式“赚”好汉上山，朱仝不是第一个牺牲品，也不会是最后一个。宋江攻打大名府时，突然重病不起。吴用便派浪里白跳张顺去请神医安道全，也就是我们所说的第二位梁山的恩人。安道全因为贪恋美色，不乐意跟张顺上山，张顺便想办法来断绝安道全的后路，于是他选择了安道全眷恋的妓女李巧奴下手。一夜之间，一个虔婆、两个丫头，连同李巧奴本人，横尸于醉倒的安道全身边，还在粉墙上留下了十几处“杀人者安道全也”的字样！张顺用行动明明白白地告诉张顺，“你医术高明，就必须跟我去山上落草为寇。如果你不从，那我就杀掉你珍惜在意的人，还要栽赃陷害给你，让你有家难回”。这是什么强盗逻辑！糟糕的是，这些反人性、反人道的内容，作者竟都无一例外地给予了肯定甚至欣赏。若不通过思辨加以纠正，必然会对青少年的心理造成潜移默化的恶劣影响。

最典型的崇尚暴力和践踏人性尊严的观念集中暴露和体现在李逵这一重要人物的身上。李逵的行为处事中存在人性最野蛮、粗鄙、血腥的一面，却得到那么多的赞赏与钟爱。金圣叹先生夸“李逵是上上人物，写得真是一片天真烂漫到底”；以“异端”自居的明朝思想家李贽竟然也为李逵塑造金身，称“李逵者，梁山泊第一尊活佛也，为善为恶，彼俱无意。宋江用之，便知有宋江而已，无成心也，无执念也”，意思是李逵这些杀戮的作为，都是宋江指使，而并非李逵有意为之。然而事实果真如此吗？江州劫法场时，“李逵便道：‘也不消得叫怎地好。我与你们再杀入城去，和那个鸟蔡九知府一发都砍了便走。’”好像救出宋江不是最主要的，杀人不问军官百姓，多杀点人，才能“快活”！活捉黄文炳后，李逵“便把尖刀先从腿上割起，拣好的就当面炭火上炙来下酒。割一块，炙一块，无片时，割了黄文炳，李逵方才把刀割开胸膛，取出心肝，把来与众头领做醒酒汤”，评价道，“那贼也吃我杀得快活”，又劝宋江，“杀去东京，夺了鸟位，在那里快活，却不好”。杀到东京去的目的还是杀人来“快活快活”！三打祝家庄后，李逵把“扈太公一家都杀得干干净净”，宋江定他功过相消，黑旋风却满不在乎，笑道：“虽然没了功劳，也吃我杀得快活！”他打仗的目的只有一个，便是杀人“快活”！只有杀戮和流血才能给李逵最舒适最高级的享受，他陶醉于杀人伤命的快感之中，完全是一个嗜血妖魔的样子，哪里还有半分人性？可悲的是还有的书中认为李逵是“人见人爱”的角色，将一个不知善恶、不辨是非、没有头脑、专司杀人的屠夫莽夫，看作“天真烂漫”的“赤子”，粉饰作品的疯狂和野蛮，混淆学生的思辨与质疑，这必然比暴力和血腥本身更加危险，更令人忧虑。

阅读《水浒传》时，在综合运用基本阅读策略外，基于文本的特质，特别建议突出以下阅读策略——思辨式。

三、典型阅读策略——思辨性

（一）理论基础

思辨性阅读这一概念目前在国内语文界尚无精准定义。余党绪老师提出“指导学生以批判的态度阅读理性的文本”。黄玉峰老师认为，“批判性思维乃至思辨性阅读应该包含两个维度：第一是强调思维过程的反思性；第二是强调理性态度的重要性”。本书提出的思辨式阅读以布鲁姆教育目标理论，勃拉姆批判性文化意识统筹理论，班尼特、法乔恩、迪尔多夫等人的跨文化思辨能力理论，弗拉维尔的元认知理论为基础，探索以学生学习为主线、以整本书阅读为内容、以“批判思维”与“思辨能力”生成与培养为原则、以螺旋式上升为发展规律的语文教学模式。这种阅读策略拓展学生的语文学习空间，将思辨能力放在整本书阅读研究中思考，打通教材与整本书阅读之间的阻碍，将思辨能力回归到阅读活动中来，构建“整”而“思”的阅读学习思想、学习内容、学习策略、学习思维及教学评价体系。

（二）课标依据

基于语文学科核心素养的要求，中国古典小说如《水浒传》等作品的阅读同样涉及“语言运用”“思维发展”“审美创造”“文化自信”等多个层面。在《义务教育语文课程标准（2022 版）》中，“思辨性阅读与表达”成为独立的学习任务群，“本学习任务群旨在引导学生在语文实践活动中，通过阅读、比较、推断、质疑、讨论等方式，梳理观点、事实与材料及其关系；辨析态度与立场，辨别是非、善恶、美丑，保持好奇心和求知欲，养成勤学好问的习惯，负责任、有中心、有条理、重证据地表达，培养理性思维和理性精神”。

（三）策略诠释

思辨性阅读是一种高阶思维，但不意味着学生的阅读摈弃一般阅读思维而高高在上，进行思辨性阅读要关注几个角度：

1. 积累较为丰富的语言材料和语言习惯以形成良好的语感；

2. 在已经积累的知识和语言材料之间建立和强化有机的联系；

3. 能够将作品置于特定的历史和社会文化背景中加以体验和解读；

4. 能够通过对于情节和细节的梳理整合，完成跟文本与作者的对话；

5. 要做到不只获得对语言和文学形象的直观感受，还可以运用联想和想象，联系所学过的学科内或者跨学科的知识，丰富自己对现实生活的感受与理解；

6. 要通过比较、推断、质疑、讨论等方法，用批判性思维去审视作品。

比如从人性的角度去对比看似软弱的林冲与杀人如麻的武松之优劣高下，品评“英雄”与“好汉”之别，读出一个不一样的“水浒”。在这样的思辨过程中，学生阅读思维的深刻性、灵活性、敏锐性、批判性和独创性也会随之提升。

（四）教学应用

在“官逼民反”“农民起义”的影响下，在“经典文学”“四大名著”“第一奇书”的光环下，过去我们往往选择顺从“权威解读”，忽视了对荒谬观点的思辨。因此，《水浒传》的文本解读工作任重道远，教师肩负着立德树人的重要职责，要将作品引入教学，必须厘清事实，澄清是非，探究因果，做出合乎现代文明的价值判断，通过思辨和质疑，探寻出最适合帮助青少年树立正确价值观的解读通道。因此，鉴于《水浒传》原著的特殊性，我们建议采用思辨性阅读的方式来开展整本书阅读，在名著教学中进行独立的、有条理的分析和审定，遵循立德树人的原则，对文本做出理性的评价与判断。

对《水浒传》这部名著，教师在安排学生进行日常阅读的基础上，还应该在导读学案上留出足够的空间供学生表达自己的初读发现、感受并提出对于文本的质疑。这样学生们在完成导学案后，既保留了对文本的初读心得，又有一定的阅读思考。在这一起点之上，教师的课堂任务就是要用导读点拨作为抓手，帮助学生开展更有深度的思辨和学习。从细节中读出人物的形象，在比较中读出人物的个性，在思辨中品评人物的优劣，在感受中体会人性的善恶，在琢磨中领悟命运看似偶然的必然，从而行进至小说阅读的深处，逐渐漫溯到语文学习的深处。

以“鲁林十回”的导读课堂为例，我们开展《水浒传》思辨性阅读的重点应该放在哪里呢？通过调研学生对于文本的理解和所需，再结合备课讨论后，笔者认为最终应该把重点从对林冲人物性格的解读调整到思辨林冲这样一位知人情、懂忍让、不害人、不杀无辜的英雄为何会被逼上梁山的社会根源上。这样既深化了学生学习思维的深度，没有在一望而知的人物性格层面停留，同时又推而广之，由林冲到一百单八将，直击整本书身后的背景和问题根源。整堂课应当在学生所需基础上引导深度思考，这样就不会让暴力画面占据学生的大脑，将最终的落脚点放在更兼顾文明和人性的畅想上，把握林冲之善，引导学生去体会、理解和区别美丑善恶，以达成语文课堂的育人目标，这是无比重要的事业。

余党绪老师说过，在文学与历史领域，如果不能确立一个基本的人道底线，那么，孩子在无数次的反复和强化后，将会混淆英雄与恶棍的界限，这是很可怕的。由此，确定这部分的教学重点为：辨析林冲性格中最有别于其他好汉的“善”的一面，并思辨林冲这样安分守己、不滥杀无辜的英雄人物为何被逼上梁山的社会根源。

四、案例展示

（一）整本书阅读规划表

表 3.22　《水浒传》阅读规划表

时间安排	阅读进度	关注人物	重点情节
第 1 周	引首、第一至第十一回	林冲、鲁智深、史进、高俅	拳打镇关西、大闹五台山、倒拔垂杨柳、误入白虎堂、大闹野猪林、风雪山神庙、雪夜上梁山
第 2 周	第十二至第二十回	吴用、宋江、林冲、晁盖、杨志	杨志卖刀、七星聚义、智取生辰纲、私放晁天王、火并王伦
第 3 周	第二十一至第三十一回	武松、宋江、潘金莲、阎婆惜、西门庆、孙二娘、武大	怒杀阎婆惜、武松打虎、武松杀嫂、斗杀西门庆、十字坡、醉打蒋门神、大闹飞云浦、血溅鸳鸯楼
第 4 周	第三十二至第四十二回	宋江、李逵、戴宗、张顺、花荣、秦明	大闹青州道、黑旋风斗浪里白跳、浔阳楼吟反诗、江州劫法场、火烧无为军
第 5 周	第四十三至第五十回	宋江、石秀、李逵、杨雄、孙立、吴用	真假李逵、沂岭杀四虎、智杀裴如海、三打祝家庄
第 6 周	第五十一至第六十回	晁盖、宋江、呼延灼、吴用、李逵、柴进、徐宁	打死殷天锡、法破高唐州、钩镰枪大破连环马、三山聚义打青州、曾头市晁天王中箭
第 7 周	第六十一至第七十一回	宋江、卢俊义、燕青、吴用、关胜、张清、董平	智赚玉麒麟、月夜赚关胜、智取大名府、夜打曾头市、活捉史文恭、没羽箭飞石打英雄、梁山泊英雄排座次

（续表）

时间安排	阅读进度	关注人物	重点情节
第8周	第七十二至第八十回	宋江、李逵、燕青、吴用、阮小七	元夜闹东京、智扑擎天柱、寿张乔坐衙、倒船偷御酒、两赢童贯、三败高俅
第9周	第八十一至第九十回	宋江、吴用、卢俊义、李逵、张清	梁山泊受招安、奉诏破大辽、陈桥驿斩小卒
第10周	第九十一至第一百回	宋江、李逵、鲁智深、卢俊义、吴用、花荣、张顺、方腊	涌金门张顺归神、大战乌龙岭、智取清溪洞、擒方腊、鲁智深听潮坐化、奸臣鸩酒害忠良、神聚蓼儿洼
第11周	精读做好批注的回目，边读边思考这些批注给自己的启发，看看是否进一步增强了对小说的理解。		批注回目：“拳打镇关西”“风雪山神庙”“智取生辰纲”“武松打虎”“浔阳楼吟反诗”“沂岭杀四虎”
第12周	根据自己的兴趣，再泛读全书，或选取自己感兴趣的内容进行精读。		如“大闹野猪林”“宋公明私放晁天王”“醉打蒋门神”等。尤其关注统编版语文教材所选内容的前后回目，看一下读后对教材选取的部分有没有新的体会。

（二）整本书教学设计

思辨阅读课　《好汉林冲》教学设计

【学习目标】

1. 开展《水浒传》第二回至第十一回的原生态阅读，概括、梳理小说情节及鲁智深、林冲的经历。

2. 结合具体事例分析人物形象，并比较其异同。

3. 分析重点人物林冲性格的多面性，思辨“林冲是否好汉”和“林冲是否英雄”两个核心问题。（学习重点）

4. 结合作品背景，思辨作者感情倾向，提炼小说中心内涵及思想局限。（教学难点）

【学习策略】

1. 对“鲁林十回”的阅读，采取快速阅读与批注式精读相结合的方法。

由于鲁智深和林冲都是重点人物，因此大部分情节学生可以选择精读的方法细读文本，采用圈点勾画与旁批相结合的方法，帮助阅读时集中注意力，强化记忆，并留下印记，方便二次阅读或多次阅读时进行深层次的批评鉴赏。

具体精读、快读学习策略分工如下：

第三回　《史大郎夜走华阴县，鲁提辖拳打镇关西》（精读：重点情节“拳打镇关西”）

第四回　《赵员外重修文殊院，鲁智深大闹五台山》（快读）

第五回　《小霸王醉入销金帐，花和尚大闹桃花村》（快读）

第六回　《九纹龙剪径赤松林，鲁智深火烧瓦罐寺》（快读）

第七回　《花和尚倒拔垂杨柳，豹子头误入白虎堂》（精读，重点情节“倒拔垂杨柳”“误入白虎堂”）

第八回　《林教头刺配沧州道，鲁智深大闹野猪林》（精读：重点情节“大闹野猪林”）

第九回　《柴进门招天下客，林冲棒打洪教头》（快读）

第十回　《林教头风雪山神庙，陆虞候火烧草料场》（精读：重点情节“风雪山神庙”）

第十一回　《朱贵水亭施号箭，林冲雪夜上梁山》（精读：重点情节“雪夜上梁山”）

第十二回　《梁山泊林冲落草，汴京城杨志卖刀》（快读）

2. 完成原生态阅读的基础上，采取思辨式阅读的策略，提出阅读的感受、发现和质疑。

具体而言，第一，在阅读内容的选择上，要以理性平视的角度，与作品展开对话，培养学生在对话中的力量感。第二，在阅读的态度上，要有批判的精神，边阅读边思考，边理解边质疑，能够讲出自己的阅读感受、发现和质疑，最终达到思辨。第三，在阅读的心态上，要摒除功利性，尊重整本书尤其是名著所具备的精神力量和文化内涵，让阅读回归到本真的状态，不要过分执着于一字一句、零敲碎打的解释，或是对碎片化文学知识的积累，而要一气呵成地阅读，有整体眼光地阅读。这样，在潜移默化中，阅读能力和思维的核心素养会水到渠成地自然增长。就如余党绪老师在著作中所说：“一个大写的读者，必须是一个能与作家对抗的人。无论他是谁，都不能无条件仰视或俯视，必须进行平等的对话与对抗。”

【学习过程】

一　激发兴趣，导入课堂

设问：由《三国演义》里家喻户晓的“猛张飞”引出《水浒传》的“小张飞”，你们能猜到那个人是谁吗？（明确：“小张飞”是豹子头林冲，性格反差，激发兴趣，引出问题）

屏显原文 1：看一丈青扈三娘追赶宋江到树林边，眼看要捉住了。此时，树林里冲出一队人马，簇拥着一个壮士。看看书上怎么描写他的：“嵌宝头盔稳戴，磨银铠甲重披。素罗袍上绣花枝，狮蛮带琼瑶密砌。丈八蛇矛紧挺，霜花骏马频嘶。满山都唤小张飞，豹子头林冲便是。”

屏显原文 2：《三国演义》里描写张飞时，用了四句经典话语：“豹头环眼，燕颔虎须，声如巨雷，势如奔马。”武器是丈八蛇矛。其实林冲第七回出场时，书中就写“那官人生的豹头环眼，燕颔虎须，八尺长短身材，三十四五年纪”。迎战一丈青时，他也是使“丈八蛇矛迎敌”。

引入主问 1：两相对照，我们便可看出两人身高、长相一样，使用的武器也一样。那么问题来了，为什么你们会觉得这两个人一点儿都不像？

这个问题会引发同学们不同的观点：一部分同学会认为林冲武艺高强，形象近似，当得起“小张飞”的称号；另一部分同学应该会关注到林冲的隐忍和退让，认为他配不上英雄好汉的称号，更没资格叫“小张飞”。

引入主问 2：性格这样软弱的一个人，怎么能唤作“小张飞”呢？大家都看到了林冲的隐忍，是否思考过他隐忍和软弱背后的原因呢？

二　剖文见心，两面林冲

1. 由导学案中学生反应可知，学生对林冲性格持不同观点，但认为林冲顾家、有责任心的观点更占据主流。此时教师可抛出第一个思辨议题：

思辨问题一：林冲是不是好汉？

思辨点：好汉与正义；理智与情感。

2. 学生在原文寻找例证，或与其他好汉进行对比，思考讨论，各抒己见，形成交锋。

3. 适时穿插历史人物对林冲的评价，理解其隐忍背后的隐衷。

4. 引导学生思维更进一步：

屏显：一忍再忍的林冲为什么最终没忍住？

林冲为什么忍气吞声？ 林冲被陷害为什么一直忍着？ 他是惧怕高俅吗？

明确：林教头的愤怒爆发，是忍无可忍的必然结局。

5. 抛出问题，引导学生进一步深入体会林冲的行为动机。

(1) 林冲放过董超、薛霸是否太过滥好人？

(2) 风雪山神庙后，林冲为何会有在庄院里抢酒打人的恶霸行为？

为何林冲杀人后性情大变？ 为什么林冲大开杀戒后，只是打走了庄客，却没有像武松血溅鸳鸯楼一样杀人？

思辨问题二：林冲是不是英雄？

思辨点：快意恩仇与暴力滥杀（与武松、李逵进行比较）

学生在思辨中得出结论，再次进行思辨交锋。

明确：林冲才是真正展现了自己豪侠性格的好汉。他的这种豪侠是有原则的，绝对不会像李逵那样排头砍人、滥杀无辜，更不会像武松那样杀人绝户。所以金圣叹点评："林冲自然是上上人物，只是写得太狠。看他算得到，熬得住，把得牢，做得彻，都使人怕。这般人在世上，定做得事业来，然削琢元气也不少。"

结论：英雄要尊重原则和道义。

三 江湖庙堂解读背景

1. 设问

林冲这样一个原本有着光明前途的好汉，在没有犯任何错误的情况下，为什么会遭人陷害，走投无路，以至于被逼上梁山，沦为草寇呢？

2. 明确

社会腐败，奸臣当道，官府昏庸，除了被逼上梁山、踏入江湖，林冲难有别的选择，基本可以说是“忍无可忍，退无可退”。

3. 思辨读写：“假设与构造替代”“新的畅想”

在第八十回《张顺凿漏海鳅船，宋江三败高太尉》中，梁山好汉曾经把高俅捉上山去，原文中却并没有写与高俅不共戴天的林冲如何。1998 年拍摄的央视版电视剧《水浒传》设定了一个全然不同的结局：林冲几次三番想要杀了高俅这奸贼给家人报仇，却被宋江阻拦，林冲眼看仇人在眼前而不能杀，气得落马吐血，郁郁而终。但众口难调，这些结局似乎都不能令读者满意，请你尝试给林冲续写一个不同的结局吧。

四　课后思辨

江湖是否可以让林冲安身立命，一展抱负呢？那个被称为“八方共域，异姓一家”的水泊梁山，真的如杏黄旗上所言，时刻都在“替天行道”吗？真的是人人“心情肝胆，忠诚信义并无差”吗？这就要请学生在整本书阅读的过程中，继续深入探究了。

阅读指导课　《好汉林冲》教学实录

一　激发兴趣，导入课堂

老师：同学们好。作为一个中国古典文学的拥趸，很高兴来到成都授课，成都是三国时期蜀汉的都城，也是老师的神往之地。那么，你们知道老师是从哪里来的吗？

学生：山东。

老师：是的，山东。成都有三国故事，有蜀汉王朝。而山东有？

学生：水浒。

老师：是的，山东有水浒的故事，有梁山好汉。今天我先卖个关子，请大家猜个谜。既然是蜀都，那么大家对《三国演义》里的张飞都熟悉吧？

学生 1：老师，我知道，张飞、刘备、关羽“桃园三结义”。关羽武艺超群，非常厉害！

学生 2：老师，我也知道，张飞长得特别黑，打仗使丈八蛇矛，脾气特别大。

老师：是的，关于张飞，你们说得都很对。但你们知道吗？《水浒传》中有个人物被称作“小张飞”，你们能猜到那个人是谁吗？

学生1：我知道了，一定是黑旋风李逵，他俩太像了！张飞长得黑，李逵也黑；张飞莽撞，李逵也莽撞；张飞经常惹祸，李逵也喜欢惹祸。还有，电视剧“新三国”和“新水浒”里面的张飞都是同一个人饰演的！

学生2：但是张飞是马上战将，而李逵是个步兵头领。我倒是觉得霹雳火秦明和张飞更相似，也是能征惯战，性如烈火，还是梁山马军五虎将之一。

老师：我不得不承认，你们的分析都很有道理，然而非常遗憾，你们的答案都不对，水浒传里被称为“小张飞”的那个人是豹子头林冲。

学生（惊讶齐声）：啊？

学生1：老师，林冲哪点像张飞啊？您说他像赵云还差不多。

学生2：老师，要是我们没读过《水浒传》肯定被您给忽悠了。

二 剖文见心，两面林冲

老师：你看，我真没忽悠你们。你们既然都通读过《水浒传》，一定知道“二打祝家庄”时林冲擒扈三娘那段吧？

学生1：知道啊，是第四十八回《一丈青单捉王矮虎　宋公明两打祝家庄》。

老师：好，一丈青扈三娘追赶宋江到树林边，眼看要捉住了。此时，树林里冲出一队人马，簇拥着一个壮士。看看书上怎么描写他的？——“嵌宝头盔稳戴，磨银铠甲重披。素罗袍上绣花枝，狮蛮带琼瑶密砌。丈八蛇矛紧挺，霜花骏马频嘶。满山都唤小张飞，豹子头林冲便是。”

学生2：哎呀，“满山都唤小张飞”，是真的啊，奇了怪了，没道理啊。

老师：你们要是觉得证据不充分，再往后翻书。第七十八回《十节度议取梁山泊　宋公明一败高太尉》开场就有篇赋称赞水泊梁山三十六员英勇将。你们找到写林冲的那句了吗？谁先找到谁读出来。

学生1：找到了，哎呀，“林冲燕颔虎须，满寨称为翼德”。

老师：翼德也是张飞的字，而且《三国演义》里描写张飞时，用了四句经典话语："豹头环眼，燕颔虎须，声如巨雷，势如奔马。"其武器也是丈八蛇矛。而林冲第七回出场时，写他"那官人生的豹头环眼，燕颔虎须，八尺长短身材，三十四五年纪"，迎战一丈青时使"丈八蛇矛迎敌"。这一对照，我们便可看出二人身高、长相一样，使用的武器也一样。那么问题来了，为什么你们会觉得这两个人一点儿都不像？

学生2：老师，从描写看，这俩人长得真是一样，但是他俩的脾气性情差距太大了，所以我们才感觉他们一点儿都不像。

学生1：就是就是。我觉得林冲特窝囊，高俅和高衙内都欺负到头上来了，他却把气憋在心里，一忍再忍，逆来顺受。换作张飞，早就把这俩坏蛋收拾了，就跟怒鞭督邮似的，把那高衙内吊起来抽。

老师：说的正是呢！林冲不但自己忍了，还阻止鲁智深为他报仇，发配路上，连小小的押差董超、薛霸都敢折磨他，他还是一口一个"小人"地赔不是。死到临头，董超、薛霸明说要杀他，他仍然不想反抗，还泪如雨下。你们是不是觉得林冲太没骨气了？是不是觉得性格这样软弱的一个人，怎么能唤作"小张飞"呢？可是你们只看到了林冲的隐忍，是否思考过他隐忍和软弱背后的原因？

（投屏显示学生问题）

问题一：林冲为什么忍气吞声？

问题二：林冲被陷害为什么一直忍着？他是惧怕高俅吗？

学生1：林冲之所以一直忍气吞声，是因为他还想着发配回来和妻子团圆。

老师：是的，他有家有室，不能像没了兄长孑然一身的武松那样大闹飞云浦、血溅鸳鸯楼。一旦闹出事来，自己可以一走了之，但是妻子和岳父会受连累。从这里应该能看出，好汉林冲并非软弱可欺，只是有作为男人的责任和担当。

学生2：老师，我觉得林冲也很善良，在他发现高衙内拦住自己妻子的时候，他怒斥高衙内，却没有杀他。在野猪林，他不让鲁智深杀死折磨了他一路的董超、薛霸，还为这两个人说情。

老师：是啊，林冲遇事冷静理智，不迁怒他人，不滥杀无辜，凡事顾全大局、考虑得比较周全。

学生2：老师，可是林冲忍了那么久，为什么在第十回中“风雪山神庙”，没忍住杀了陆虞候那几个人？

老师：那你就要弄明白，陆虞候来干了什么事。

学生1：他奉高俅的命令要杀死林冲，于是把草料场烧了，致林冲于死地。

老师：说对了，这是关键。如果他们只是来行刺，没有成功被林冲给制住了，林冲可能还不会杀他。但是你们看，这三人放火之后，在山神庙檐下的一番对话被林冲听到了。大家齐声读！

学生齐读：三人在庙檐下立地看火，数内一个道：“这条计好么？”一个应道：“端的亏管营、差拨两位用心。回到京师，禀过太尉，都保你二位做大官。这番张教头没的推故。”那人道：“林冲今番直吃我们对付了，高衙内这病必然好了。”又一个道：“张教头那厮，三回五次托人情去说‘你的女婿殁了’，张教头越不肯应承。因此衙内病患看看重了，太尉特使俺两个央浼二位干这件事，不想而今完备了。”又一个道：“小人直爬入墙里去，四下草堆上点了十来个火把，待走那里去！”那一个道：“这早晚烧个八分过了。”又听一个道：“便逃得性命时，烧了大军草料场，也得个死罪。”

老师：你读出了什么？

学生1：即便林冲不死，也已经被陷害成了死罪。

学生2：回家团圆已经无望，他们已经把林冲逼得走投无路，不得不反了。

老师：这句话特别关键，林冲身为被发配充军的罪犯，奉命看守大军草料场，谁想这草料场却失火被烧，追究下来，再也没有活命的机会了。陆虞候等人的这一举动，等于彻底断绝了林冲想要发配期满回家团圆的念想，也一下子激发了林教头的狼性。你们赞同他此时的做法吗？

思辨问题一：林冲是不是好汉？

思辨点：好汉与正义，理智与情感

学生1：忍无可忍，无须再忍。

学生2：手刃仇人的林冲才是真的好汉！

学生3：人都是有脾气的，更何况是“小张飞”！

老师：请大家齐声读！

学生齐读：“愤怒是人的正常情感之一，没有愤怒的人生，是一种残缺。当你的尊严被践踏，当你的人格被玷污，当你的家园被侵占，当你的亲人被残害，你难道不滋生出火焰一样的愤怒吗？当你面对丑恶面对污秽，面对人类品质中最阴暗的角落，面对黑夜里横行的鬼魅，你难道能压抑住喷薄而出的愤怒吗？”——毕淑敏《珍惜愤怒》

老师：那么此时的林冲是不是就变成了和武松、李逵一样的粗鲁汉子了呢？李逵杀人，动不动就是“举起双斧，排头砍去”；也有同学说到了武松血溅鸳鸯楼，他化身复仇之神，大闹飞云浦后，把张都监家里一十三口杀了尽绝，很多人都为之拍手叫好，称武松是快意恩仇。但同学们似乎产生了一些争议。

(投屏显示学生问题)

问题3：为何林冲杀人后性情大变？

问题4：为什么林冲大开杀戒后，只是打走了庄客，却没有像武松血溅鸳鸯楼一样杀人？

老师：大家怎么看呢？

思辨问题二：林冲是不是英雄？

思辨点：快意恩仇与暴力滥杀（比较武松、李逵）

学生1：林冲性格有了很大的变化，拥有了梁山好汉的豪气，他不再隐忍，不再妥协。

学生2：但是他不会滥杀无辜，他只杀了来谋害自己的陆谦等人，做到了“冤有头，债有主”！

学生3：风雪山神庙后，他打了那些庄客，说明他是在气头上。

学生4：虽然打了人，但只是赶走而已，不会随便杀人，这点就比李逵好多了。

学生5：这些欺生的庄客若落到武松手里，估计就死了。

老师：此时的林冲才真正展现了自己的豪侠性格。但这种豪侠，是有原则的，绝对不会像李逵那样排头砍人，滥杀无辜；也不会像武松那样杀人绝户。所以金圣叹对林冲做了如下点评，大家齐读！

学生齐读：“林冲自然是上上人物，写得只是太狠。看他算得到，熬得住，把得牢，做得彻，都使人怕。这般人在世上，定做得事业来，然琢削元气也不少。”

老师：我们来看一段戏曲《夜奔》（播放视频）。思考：昆曲《夜奔》中的林冲是个面容清秀小白脸，而京剧《长坂坡》里的张飞是个黑色为主的大花脸，为什么“小张飞”和张飞的脸谱形象有如此反差？

学生1：老师，我的理解是戏曲脸谱反应的是人物的性格，小白脸可能是要说明林冲的性格细腻且复杂，大花脸说明张飞的性格粗鲁豪爽。

学生2：老师，我觉得还有一点。林冲出场时，虽然外貌是“豹头环眼，燕颔虎须”，但是对于他的打扮还有这样一段描写，“只见墙缺边立着一个官人。怎生打扮？但见：头戴一顶青纱抓角儿头巾，脑后两个白玉圈连珠鬓环。身穿一领单绿罗团花战袍，腰系一条双搭尾龟背银带。穿一对磕瓜头朝样皂靴，手中执一把折叠纸西川扇子”，更像是儒将打扮。

老师：是的，在中国传统戏曲中，林冲是“武生”装扮，张飞是“武净”装扮。因为正如同学们刚才所说，脸谱并不是简单地反映人物的外貌，更大程度上是在反映人物的性格。张飞的性格比较单纯，所以用大花脸以表现其粗犷爽直的性格。相比而言，豹子头林冲这个人物，施耐庵是花了大气力来写的，用了六回书集中来表现。他在《水浒传》里是为数不多的几个主要人物之一，他的性格特征在水浒英雄里属于比较复杂的那一种。他被陷害充军前，性格隐忍、精细；被逼上梁山后，反抗精神骤强，性格出现大的转变；这是他的不幸，也是他的成长。所以中华传统戏曲将林冲这一角色设定为表演细腻并有一定唱念功夫的武生，正对应了《水浒传》中将林冲写的有血有肉、有性格、有特色，富有人情味，“写得狠”的特点。你们能理解了吗？

（投屏显示学生总结）

林冲。他一方面安分守己、循规蹈矩，有极强的正义感。一方面也有以牙还牙的报复心理。他得知陆谦、富安加害于他时，不禁大怒，四处寻仇，走上了反抗的道路。林冲有勇有谋，委曲求是，是英雄好汉的真实写照。

学生 1：明白了，老师！

学生 2：理解了！

三 江湖庙堂，共同思辨

老师：不过有同学提出这样一个问题，大家思考一下：林冲这么好的一个人，为什么会遭人陷害，走投无路，以致被逼上梁山呢？你们怎么看？

思辨问题三：林冲等好汉为何会被逼上梁山？

思辨点：个体失路的偶然与必然

学生 1：因为高俅太坏了。

学生 2：不止高俅，高衙内、富安、陆谦都太坏了。

学生 3：林冲太隐忍了，他应该直接反抗，把恶势力打倒。

老师：奸人当道，庙堂真不是安居之所。

（投屏显示学生问题）

林冲为什么不像鲁智深那样潇洒地直接上梁山

而是遇事软弱，最后无可奈何被逼上了梁山.?

老师：按道理说啊，北宋也是有一套行之有效规范社会的法律制度，然而身为八十万禁军教头的林冲，却被高俅轻易陷害。鲁智深、武松虽然都打倒了恶势力，结局却还是出家和落草。那么究竟是选择留在朝堂之上还是浪迹江湖呢？谁可以解答？

这南衙开封府是不是朝廷的？高太尉为何权力如此大？

古代人不都是追求封侯拜将的吗？

为什么有那么多像林冲一样的英雄好汉，最后都不得不落草为寇？

学生 1：当时的社会腐败，奸臣当道，官府昏庸，当官的都是些害人的奸贼。

学生 2：高俅和皇帝是球友，他仗着皇帝的权势，为所欲为。

学生 3：其实开封府已经救了林冲一条命了，但是他们也不敢彻底得罪身居高位的高俅。

老师：在那个走向末世的大宋，法律失去了对社会的控制力，道德失去了对人心的约束力，奸佞祸国，人心不古，像林冲这样的正直之士恐怕也只余下反叛和屈死这两条绝路了吧。如果你是林冲，面对委曲求全的庙堂之高和挺身反抗的江湖之远，会做何选择呢？

学生1：我会选择挺身反抗，与恶势力斗争到底！

老师：壮哉！你有英雄之志，也有英雄之气！

学生2：我可能会屈服，毕竟家庭、父母都是我舍不下的。

老师：你很坦诚，也很懂事，尤其孝顺。

学生3：我觉得没有屈服的选择了，屈服就意味着会被害死。可能我并不想反叛，但是奸臣恶棍逼着我反，不得不反。

老师：箭在弦上，不得不发。林冲就是这样被逼上梁山的啊！

看来很多同学都很欣赏梁山好汉的反叛精神，那么你会推荐本书中哪个好汉的故事给身边的人读呢？能否说一下理由？

学生1：老师，我推荐阅读“智取生辰纲”，我觉得那个故事真的太经典了。“七星聚义”，吴用的计谋环环相扣，杨志也是行走江湖的高手，两边斗法，非常精彩！

老师：说得好！第十六回《杨志押送金银担　吴用智取生辰纲》，我们一定要重点阅读哟！

学生2：老师，我喜欢“武松打虎”这一回，我觉得武松胆大心细，勇者无惧！一个人喝了那么多酒，竟然敢只身闯景阳冈，还赤手空拳把一头大老虎给打死了，真是了不起啊！

老师：马上林冲、马下武松，武松是由江湖走到庙堂、又由庙堂走向江湖的典型人物，而且他与林冲一样，也曾遭到奸人陷害。他不但有打虎的壮举，还怒杀潘金莲、斗杀西门庆、醉打蒋门神、大闹飞云浦、血溅鸳鸯楼，快意恩仇路。同学们一定要好好读一读第二十三至第三十二回的“武松十回”，看看有没有与众不同的发现。

四　读整本书，续写结局

老师：在第八十回《张顺凿漏海鳅船，宋江三败高太尉》中，梁山好汉曾经把高俅捉上山去，有同学就提出了下面的问题：

林冲为什么一开始要对高衙内手软？

林冲为什么不去杀高太尉？

学生1：是宋江拦着不让杀吧？

学生2：怕影响招安，还要去巴结高俅。

老师：是啊，那回书写到高俅被宋江打败后捉上山去，大家齐读！

学生齐读："当时宋江便教杀牛宰马，大设筵宴。一面分投赏军，一面大吹大擂，会大小头领，都来与高太尉相见。各施礼罢，宋江执盏擎杯，吴用、公孙胜执瓶捧案，卢俊义等侍立相待。宋江乃言道：'文面小吏，安敢反逆圣朝！奈缘积累罪犯，逼得如此。二次虽奉天恩，中间委曲奸弊，难以屡陈。万望太尉慈悯，救拔深陷之人，得瞻天日，刻骨铭心，誓图死报。'高俅见了众多好汉，一个个英雄勇烈，智勇威严，尽是锦衣绣袄，不似上阵之时，先有五分惧怯，便道：'宋公明，你等放心！高某回朝，必当重奏，请降宽恩大赦，前来招安，重赏加官，大小义士，尽食天禄，以为良臣。'宋江听了大喜，拜谢太尉。"

老师：原文中并没有写与高俅不共戴天的林冲如何。林冲仿佛忘却了血海深仇，大大方方地加入了"侍立左右，轮番把盏"的队伍。所以有同学读完了整本书后，提出这样一个问题：以林冲为代表的英雄好汉们相继离开庙堂，回归江湖，上了梁山，发展鼎盛之后却又盼着"招安"，向朝廷主动投降，这是为什么呢？

思辨问题四：在可以建立江湖事业的时候为何选择招安？

思辨点：庙堂失序与江湖梦想

学生1：大概是觉得有一身本事不能建功立业，落草为寇很丢人吧？

学生2：封建传统忠君思想害死人啊。

学生3：因为宋江没有骨气，就知道投降。

学生4：墙头草太多了，有些人真的对不起梁山好汉的称号。

学生5：即便是被朝廷招安，也该杀了奸臣再招安啊。

老师：但是1998年拍的央视版电视剧《水浒传》，在这里设定了一个全然不同的结局：林冲几次三番想要杀了高俅这奸贼给家人报仇，却被宋江阻拦，仇人在眼前却不能杀，林冲气得落马吐血，郁郁而终。很多观众认为这一幕的改编才符合林冲的性格以及现实的情况。然而这个结局虽然真实动人，却并非我所期待的，老师在心里为林教头构想了一个结局，也为梁山好汉们构想了一个结局。但是老师希望与你们交流之前，先请你们当堂进行一次写作尝试，给林冲续写一个不同于《水浒传》中的结局。

思辨读写："假设与构造替代""新的畅想"

（学生写作尝试，朗读）

教师点评：大部分同学为林教头构想了一个斩杀奸佞、报仇雪恨的快意结局，这结局里寄予了我们强烈的正义感和道德理想——善恶到头终有报，天地之间有公道！然而，即便除掉奸佞，继续江湖传奇，是否就可以让林冲安身立命，一展抱负呢？那个被称为"八方共域，异姓一家"的水泊梁山，真的如杏黄旗上所言，时刻都在"替天行道"吗？真的是人人"心情肝胆，忠诚信义并无差"吗？这就要请同学们在整本书阅读的过程中，继续深入探究了。

好了，今天的课就上到这里了。同学们，再见！

（三）学习成果

1. 学生手绘思维导图

①"山头主义"

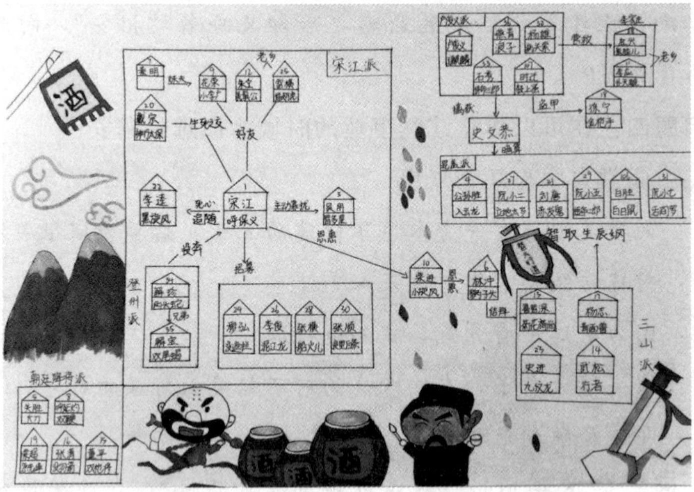

图 3.17 "山头主义"思辨性思维导图

②“英雄林冲”

图 3.18　“英雄说林冲”手抄报

③“逼上梁山”

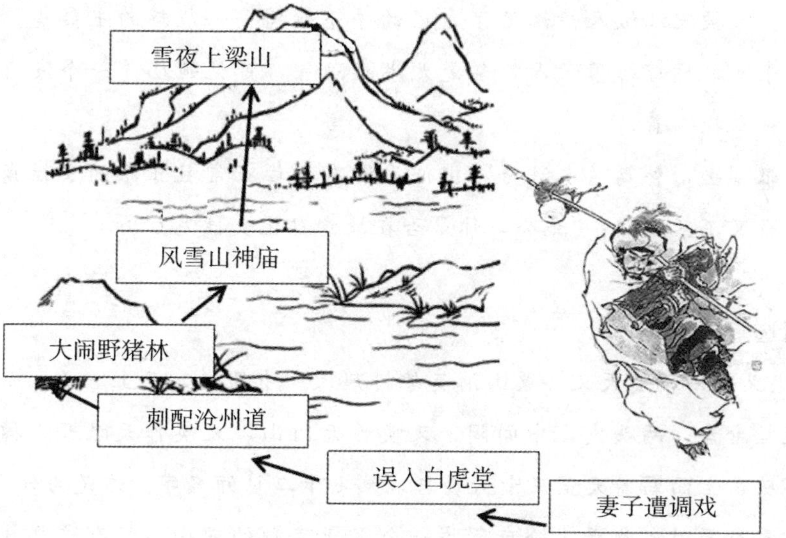

图 3.19　“逼上梁山”思维导图

2. 学生思辨笔记

精选笔记一

说起女性，人们心中就会立刻想到美丽、温柔、娇羞、弱小等一系列词汇，这些刻板的固有印象深深地植入大家的脑海中。但《水浒传》中的女性角色却不同寻常，让我们一同来赏析一百零八好汉中的三位女性角色吧！

孙二娘，她的名字一出现就令人脊背发凉。书中对她的描写着重在第二十七回，就连打虎武松也险落她的毒手。在书中，她是“女儿心男儿身”，打扮怪异不修边幅，正如她的外号“母夜叉”。她与古代女性也截然不同，她不唯唯诺诺唯命是从，多了些江湖侠气。可她杀人不眨眼的脾性和把人肉做成馒头的行为，令人不寒而栗。

顾大嫂，再老气横秋不过的名字，人随其名，长得也像只“母大虫”般丑陋无比。她的性格与孙二娘相似，直率不羁。对这二人的塑造都背离了传统刻画女性的方法，使其形象更偏于男性，外号也叫得难听。读到这，我不禁发问：“难道众好汉中，就没有一位女性化的角色吗？”

还没来得及回答，我便邂逅了全文中最贴合我想象的女英雄——扈三娘，但她的做法更让我大跌眼镜。扈三娘生得娇艳动人，武艺更是出类拔萃，然而就是这样一个人物，在梁山却成了任人摆布的木偶。在家人均被梁山军队杀光后，又被宋江做人情嫁给了自己的手下败将——龌龊的王矮虎。她在家人尸骨未寒之际嫁给了敌人，却毫无半点怨言，可见她已是一个没有感情的傀儡，被人操纵着。

放眼望去，整篇《水浒传》中似乎没有一位正常且正派的女性角色。读到这，我又不禁发问：“施公，你是否在故意丑化女性呢？”

精选笔记二

《忠义堂石碣受天文　梁山泊英雄排座次》中写道，天上一响，如裂帛相似，直竖金盘，两头尖，中间阔，又唤作天门山，又唤作天眼开，掉下来一块大石头，上面写着天罡三十六员与地煞七十二员的名字。这是为什么呢？

古人行事时，都喜欢给自己找一个名正言顺的理由，只有这样才能让自己被大家认可。所以宋江等梁山大头目，想着这么多人聚集在一块儿，如果没有一个名正言顺的理由，那就是无名之师。宋江他们假托一个石碣，我觉得是有两个用意的，第一个是给好汉们正名，让外人以为他们聚在一起是上天的安排；第二个就是给好汉们排名，为了避免英雄们因为不满意自己的排名而大打出手，让他们认为此次排名是上天的用意。

正是有了石碣的出现，既帮助宋江坐稳了第一把交椅，还骗取了其他英雄好汉的信任，不得不说他还是很有手段的一个人。但是从他精巧地解决了困扰梁山的这两个大难题的角度来看，他倒也算是很有能力又能为兄弟前程着想的一个人。

精选笔记三

读《水浒传》，我看到了一个世故、圆滑的宋江。

宋江这个人，相信每个人都对他有自己的理解，各不相同。比如：我认为宋江善于权谋，懂得如何获得人心，因而能坐稳第一把交椅。

宋江是个恩将仇报的人。在宋江怒杀阎婆惜后，当官府上门抓捕他时，朱仝不顾自己安全义无反顾地放走了宋江，自己承担了责任。虽然宋江对朱仝说："金帛使用，只顾来取。"但朱仝也知道，这只是个客套话而已。等到后来朱仝私放雷横时，也是全靠自己上下打点。在他到沧州后，得到知府赏识，生活变得好起来了，可宋江却派人把小衙内杀死，让朱仝背上了杀人的罪名。

水浒英雄好汉的聚集过程，其实是宋江的招揽史。他见到英雄时便畅聊江湖，把酒言欢；而看到高俅等人后却又变成了"文面小吏，安敢反逆朝廷！奈缘积累罪犯，逼得如此"，一脸求招安的奴才相。在招揽人心方面，宋江做得确实厉害，能让公孙胜、吴用等人死心塌地地跟随，让人不得不佩服这个"呼保义"啊！

宋江上山时，已经显露了自己的野心，他屡次出征，培植亲信，架空晁盖。当自己是老大的时候，仅仅为了当官一时爽，全然不顾其他兄弟的感受，三番四次寻求招安投降。他已经忘了自己的兄弟大多是官员出身，家破人亡，被官场逼迫才走上梁山的。但宋江最后依然选择了招安，寒了兄弟们的心。

以上只属于我个人的看法，宋江当然也有仗义、忠义等优点，也有好汉的特征，所以我觉得他应该是这本书里最有争议的一个人物。

精选笔记四

我读到第三十九回中，宋江独自在浔阳楼饮酒，突然诗兴大发，写下：“自幼曾攻经史，长成亦有权谋。恰如猛虎卧荒丘，潜伏爪牙忍受。不幸刺文双颊，那堪配在江州。他年若得报冤仇，血染浔阳江口。”这首诗什么意思呢？说的是自己从小就攻读经史，长大后又精通权谋之术，你们当官的会的我也都会，我宋江的本事一点也不比那些当官的差。但是时运不济，混了半天不过一个小吏，好比虎落平阳，忍气吞声。想我宋江这么一个经世之材，竟然成了囚犯被发配到江州，老天实在是对我不公啊！再这样下去，我就豁出去上梁山当强盗去了，到时候我来找回公道，定要叫这浔阳经历一番血雨腥风。从诗中可以看出，此时的宋江已经有了谋反之心，他把梁山当成一个退路，虽然是醉酒之举，可宋江题诗后非常开心，可谓酒后吐真言了。

随后他又写道：“心在山东身在吴，飘蓬江海谩嗟吁。他时若遂凌云志，敢笑黄巢不丈夫。”意为：“我人虽然在吴地（江州），但心却在山东（梁山），飘零江湖真是蹉跎岁月，早知如此不如就在梁山落草了。要是我上了梁山，必然会实现凌云壮志，凭我宋江的驭人能力，黄巢又算得了什么？”黄巢是唐末农民起义军的领袖，从正统的角度来看当然是特大号的反贼了。这句也是仿写黄巢的《题菊花》一诗：“他年我若为青帝，报与桃花一处开。”

我从这些诗句可以看出，首先宋江对于上梁山一事还有点后悔没有早去，现在郁郁不已。其次，他有点瞧不起黄巢和黄巢起义的意味，觉得自己比黄巢更强，更怀才不遇，最关键的便是他已经挑明了的野心、反心。题字“郓城宋江作”更是一个大胆的行为，直接自报家门，可见宋江此时是被酒壮了胆，敢把内心的想法和名字一齐写下。可宋江是个野心、反心不大的人，怎么会在浔阳楼如此大胆地题反诗呢？难道他只是为了逞一时口舌之快？还是作者为了丰富宋江的性格呢？此举和结尾宋江主张招安无疑形成了巨大的反差，所以我认为宋江真的是一个既复杂又真实的野心家啊！

参考资料：

黄波．说破英雄惊杀人［M］．北京：中国青年出版社，2007.

第八节　批判性阅读

——以讽刺小说《儒林外史》为例

一、整本书概要

（一）作家介绍

吴敬梓（1701～1754），字敏轩，号粒民，晚年自称“文木老人”“秦淮寓客”。清代著名文学家，主要作品有《文木山房诗集》《文木山房诗说》以及小说《儒林外史》。

康熙四十年（1701年），吴敬梓生于安徽全椒县的科举官宦世家。凭借不俗的天资、嗣父的严格教导以及家族文化氛围的熏染，吴敬梓18岁就考取秀才，但之后三次乡试均铩羽而归。同时，随着生父吴雯延、嗣父吴霖起相继离世，“宗子”吴敬梓成为家族财产争夺的矛盾焦点，饱尝了冷漠势利的社会人情。经历科场蹉跎失利与族人无情夺产后的吴敬梓，看到了官僚的徇私舞弊、族人的冷漠无情、儒生的昏聩迂腐，愈发愤世嫉俗、放荡不羁，散尽家财，受尽乡人嘲笑后心怀郁愤举家迁至南京。

在南京的生活虽然拮据困顿，但却是吴敬梓深入社会、广交好友、转变思想的重要时期。长期与下层百姓、失意文人、进步学者交游使吴敬梓的思想进一步成熟深刻。乾隆元年（1736年），吴敬梓因病拒绝“博学鸿词科”的廷试，并得知其具有真才实学的兄友均落选后，彻底看清了科举制的荒唐，以及盛世背后的虚伪与势利。1740年前后，吴敬梓以自身经历为立文基础，开始写作《儒林外史》等作品，其思想最终实现了从关切个人功名到反思社会制度的升华。

（二）作品介绍

《儒林外史》是一部描绘儒生文士群像、批判社会问题的长篇讽刺小说，既开启了中国古代讽刺小说的先河，也代表着中国古代讽刺小说的最高成就，在中国古代文学史中占据重要地位。

全书共56回，假托明朝背景，实写清代社会百态，以生活中的真实人物为原型进行艺术加工，相继出场的300多位人物涉及儒生、名士、官员、乡绅、豪侠等众多身份阶层，其中儒林士子这一群体尤为具体生动。在众多儒士中，既有周进、范进等迷失在科举路上的腐儒，又有王冕、杜少卿等摒弃功名富贵的大儒；既有娄三、娄四公子等虚伪卑劣的假名士，也有虞博士、庄绍光等淡泊脱俗的真贤人。书中真实地再现了儒士群体对功名富贵的不同态度，对封建制度统治下知识分子的精神与命运进行了深入的考察，正所谓“机锋所向，尤在士林”。

虽然《儒林外史》是一部长篇章回体小说，但其艺术结构却体现出短篇、长篇相配合的独特与精巧。书中并没有贯穿全文的中心人物与故事情节，而是采取连环短篇缀连的叙述形式将书中林林总总的各色人物一一推出。新的故事由前一故事中的有关人物引出，又随着有关人物的隐去而结束，形成相对独立的故事。同时所有的故事又都指向批判科举制的弊病和腐朽的社会风气这一共同主题。

作为古代讽刺小说的巅峰之作，《儒林外史》可以说将讽刺艺术发挥得淋漓尽致。鲁迅曾评价此书：“乃秉持公心，指擿时弊，机锋所向，尤在士林；其文又戚而能谐，婉而多讽：于是说部中乃始有足称讽刺之书。”在秉持公心的讽刺中蕴含着作者明察但无奈的深情，看似针对某一具体个人，实则直指背后腐朽的社会制度。作者运用写实、夸张、对比等丰富的讽刺笔法，勾勒出一幅幅儒生群丑图，在真实的悲喜之间将书中的人物、情节以及主题处理得更加鲜活突出。正是凭借这般高超的讽刺艺术，《儒林外史》的思想性与艺术性达到前所未有的高度，成为讽刺文学发展史中的里程碑，引领后世批判讽刺思潮与谴责小说的兴起与发展。

（三）相关评论

迨吴敬梓《儒林外史》出，乃秉乃持公心，指擿时弊，机锋所向，尤在士林；其文又戚而能谐，婉而多讽：于是说部中乃始有足称讽刺之书。

——鲁迅

吴敬梓是十八世纪现实主义的讽刺文学家。杰作《儒林外史》共五十五回，是以社会群丑为题材的中世纪骑士故事。故事情节不受拘束，前后穿插贯串，使他对作品的叙述和人物性格的描写都远远超过了前人。采用方言是他独特的写作方法，从而使小说得到了很好的展现。

——《英国大百科全书》

二、作品特质

中国古典小说蕴藏着精妙的艺术特色、深刻的思想意义，是中华民族文学史中的璀璨瑰宝，特别是明清之际兴起的长篇章回体小说又是其中杰出的代表成果。它独树一帜，具有鲜明的民族特色，在文学史中占有重要的位置。章回体小说来源于宋元时代“说话”艺术中的讲史。讲史演说历史故事，一次不能说完，要连续讲说多次，每讲一次就相当于章回小说中的“一回”。每次讲之前，说书人必须要用一个概括性的题目向听众揭示主要内容，这就是章回小说中“回目”的起源。此外，正文前面都有一个“楔子”来引入正文，与话本的“入话”相类似。文中经常使用“话说”“且说”“看官”等字眼，从这也能看出它和话本之间的继承关系，但话本是民间艺人口头创作的底本，大都未经文人润色，艺术上比较粗糙，而章回小说越到后来越成为作家创作的文学作品，标志着我国小说已经进入了一个新的成熟的阶段。

作为中国古典章回体讽刺小说的里程碑，《儒林外史》的讽刺艺术一直最为学界称道。文字是作者批判腐朽、唤醒良知的有力武器。讽刺不仅仅是作品的艺术手法，更是作品与作者的思想内核。作者吴敬梓立足现实，站在旁观者立场上，凭借洞幽烛微的审视目光、看似不动声色实则辛辣戏谑的语言风格以及灵活高超的写作手法，将儒林人士的生活丑态刻画得入木三分，讽刺警醒之意呼之欲出，赋予作品深刻的现实意义与丰富的艺术魅力。

1. 秉持公心，情伪毕现

“秉持公心”乃是《儒林外史》针砭时弊的重要前提，也正因为作者吴敬梓站在客观公正的立场之上，所以本书少有无遮拦的痛骂急斥、强烈的奔走呼告或是不可抑的捧腹大笑，而是始终以冷静平和的笔调叙写故事，倾向于采取“实录”的方式来进行基于现实的艺术创作，可谓“无一贬词，而情伪毕露”。因此，白描是本书最基础也最重要的讽刺手法。在对众位儒生文士的外貌、语言、动作、神态、心理等方面进行描绘时，作者所运用的语言都是简练精到的，于客观叙述中自然流露出主观好恶。在第四十二回《公子妓院说科场　家人苗疆报信息》中，作者以两位妓女的视角对汤六老爷的外貌进行了如下描绘："头戴一顶破头巾，身穿一件油透的元色绸直裰，脚底下穿了一双旧尖头靴，一副大黑麻脸，两只的溜骨碌的眼睛。洗起手来，自己把两个袖子只管往上勒，又不像文，又不像武。"以及下文对汤六爷的语言和行为的描写，使其下流油腻的形象跃然纸上，体现了作者的讽刺意向。并且，作者还会根据人物性格与命运的不同进行不同程度的讽刺。比如对范进、严监生、匡超人等深受科举制毒害的人，作者进行的是同情悲哀式的讽刺。匡超人本是个孝顺上进的农家孩子，因品行优良而声名远扬后，受到知县提携，正式步入仕途。但是做官后的匡超人全然忘记了父亲临死前"不可贪图富贵"的劝说，逐渐变成了忘恩负义的无耻小人。原先善良孝顺的上进青年就这样在官场中丢失本心、迷失自我，这种堕落不仅是个体的堕落，更反映了当时整个社会的世风日下。所以对于匡超人这一善恶结合的矛盾体，作者在对其讽刺中又寄寓了同情与惋惜，以及对黑暗社会的控诉。而对严贡生、宋为富等人，作者在讽刺中又增添了鞭挞。作者通过描写严贡生一系列诈骗强夺的无耻行径，毫不掩饰地表达对其无赖虚伪的本性的厌恶。

2. 手法多样，形象鲜活

作者曲尽其巧地运用了对比、夸张等手法，既使作品故事更加真实生动，又使其中的讽刺意味力透纸背，从而提高了作品的整体艺术价值。

作为儒林群像的画师吴敬梓，在刻画众生相时着重运用对比手法塑造人物形象，突出情感取向。首先，通过描写个体前后行为突转凸显讽刺意味。如第三回《周学道校士拔真才　胡屠户行凶闹捷报》中的胡屠夫作为范进的老丈人，平日对范进说尽挖苦讽刺之语，而在范进意外中举后，其态度却发生了天翻地覆的转变，马上由盛气凌人变为卑微低下。面对喜极而疯的范进，他畏缩地说"天上的星宿是打不得的"，打完后愈发害怕后悔。胡屠户前后行为的鲜明对比不禁令人想起契诃夫的《变色龙》里的虚伪警察奥楚蔑洛夫，二人都是一样势利虚伪、拜高踩低。其次，通过展现个体的表里不一、言行相悖进行讽刺。如第四回《荐亡斋和尚吃官司　打秋风乡绅遭横事》中写范进在为母亲守丧礼时，先后拒绝使用银镶杯箸、象牙箸，直到最后换了竹筷子才罢休，将自己塑造成一副忠心孝子模样，但是却在燕窝碗里拣了一个大虾丸子送到嘴里——原来范举人守丧竟是这般“清心寡欲”“节俭朴素”，于细枝末节中暴露其惺惺作态。随着故事情节由第三回发展到第四回，讽刺对象也由胡屠户变为范进，而这二人或许又只是这炎凉世态中的微小缩影，所以讽刺之意不仅针对个体，更直指人物生存的社会。

作者还通过对比不同人物来表达自己对腐儒、假名士的批判讽刺，以及对大儒、真名士的欣赏赞扬。第一回出场的王冕就是被作者确定为“借名流隐括全文”的真名士，通过描写拒赴官约、直指八股之弊以及隐居会稽山等情节表现其蔑视权贵的超然品性，与其周遭的危素、时知县、翟买办等卑劣小人形成鲜明对比。在讽刺批判众多反面人物的同时，作者也穿插描写理想人物的风貌，既能够使读者清晰地领会其讽刺指向与理想寄托，又能够赋予作品调和平衡之美。

立足真实、于细节处进行适度夸张的描写也能够突出故事背后的讽刺意味，强化读者阅读时的心理感受。在第五回《王秀才议立偏房 严监生疾终正寝》中对严监生临死前伸出的两根手指这一细节进行放大夸张，通过接二连三地对大侄子、二侄子、奶妈等众人猜测进行否定，这两根手指和两茎灯草俨然成了严监生守财奴的象征。严监生本是家财万贯之人，但平日不舍得买猪肉，生病不舍得吃人参，在生命最后一刻还是对两茎灯草耿耿于怀，可笑的同时更有几分可悲，流露出作者对这一行为的批判讽刺之意。

3. 悲喜结合，内蕴深刻

除了冷静客观的讽刺笔调、丰富适切的讽刺手法外，悲喜结合的讽刺内涵更是《儒林外史》在讽刺文学中独树一帜、经久不衰的重要原因。吴敬梓在叙写故事、塑造人物时多采用戏谑式的喜剧语言。但是在这种惹人一笑的喜剧气氛中，又隐隐传递出悲凉、惋惜、无奈之感，给予读者双重的审美感受。无论是周进哀号撞板、范进喜极发疯、严监生临死不忘灯草，还是严贡生自吹自擂、王玉辉鼓动女儿殉夫，都在搞笑之余揭露了封建制度下科举制度、礼教观念对人思想与灵魂的蚕食腐化。吴敬梓在由贵族子弟落魄到下层贫民的过程中，看到了太多与书中故事类似的真人真事，虽然自身社会地位在不断地被边缘化，但思想认识却愈发清醒深刻，早已洞察盛世下涌动的暗流。蚍蜉终究难撼大树，所以作者吴敬梓选择以文学作品作为反抗的武器，通过喜剧式的戏谑风格表现深层的无奈、厌恶、悲哀。何其芳先生说："混合着痛苦的憎恶和明朗的笑，这是《儒林外史》作为讽刺小说来看，达到了很高的成就的标志。在我国的文学史上，《儒林外史》是第一部显著地具有这种标志的小说。"所以说，《儒林外史》不仅在讽刺手法上有其高超之处，在讽刺态度与讽刺内涵的发展上更是达到了新高度，是有着思想家气质的讽刺小说。

总的来说，在《儒林外史》中，作者在嬉笑戏谑的之间流露出自己清醒的认识、真实的情感和美好的理想。吴敬梓的好友金兆燕在为其运送灵柩途中曾题诗："著书寿千秋，岂在骨与肌。"的确，斯人虽已逝，但其作品与思想会代代流传，始终在文学与思想的天空中闪耀光芒。

阅读《儒林外史》时，在综合运用基本阅读策略外，基于文本的特质，特别建议突出以下阅读策略——批判性。

三、典型阅读策略——批判性

（一）理论基础

批判性思维被誉为人类思想和认识发展的破冰船，已经成为世界各国构建核心素养体系中最受关注的能力。在众多批判性思维的定义中有两个最具影响力并受到了广泛认可。其一是由罗伯特·恩尼斯提出的，他认为批判性思维是为决定做什么或相信什么而进行的合理的反省思维。其二是美国学者费西万在恩尼斯的定义基础上所说的："批判性思维是旨在决定信什么或做什么的反省性判断过程，表现为对证据、语境、方法、标准和概念化的理由进行充分考量。"

由此可见，批判性思维是一个人对事实和观念进行理性质疑、辨析和判断的思维能力。它以提出疑问为起点，以获取证据、分析推理为过程，以富有说服力的论证解答为解释判断。和带有强烈否定意味的"批判"相比，"批判性"是一种谨慎的反思和创造，具有建设性和思辨性的评判。它更多地关注"如何思考"，而不仅是"思考什么"，引导人们知其所以然，不盲从他人，不以自我为中心，有意识地打破思维惯性，走出思维误区，想之前没有想过，问之前没有怀疑过的问题。从这个意义上来说，批判性思维不仅是一种思维能力、一种独立的品质，更是一种思维心态或者价值取向，影响和塑造着人们的生活态度。

（二）课标依据

作为一种高阶思维能力，批判性思维能力不是与生俱来的，需要长期的学习和训练。阅读是培养批判性思维的重要途径，而思维是完成批判性阅读的重要条件。在目前中学教学语境下，受制于教学时间和应试评价标准的限制，语文教师更倾向于在课内阅读教学中给予学生已有的现场结论，更多关注学生的识记能力；很少会用质疑、批判性的眼光去剖析知识来源，审视和发现文本中的可批判空间，更不用说有意识地培养学生的思维技能和批判意识。《义务教育课程标准（2022版）》在核心素养解读部分提出，“思维能力是指学生在语文学习过程中的联想想象、分析比较、归纳判断等认知表现，主要包括直觉思维、形象思维、逻辑思维、辩证思维和创造思维。思维具有一定的敏捷性、灵活性、深刻性、独创性、批判性”，明确要求语文阅读教学要培养学生评价、探究、批判、创造的能力。这些要求都依赖于学生批判性阅读能力的提高。

（三）策略诠释

所谓批判性阅读，皮罗齐的定义被广泛接受：批判性阅读是对文本的高层次理解，主要包括释义和评价技能，它可以使读者辨别信息的重要性，区分事实和观点，确定作者的目的和语气；通过推理读出言外之意，填补文本的信息空白，得出富有逻辑性的结论。余党绪老师认为：“批判性阅读，就是借助批判性思维的基本原理、策略与技能开展的文本细读，思辨性阅读就是批判性阅读。”从这些阐述中可以看出，批判性阅读是一种积极的阅读活动，它从学生思维发展的视角强化和突出阅读的本质特性，要求学生在欣赏文学作品时，能根据不同作品的文学体裁和语言风格，综合运用推论、解释、分析、综合、评价等策略进行理性的思考，回应他人观点，建构有意义的结论。较之课内单篇阅读，整本书阅读周期较长，可以为学生提供完整感知、理解文学作品的机会，为学生批判性思维训练提供了平台。以批判性阅读为目标开展整本书教学，通过问题研讨、文本回应、观点比较等活动设计，可以帮助学生养成独立思考、质疑探究的意识和习惯，增强思维的严密性、深刻性和批判性，提升语文学科核心素养。

（四）教学应用

以《儒林外史》为例，实施整本书批判性阅读教学探索实践可以从以下三个方面展开：

1. 重视阅读困惑，从疑问到提问

《儒林外史》尽管是必读书目，但初三学生对其普遍存在很大的阅读障碍，许多学生读完前六回后就再也读不下去了。主要原因是觉得相比水浒的一百零八将聚义、西游的九九八十一难的热闹非凡和花团锦簇，同为古典名著的《儒林外史》显得过于平淡和无趣。小说中的人物一个接一个地出场，缺少贯穿全书的核心人物。故事主角转换后，上一个人物的命运结局就成了一个谜，读者的情感就被猛然悬空，失去了迫切阅读下一个故事的兴趣。还有学生产生这样的疑惑：作品开头为什么要写一个前后毫无关联的楔子来引出故事？第三十七回“泰伯祠大祭”，尽管作者一再提到这件盛举天下皆闻，可读来却是全书中最无聊乏味的一章。作者想表达什么，讽刺的又是什么？令人费解。

这些阅读中产生的真实困惑，源自学生对文本的好奇心和敏锐感。好奇和敏感是疑问产生的前提，是思考的起点，也是批判性阅读最需要的基本素质之一。但如果想把一个经验层面的问题变成颇具研究价值的问题，就需要通过追问和反问“为什么”来提炼问题，完成从疑问到提问的跨越。比如，针对第三十七回提出问题：作者描写的泰伯祠祭祀活动作为全书高潮，为什么读来如此乏味？这样的问法，就会引导学生关注到写作内容、写作手法、书中人物的生活和现代读者的距离等。如果继续追问：为什么好的情节设计并没有受到读者的认同？学生可能就会分析是不是情节设计出了问题，或者好的情节为什么会失败。预设的答案就将是探索研究的主题。不同的提问针对的现象和关照的议题是不同的，一个好问题挑战现存的既定答案，打开新的思维领域，是质疑、设想和探索，是能带来差异的分歧。

2. 质疑论证中，探究发展新观点

在整本书阅读中，批判性阅读必须以“理性质疑”为前提，以实证和逻辑为基础，不能脱离文本任意发挥。情绪化的表达如果未经理性思考的提纯，不具有进一步探究的价值。只有在理解文本的逻辑脉络和事实基础之上，针对文本空白，或者读者情感态度、价值判断与作品的矛盾冲突提出观点，有效地推测分析、反思论证观点，才能与作品有效对话。

上述针对《儒林外史》结构的质疑，认为此书没有连贯的故事情节和核心人物，布局松散，有枝无干，读起来更像一部短篇或者中篇小说集，不像长篇小说。为什么作者会这样结构全书呢？一般来说学生的观点主要有两种：①作者缺乏结构全书的能力，导致作品结构松散，无主线；②受话本小说和当时流行的小说体例的启发和影响，作者在结构上想独树一帜，匠心独运。

学生提出这样的观点往往是基于对作品和作者的臆测，基于自己已有的知识经验和惯性思维。新观点是否成立、是否合理，需要开展真实、深入的分析与论证，否则会停留在肤浅的感性与体验层面上，难以获得理性与清明的认知。

以上述观点①为例，分析《儒林外史》如此布局是否因为作者缺乏结构全书的能力，我们可以从多个角度进行分析论证。

从小说主题来看，《儒林外史》是一部以辛辣的笔触对社会现状和儒士命运进行批判揭露的讽刺小说。它透过形形色色的儒林世相，对当时吏治的腐败、科举的弊端和礼教的虚伪等进行了深刻的批判和嘲讽。为充分传达自己的创作意图，作者选择了包含一组组情节单元的小说结构。虽然从表层来看人物故事之间缺少情节关联，但内在结构却散中有骨。无论是哭贡院撞号板的周进，招摇撞骗、欺世盗名的匡超人和牛浦郎，还是实现了读书人最高理想却徒有虚名、清苦寒酸的鲁编修，各种附庸风雅的众名士等，都贯穿着一条小说的思想主线，那就是将松散的情节和人物全部统摄于八股制艺摧残人的心灵和人格这个主旋律上，即“以功名富贵为一篇之骨”，围绕这个写作中心，把众多人物组合排列起来，构成一个有机的序列，达到结构方式和内容表达的统一。

从全书构架来看，《儒林外史》既写了反面人物，也写了寄托作者社会理性的正面人物，但作品不以正反人物的矛盾冲突推动情节发展，而在人物对待“功名富贵”的态度和文化品格上互成反照，将真与伪、善与恶、美与丑，互相映衬，互相对比，使作品在意蕴深层建构起一个褒贬对比的叙事结构框架，从而鲜明地揭示描写对象的特征，突出了作者的创作意图。

通过以上分析可以明确，批判性思维并不是为了简单地否定对方，而是为了验证一种假设，对文本提出质疑、提出新的观点之后，进一步分析与求证、思辨与评估是必不可缺的环节。

3. 从追问反思，走向认知建构

通过质疑探究，学生对文本有了深入的认识。需要注意的是，新观点被否定，并不意味着新观点没有意义和价值。大胆质疑和严谨求证是深入分析和理解文本的关键，更是训练批判性思维的重要环节，可以提升学生辨别是非的能力，培养其理性怀疑的精神。

此前的分析表明，《儒林外史》的结构特点并不能说明作者不善结构设计。毕竟作为一部经典，作品的艺术价值是经时间检验过的。重要的是要通过讨论，探究导致作品如此结构的个人原因、社会原因和文化原因。如果不能在更广阔的社会文化背景下对作品的结构做出合理的解释，文本解读就失去了应有的文化意义，也不能促进学生知识的更新以及认知结构的建构。

从一开始，作者就借理想人物王冕来揭示主题。在楔子中，王冕安贫乐道，不慕荣利；学高才富，独立不羁；他蔑视权贵，鄙视世俗，避功名富贵如避瘟疫，为全书的儒林树立了人格的榜样，最终为保全令节，隐居山中。王冕的形象明确反映出作者的思想情感倾向。作者视“功名富贵”为腐败堕落、社会虚伪势利之风的根源，并以此四字来烛照儒林士子的人品。后文中那些看似彼此不相关的人物故事，都是从不同角度对“功名富贵”主题的形象和具体化。可见，楔子是全书架构不可或缺的一部分，具有丰富的功能和意义。

第三十七回《祭先圣南京修礼　送孝子西蜀寻亲》，就艺术水平而言，泰伯祠大祭在全书中并非上乘，然而在情节上属于全书的高潮，结构上以此为枢纽布局，其中蕴含的思想文化内涵极为丰厚。泰伯祠祭祀当天盛况空前，完成了形式层面的礼乐重续，此后却风流云散，最终衰落倒塌，结局萧瑟。这一隆重的祭祀实质上将古代礼乐视为矫世变俗的良方，展现出吴敬梓对以儒林为中心的社会文化思想的反省和解构，对社会新出路的思考和探索。

这样，由表面看起来松散的作品结构入手，探究作者在叙事上的深层意图，再延伸到对社会思想文化的追问，又从对社会思想文化的追问上升到了文化反思与社会批判，批判性阅读的教育与文化价值就实现了。这样的批判性阅读不仅提供给学生思维的路径，还给学生提供了深度解读、主动思考的环境和文化氛围。学生在积极的辨析、判断、理解中走出经验的、感性的认知层面，形成更宏阔、更全面的认知架构。

四、案例展示

（一）整本书阅读规划

表 3.23　《儒林外史》阅读规划表

《儒林外史》阅读规划表			
姓名：________　预计阅读周期：三周　实际完成时间：________			
周数	阅读内容	阅读方法	重点关注
第一周	第一回至第四回	细读，圈点批注。	王冕勤奋刻苦，拒绝权贵，远离名利场；作者将王冕放在首章的意图；周进的落魄形象，在贡院痛哭撞号板，中举后乡人对他的巴结；范进中举后发疯、打秋风的虚伪，各路人对他极力奉承；张静斋给汤奉出谋划策；汤奉处理偷鸡贼，枷死老师傅。
	第五回至第八回	细读，圈点批注。	严贡生强取豪夺、坑蒙拐骗的行径，严监生的胆小吝啬。 范进不识苏轼；王惠制止荀玫丁忧，陪同荀玫回家葬母，升任南昌知府的酷吏行径。
	第九回至第十二回	第十一回快速阅读，其余细读、批注。	娄氏二公子行善，蘧公孙招亲礼上丑态百出的情景。 娄氏二公子和蘧公孙访杨执中，权勿用进城撞轿子，莺脰湖宴会。
	第十三回至第二十回	第十三回、第十九回快速阅读，其余细读、批注。	马纯上仗义，囊中羞涩游西湖。 匡超人的孝行和勤勉；匡超人选编科场文章，西湖诗会。 匡超人的堕落。

（续表）

周数	阅读内容	阅读方法	重点关注
第二周	第二十一回至第二十八回	第二十回圈点批注，其余快速阅读。	牛浦郎的不齿行径；牛浦郎冒牛布衣之名行骗惹官司；鲍文卿的善举；季苇萧的庸俗行径。
	第二十九至第三十四回	第三十四回快速阅读，其余细读、批注。	杜慎卿的雅与俗，莫愁湖湖亭定梨园榜。 杜少卿慷慨施舍。 杜少卿装病辞征辟，庄绍光应征辟。
	第三十五回至第三十八回	第三十七回快速阅读，其余细读、批注。	庄绍光辞官回乡；虞博士行善举；泰伯祠祭祀大典的盛况。
第三周	第三十九回至第四十三回	第四十二回、第四十三回快速阅读，其余细读、批注。	萧云仙智勇之举，沈琼枝的独立反抗精神。 沈琼枝的豪杰之举，汤家二位公子参加科考过程中的庸俗之举；官场朝廷的黑暗无道。
	第四十四回至第五十二回	第四十七回、第四十八回、第五十一回、第五十二回细读、批注，其余快速阅读。	余家二兄弟的深厚情谊。 虞华轩戏弄成老爹，趋炎附势的世风；王玉辉的三女儿殉夫背后的悲凉。 凤四老爹行侠仗义。
	第五十三回至第五十六回	第五十五回细读、批注，其余快速阅读。	热衷功名利禄对青楼的影响，聘娘的悲剧命运；篇末刻画市井四个奇人的意图。

（二）整本书阅读教学设计案例

批判性阅读　现儒生群像

——《儒林外史》整体书阅读教学设计

【学习目标】

1. 对作品中的人物故事归类总结，将“儒生群像图”结构化。
2. 评价作品中的典型人物形象，探究作品所写主要人物特点的异同。
3. 赏析作品中的多种讽刺手法，理解中国古典小说的讽刺艺术。

4. 自主设计议题并就感兴趣的议题展开辩论，有理有据地表达观点。

【学习策略】

1. 抓住小说连环短篇缀连的结构，厘清情节和人物关系。

2. 抓住人物类型，对比分析人物形象。

3. 引用具有说服力的论据支持自己的观点；运用推论、解释、分析、评价等策略回应他人的观点，有针对性、有风度地进行辩驳。

【学习过程】

一 按章回梳理故事，结构化呈现“儒生群像图”

活动一：

《儒林外史》虽是小说，在结构上却兼有“史传”类文学“纪”和“传”的特点。“纪”以时间顺序为线索，对书中的重要事件予以编年；“传”则将书中众多人物事件连接成一个有机整体。以人物为中心，参照下列表格样式对全书进行整理。

表 3.24　《儒林外史》人物表

章回	主要内容	主要人物	次要人物	穿插人物
第一回		王冕		
第二回至第四回		周进、范进		
第五回至第六回		严贡生、严监生		
第七下半回至第八上半回		王惠		
第八下半回至第十二回		娄二公子、娄三公子		

【明确】《儒林外史》是一部刻画士林群像、批判功名富贵的讽刺小说。书中人物庞杂，学生可根据阅读实际情况，按人物的重要程度将其分为三个层次。涉及主要人物须细读、精读，熟悉情节，并有自己的理解；涉及次要人物可以略读，知其大概故事；遇穿插人物，可以跳读。

①重要人物：醉心于功名的腐儒周进、范进、马二先生；在功名富贵诱

惑下逐渐堕落的匡超人、牛浦郎；官绅阶层的张静斋、王惠、严贡生、严监生；假道学者王德、王仁；精神空虚的“名士”蘧公孙、娄公子、景兰江；鄙视功名、心性高洁的王冕、杜少卿、庄绍光；女性代表沈琼枝、鲁小姐；深受礼教荼毒的王玉辉；市井人物胡屠户。

②次要人物：梅玖、荀玫；杨执中、权勿用；牛玉圃；鲍文卿；向鼎；杜慎卿、赵雪斋、萧金铉、张铁臂、凤鸣岐；季苇萧；迟衡山、虞博士、余先生、武书；萧云仙、郭孝子；牛老儿、卜老爹；宋为富；市井四奇人。

③穿插人物：施御史、陈四老爷、聘娘等。

活动二：

《儒林外史》塑造了大量各具特色、个性鲜明的人物，给读者留下了深刻的印象。闲斋老人将这些人物分成了四类：“其书以功名富贵为一篇之骨，有心艳功名富贵而媚人下人者；有倚仗功名富贵而骄人傲人者；有假托无意功名富贵，自以为高，被人看破耻笑者；终乃以辞却功名富贵品地最上一层为中流砥柱。”根据作者的情感倾向对全书主要人物做一个分类。

【明确】

表 3.25　儒生群像

儒林群像	
类型	**代表人物**
有心艳功名富贵而媚人下人者	周进、范进、马纯上、赵雪斋、鲁编修、高翰林、牛浦郎等
有倚仗功名富贵而骄人傲人者	梅玖、王惠、匡超人、杜慎卿等
有假托无意功名富贵，自以为高，被人看破耻笑者	杨执中、权勿用等
以辞却功名富贵品地最上一层为中流砥柱	王冕、鲍文卿、杜少卿、庄绍光、虞育德

二　评价作品中的典型人物，比较重点人物特点的异同

活动一：

根据人物形象阅读框架，选择自己感兴趣的 1—2 个人物，梳理其重要的故事情节，探究各情节之间的逻辑联系，分析并讨论人物性格特征。

【明确】以匡超人为例：

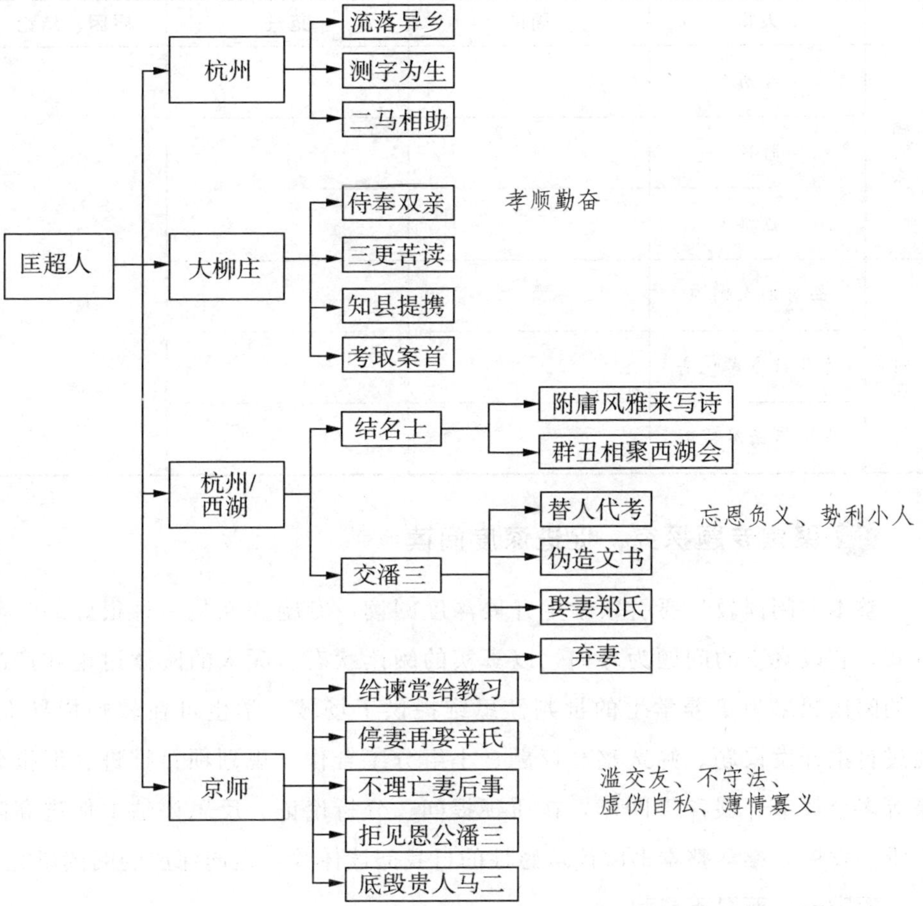

图 3.20　匡超人思维导图

活动二：

选择小说中同类人物形象进行比照，寻找人物之间身份、性格和命运的异同点，思考差别产生的原因。

【明确】以周进和范进为例：

表 3.26　周进、范进人物对比

	人物	周进	范进	原因、结论
相同点	经历			
	脾性			
	性格			
不同点	面对别人嘲讽			
	为母亲守孝吃斋			
	中举后面对钱财			

三 聚焦专题探究，促进深度阅读

整本书阅读教学要引领学生开展深度阅读，专题探究是一种很好的学习方式，它以真正的问题为导向，以真实的阅读状态、深入的阅读讨论和产品化的阅读成果为培养学生的批判性思维提供了场域。学生可在教师指导下，通过自主开发议题、筛选整合议题、小组分工合作、规划项目推进、汇报分享等多个环节开展深度阅读，在质疑提问、分析论证、反思评估中促进高阶思维的发展，推动整本书阅读从感性的自我阅读体验，走向深层的阅读研究。

探究一：无丑不成戏

《儒林外史》成功地塑造了一系列丑角形象，他们性格丰满、复杂、立体感强，是正面人物必不可少的陪衬，也是小说讽刺艺术的魅力体现，完美地承载了吴敬梓对名利熏心的儒林丑态的无情批判，丑中见美，在小说中占有重要地位，极具典型意义。

任务一：《儒林外史》中的严监生历来被公认为是“东方葛朗台”——吝啬鬼典型，原因就是其临死前为了“两茎灯草”而不肯咽气。但根据书中的情节，无论是在处理他大哥严贡生的官司，还是在正房去世，甚至是他去世前的种种行为都谈不上小气。他的形象为什么和“吝啬”挂钩了呢？是读者误读还是有其他含义在里面？请你根据小说文本，为严监生或书中存在争议的人物写一篇翻案文章，阐释你的观点。

任务二：《儒林外史》塑造了一批丰富多样，具有独特艺术魅力的丑角形象。他们多是热衷科举的名利之徒，明明不学无术，浮华轻薄，却故弄风雅；明明是邀声盗名，却伪装不叩权门，待价而沽，闹出无数滑稽可笑的故事，给人一种不一样的艺术享受。所谓艺术之丑，丑而不丑。请结合本书人物，围绕书中丑角的“丑”与“美”，完成一份微型研究报告。

探究二：八股文选家和斗方诗人

八股文是明清两代专门用来培养、识别、选拔官员的一种综合性考试文体，是读书人学习《四书》《五经》的心得体会。科举成了读书人猎取功名富贵的唯一手段，八股文自然就成了文章的正宗。因科举败北或因自身条件无法取得功名、进入仕途的文人得不到功名，还想名利双收，就促生了两类“职业”——八股制文选家和斗方诗人。

任务一：《儒林外史》中有代表性的八股文选家有马纯上、蘧公孙、匡超人、萧金铉、诸葛天申等人。假如今天某社科基金项目“八股文文献整理及八股文史研究”想收藏一本优秀选家的选本，你会推荐谁？请说出选择理由。

任务二：

①“万般皆下品，唯有文章举业高”是马二先生对匡超人的谆谆教诲。你同意他的观点吗？如果不同意，请从观点、论据、论证思路三个角度反驳他的观点。

“贤弟，你听我说，你如今回去奉事父母，总以文章举业为主。人生世上，除了这事就没有第二件可以出头。不要说算命、拆字是下等，就是教馆、作幕，都不是个了局。只是有本事进了学，中了举人、进士，即刻就荣宗耀祖。这就是《孝经》上所说的‘显亲扬名’，才是大孝；自身也不得受苦。古语道得好：‘书中自有黄金屋，书中自有千钟粟，书中自有颜如玉。’而今甚么是书？就是我们的文章选本了。贤弟，你回去奉养父母，总以做举业为主。就是生意不好，奉养不周，也不必介意，总以做文章为主。”

②请就“人生世上，__________第一要务”提出你自己的观点，说说你为什么觉得它重要。

探究三：真儒名贤

有人说：“好的作品是一面镜子，能映射人间的丑陋或纯洁。”《儒林外史》在描绘深受八股毒害的儒生的种种荒诞与虚伪行为的同时，也塑造了少数远离功名、追求自由的真儒士和真名士形象。他们重文行出处，有真才实学；蔑视权贵，淡薄利禄，向往真儒，表现出个体人格在摆脱封建桎梏、争取精神解放上的觉醒和追求。

任务一：为了更好地展示和推广名士文化，弘扬儒家真精神，某机构准备在南京举办一场“儒林名士文化交流会”，面向社会公开征集活动方案。

①请根据小说相关的饮食文化、人文风俗、市井集市等内容，为天下名士游客设计一份“打卡诗意·南京”的旅游攻略。

②为了提升南京文化品牌的辨识度和知名度，主办方策划推出了“品读名士”主题系列，准备为清凉山修建一道名士艺术长廊。请你以一名读者的身份，推荐你心目中的真儒名士，并以诗歌形式完成他的文化名片。

任务二：《儒林外史》中杜少卿妻子问他为什么装病不应征辟，他道：“你好呆！放着南京这样好顽的所在，留着我在家，春天秋天同你出去看花吃酒，好不快活！为甚么要送我到京里去？”在南京游览姚园，他“竟携着娘子的手”去看花吃酒，当着两边看得“目眩神摇不敢仰视”时，他大笑着，走了一里多路。杜少卿反其道而行的言行举止，在个人层面超越了他所处的时代。

回顾书中的相关文字，思考他还有哪些挑战行为是离经叛道的？用个人的方式对抗一个时代的荒谬，结合他倾家荡产的结局，你认为他的选择理性、正确吗？请你以读者的身份给他写一封信，表明你的态度和立场，以批判性的态度和他对话交流，展开建设性的评价。

探究四：女性形象

《儒林外史》中的女性形象在数量上远远少于男性，可是在吴敬梓的笔下她们皆被赋予鲜明的个性特征，具有高度的艺术表现力。她们中有慈母良妻、节妇烈女，也有抗婚逃婚的才女、身处红尘的青楼女子……尽管在小说中她们是男性角色的附属和陪衬，但有些女性展现出的自尊自爱、独立果敢的精神风貌，在男权世界里熠熠生辉。

任务一：假如明清时候，朝廷下设的文化机构组织了一个女团成长的综艺节目《乘风破浪的姐姐》，你认为《儒林外史》中的哪几位女性会报名参加选秀？谁会更胜一筹？请为其中的一位参赛女性设计选秀的个人简历和宣传海报，并说明理由。

任务二：《儒林外史》中王玉辉的三姑娘在丈夫病重后，在父亲的支持下绝食殉夫而死。这种看似荒唐的行径，在以纲常礼教为主导的社会是很普通的一件事。假如三姑娘选择不殉夫，你觉得她会过上怎样的生活？能否改写自己的悲惨命运？请在小组讨论中阐述自己的感想，主动分享独特见解。

任务三：对于鲁小姐，众人评论不一，有人说她是被父亲灌输了“八股文才是正道”的迂腐脑子；有人认为她追求举业，是渴望提高社会地位和实现自我价值。鲁小姐和蘧公孙的结合，就像《红楼梦》里的贾宝玉和薛宝钗。一个讨厌孔孟文章，只爱吟诗作乐；一个觉得诗词“不是分内之事”，只希望夫婿走仕途经济正道。鲁小姐在对丈夫失望的情况下，便将希望寄托在自己的儿子身上，开启了在现在看来备受争议的“虎妈”教育模式。联系当今社会类似的教育现象，探究“虎妈”教育方式的利与弊，以及这种教育方式盛行不衰的原因。

探究五：市井四奇人

小说结尾部分塑造了四个市井奇人形象，他们自食其力，文采风流，性格狂狷。如果说整部小说是时代的写生图，这些小人物则是照亮黑暗夜空的星。从王冕到杜少卿以至四个市井奇人，吴敬梓“礼失而求诸野”，通过名士、贤人、奇人形象来不断实现自己对于文人理想人格的探索。

任务一：作者把王冕放在全书第一回作为“楔子”，有“隐括全书”的意思。王冕学富五车，清高自傲，一生拒绝为官，最后以隐居会稽山而终的方式，结束了极富传奇色彩的一生，后人称他为“儒林之楷模，学者之榜样”。然而，有人认为，他看透了官场黑暗、百姓无奈后仍只想做闲云野鹤、不理凡尘杂事之人，完全不顾家国处境，体现了其自私自利的本性，不能称之为儒林楷模。面对争议，你认为作者选择王冕做全书的“代言人”是否合适？谈谈你的理解。

任务二：小说中的儒士、奇人们分别代表了不同的人生状态和命运选择：功成名就和市井的幸福，假如你生活在他们的年代，你会选择哪种人生，过哪种生活？在班级里举办一次讨论会，谈谈各自的看法。

任务三：有人认为《儒林外史》是一部悲剧，有人认为《儒林外史》是一部喜剧。请围绕“《儒林外史》笑多于泪，还是泪多于笑”进行一场班级辩论赛，将论辩过程整理成文字，并撰写一篇探究《儒林外史》美学风格的小论文。

（三）学习成果

1. 思维导图

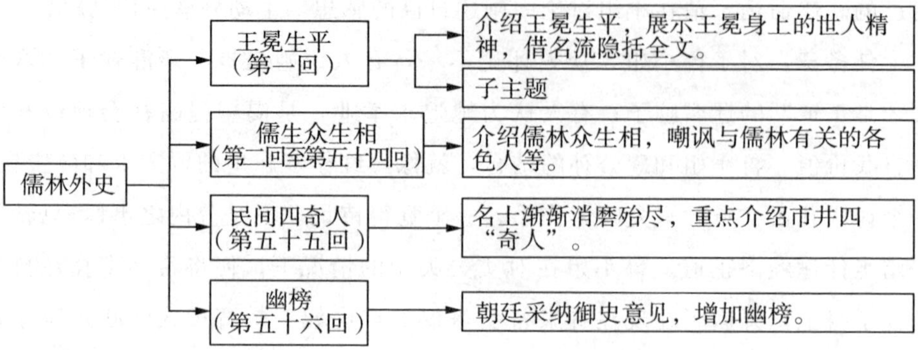

图 3.21　《儒林外史》思维导图

2. 读后感

学岂可不思

——读《儒林外史》有感

读完《儒林外史》，看罢无数明清时期的文人墨客，我只觉得个个都是反例，个个都体现了孔子的一句“学而不思则罔”。

这首先体现在他们读书之前缺少思考。在《儒林外史》中倘若你随意问一位进士，十年寒窗为何苦？想必他定会像看世上最呆傻的人一样望着你，那毋庸置疑的眼神似在重复马二先生的话：“考科举难道不是天经地义，是唯一正路吗?”带着这样空白的思想，必然见到官家之富贵便一心向此，满脑功名利禄，只会读八股而弃礼仪了。

学时之不思更是寻常，在科举考试中，所取的教材、所规范的范围，皆是统治阶级为巩固统治而选取的，强调片面的忠愚，令人僵化。而儒士们只一心想着通过科举，造成思想固化。正是学子们的不思，而全然接受了统治阶级的愚弄。

《儒林外史》中的学士对八股文之外的杂说是不思的。如周进在面试考核童生们时，一童生请求面试诗词歌赋，却被学道大骂务名而不务实，荒废正务，粗心浮气，被赶了出去。再如范进、张乡绅、汤知县在吃饭时，张静斋堂而皇之地把刘伯温说成洪武年的进士，把宋时赵普之事与之混谈，而酒桌上一个知县、一个进士竟然毫无查觉，大可见经科举选出来的人才，多是不思死学的学士。

以上种种，都是儒林腐朽之原因。也再一次告诉我们，“学而思”是多么重要，若是为了中考、高考而读死书，将来也未必有所为。

所以，我们青年人应从现在起，养成理性思考的品质，培养批判精神，不要再犯明清时那些儒生之错了！

儒林如世界

——读《儒林外史》有感

“功名富贵无凭据，费尽心情，总把时光误。浊酒三杯沉醉去，水流花谢知何处?”打开《儒林外史》这本书，你便来到了一个多变的儒林世界。

“书中自有黄金屋，书中自有颜如玉。”老话虽是这么说，但一批又一批的读书人却栽在了此处。为了金钱，为了财富，他们可以废寝忘食地读书，直至两鬓苍白。其中不乏花白了胡子一进贡院便晕倒的周进，欢喜中榜、喜极而疯的范进，儒生们为了功名省吃俭用，人渐憔悴，可见这是一个“吃人”的儒林世界。

读书人本该秉承良好的心性、风气和习性，但在这腐败的封建科举制度下，大概很少有人会“幸存”下来。匡超人就是一个最典型的例子。匡超人原本是个敦厚朴实的大孝子，前期的他勤奋好学，积极向上，但后期他背弃了父亲的遗训，贪图功名，忘恩负义，在周围环境的影响下，最终成了一个毒辣凉薄的人。可惜了书中大好的文章，不但没有吸收精华反而烂在肚子里，害人害己。由此可见，这是一个多么迂腐的儒林世界。

书中开头提到的王冕便与他们不同了。他从小家贫，但仍刻苦自学，用卖画所得的钱来买书。后看透了官场险恶，他逃往山中隐居。他淡泊名利，不求功名，造就了一个与他人不同的洒脱磊落的世界。

“功名到底是身外之物，德行是最要紧的。”在这多变的儒林世界中，保持初心极为重要，值得我们深思。当下，我们应该脚踏实地、认清现实！

第四章 我们的未来走向

整本书阅读在本区域经过多年的研究实践，阅读理念和实施路径基本已经走向成熟。2022 年新课程标准的颁布，对学生的语文素养提出了更高的要求。特别是 2022 年版课程标准明确“整本书阅读”为任务群之一，项目组也尝试继续突破，切实落实新课程标准、新方案的理念，确定了“整本书阅读和大单元教学一体化模式的构建”的研究新思路。

一、整本书阅读和大单元教学的研究现状

“整本书阅读”概念自 1941 年叶圣陶提出以来，不断推进发展，但真正成为热点还是在 2019 年全国义务教育阶段使用统编版教材以后，温儒敏对读书的数量和广度提出了建议；吴欣歆对整本书阅读理论基础进行了阐述，并对学习任务群进行了整体框架的架构；余党绪则针对“整本书阅读”和“思辨性阅读与表达”两个任务群的融通进行了深入的研究。整体来说，整本书阅读从起始阶段的离散式浅层次教学逐渐形成较为完善的课程体系和深度学习。

目前，关于单元教学国内外已经有不少研究先例，但国内与国外对单元教学的理解不尽相同。在国外，关于单元教学的研究多以“跨学科”概念存在。在国内，提出发展学生核心素养建议后，“单元大概念”成为热词。大单元教学概念首次进入《义务教育课程方案（2022 版）》后，课标明确要求“探索大单元教学，积极开展主题化、项目式学习等综合性教学活动”。目前大单元教学研究成果主要出自华东师范大学，崔允漷、张华等对大单元学习的理念、本质等做了理论系统的建构，引领了认知理念的发展。但如何具体实践操作实施，一线教学中还普遍存在很多困惑，需要一个探索的过程。

从目前国内外研究现状来看，关于整本书阅读和大单元的研究处于各自

独立状态，没有进行贯通。

二、整本书阅读和大单元教学一体化的理论基础及内涵阐释

依据布鲁姆的教育目标理论、SOLO分类理论、元认知理论，学习具有不同的能力层次，具有阶段性，而每一个学习阶段的开始，都要经历一个从分散到整合再到生成的过程，整本书阅读与大单元教学也不例外。

项目以“双向交互”“统整创生”“螺旋上升”为主要特征，强调以“一体化”作为第一视角，认为整本书阅读和大单元教学都是一个整体内循环的学习单元，同时因学习要素的相似性和互补性，二者又可以交互形成新的整体大单元，通过外循环进行更高层级的统整创生学习。在这种理念下，语文课程方案和课程标准实施的可操作性增强，从整体走向更高阶段的整体，学生学习能力不再是割裂性、单向性进阶，而是双向支撑的螺旋性进阶，从而有效提升语文核心素养。

具体来说，尝试有以下突破：

（一）理论突破

1. 拓展：突破整本书阅读研究范围，从整本书阅读的“整体性”向外拓展，和大单元整体教学进行联系，形成更大的整体教学意识。

2. 改变：反思教学中从单篇到单元再到整本书的单向进阶行为，建立从整本书到单元再到单篇的教学推进思想，形成双向交互的螺旋上升的进阶路径体系。

3. 重构：相关成果建构了“离散·聚合·生成：进阶式整本书阅读路径”。本项目借鉴其经验，继续提炼的整本书阅读与大单元教学一体化模式理论，将整本书和大单元放到更加高远的视野中，通过双向交互和统整创生策略，更加提升了师生综合性整体思维的建构，更加贴近语文学科综合性实践性的本质，减少了师生在教与学过程中因割裂思维而带来的重复性教与学活动，减轻了师生负担。

（二）实践突破

1. 突破整本书阅读和大单元教学各自为战的小整体封闭式内循环的教学实践，具体架构了二者之间整体教学的开放式路径。

2. 突破大单元教学向整本书阅读进阶的单一路径，建构了整本书阅读向

大单元教学进阶的反向路径。

3. 突破二者之间教与学策略缺失、实施路径不明的困境，架构了整本书阅读与大单元教学的一体化模式实践路径，从整体教学的交互要素、实施策略和评价体系方面进行了具体模型的创建，促进了教师、学生语文核心素养的双提升。

4. 突破教师队伍专业化发展方向不明的问题。通过聚焦整体教学，组织系列主题活动，促进教学理念的转变，推动教学实践的改进，引领教师队伍的专业化发展，实现初中语文教育教学质量整体大幅提升。

三、整本书阅读和大单元教学一体化的研究目标

项目总目标是基于学生认知规律和语文学科本质，创建整本书阅读与大单元教学“双向交互·统整创生·螺旋上升”的一体化教学实践模式，提升学生语文核心素养，达到减负提质的效果。具体如下：

1. 通过统整整本书阅读与大单元教学要素，明确整本书阅读与大单元教学的双向交互点，提高学生学习的整体意识。

2. 通过建构整本书阅读与大单元教学一体化实施策略模型，实现整本书与大单元学习策略的相互支撑，提升学生的阅读经验。

3. 通过贯通整本书阅读与大单元教学多元化评价体系，完成整本书与大单元学习评价方式的相互配合，提升学生的自主学习能力。

4. 通过创建整本书阅读与大单元教学一体化模式，优化教师教学专业研究意识与方法，助力学科教师专业发展。

四、整本书阅读和大单元教学一体化的具体内容

初中语文整本书阅读与大单元教学一体化是以“双向交互”“统整创生”“螺旋上升”为主要特征，以学习要素、实施策略、学习评价等为交互点，有效统整学习全过程，实现教学一体化，促进学生语文学科核心素养提升的教学实践模式。

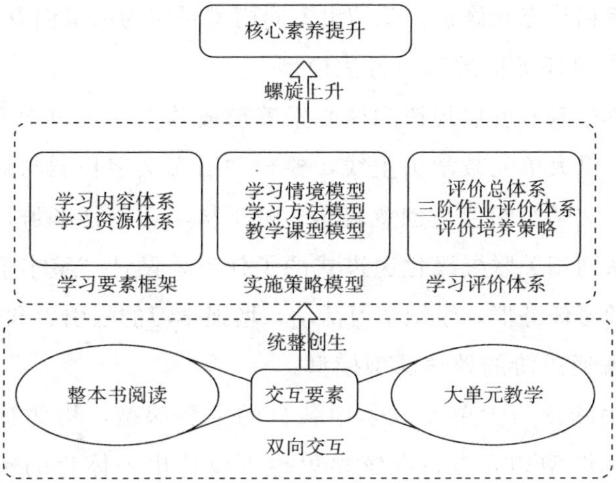

图 4.1　初中语文整本书阅读与大单元教学一体化模式研究具体内容框架图

1. 建构“整本书阅读与大单元教学一体化”的学习要素框架

（1）搭建结构化的学习内容体系

厘清大单元教学的定位和功能，明确整本书阅读的内容，强化语文学习的综合性和实践性，研究创建核心价值突出、能实现整本书阅读经验与大单元学习经验相融合的学习内容体系，形成一条纵向贯通、横向融通的结构化体系，促进学生形成不同类型整本书阅读与大单元学习的经验，实现语言、知识、技能、思想情感和文化修养等多方面、多层次发展的综合效应。

（2）开发多元开放的学习资源体系

紧密结合整本书阅读与大单元教学一体化的学习内容，整合有利于组织和实施综合性语文实践活动的优质资源，关注学习过程中生成性资源的整理和加工，拓展资源领域、丰富资源类型，构建多元开放、指向明确的一体化学习资源体系，为学生提供学习支持，引导学生在利用资源完成任务、解决问题的过程中积累语文学习经验，发展未来学习和生活所需的基本素养。

2. 建构“整本书阅读与大单元教学一体化”的实施策略模型

（1）创设丰富的学习情境模型

情境创设对整本书阅读与大单元教学同样具有适切性。项目从学生语文生活实际出发，创设丰富多样的学习情境，促进学习方式变革。要找到整本书与大单元学习在情境设计中的“相似点”和“区别点”，创设更贴切的个人体验情境、社会生活情境、学科认知情境；在整本书与大单元的一体化交融的实践中落实情境，并互相补充和修正，总结出不同模型对应的情境创设方法。

（2）整合学习任务群的学习方法模型

研究符合学生身心发展规律和核心素养形成的内在逻辑学习方法，以整本书阅读为基础，以大单元教学为主线，整合“语言文字积累与运用、实用类文本阅读与表达、文学类阅读与创意表达、跨学科学习”任务群，以核心任务为统领，设计一系列相关联层级化递进式的子任务，设计“整本书阅读与大单元教学一体化”学习任务群，组织学习活动，增强学习的吸引力和挑战性。

（3）创设融通进阶的教学课型模型

梳理整本书阅读与大单元教学中各自的主要课型，构建整本书阅读与大单元教学融通的课型切入点，在统整思想下设计出一体化的新课型，结合学习情境模型和学习方法模型，设计出与新课型相对应的教学策略与学习策略，并在实践中应用，促成新课堂的改革，实现学生思维的进阶发展。

3. 建构“整本书阅读与大单元教学一体化”多元化学习评价体系

（1）研究出“主体多元·方法多样·过程始终”的评价总体系

以教学评价活动为研究对象，以建构一体化教学评价指标体系为研究重点，分析造成教学评价问题的相关因素，研究设计包含学生、老师、家长等多元评价主体和课堂观察、对话交流、小组分享等多种评价方法，侧重用过程性评价指导学习，重视增值评价的评价体系。

（2）开发出“基础·拓展·提升”三阶作业评价体系

以促进学生核心素养发展为目的，紧密结合整本书阅读与大单元教学，关注学生的语文学习、个人生活和社会热点，设计不同类型“基础·拓展·提升”三阶作业评价体系，培养学生自主学习和综合学习的能力。在识记、理解和应用的基础上加强综合性、探究性和开放性，为学生发挥创造力提供空间。用少量、优质的作业帮助学生获得典型而深刻的学习体验。

（3）探索出“在评价中学会评价”的评价培养策略

建议学生在交互阶段学会合理使用教师提前设计的评价量表，形成评价结果；在统整阶段，学生在前阶段习得的评价能力得以应用，教师引导学生进行自我评价、同伴互评、班级评价并内化评价标准；在创生阶段，学生在充分理解评价标准的基础上，把握评价尺度，对原标准进行修正和完善。在三个阶段的实践中探索出提升学生评价能力的培养策略，实现“在评价中学会评价”。

以上是思路，是期望，也是目标。我们相信行则将至。